侠の歴史

士は己を知る者のために死す、「侠」に生きた勇者たち

鈴木 董◆編

西洋編 上 ＋ 中東編

清水書院

はじめに

「俠《きょう》」というと、東アジアの漢字文化圏に属する我々・日本人には、なじみ深い言葉である。というのも、この「俠」という言葉は、漢字圏の文化の源流である中国で生まれ、漢語として、遠い昔に我々日本人も受容したからである。ただ、語意の方は和風化して、一方では「六分《りくぶ》の俠気、四分の熱」というような「おとこぎ」くらいの意味から、「仁俠《にんきょう》」といった意味に限られがちではある。

ここで、ひるがえって西方をみると、どうも、漢語の「俠」、またその和風化した「俠」とぴったり重なるような語は思いつき難い。中世西洋なら、「騎士道《きしどう》」かもしれないが、これは少々重々しい。中東のイスラーム圏には、「フットゥーワ」なるものがあり、これを西欧の研究者は、しばしば西欧中世の「騎士道」と対比する。しかし、「騎士道」は「騎士」、日本でいえば「侍《さむらい》」の道であるが、「フットゥーワ」の方は、むしろ職人の世界に縁が深い。それでも、中東のイスラーム圏では、アッバース朝のころのバクダードには、「アイヤールーン」と呼ばれる人々がおり、これは我が日本の「町《まち》奴《やっこ》」に似た人々だったが、我が国ではほとんど知られず、個々人の事績も詳《つまび》らかでない者が多い。

そこで、『侠の歴史』の「西洋編(上)・中東編」を編むにあたっては、視野を少し拡げて、個人の損得は問わず、世の中の雰囲気を忖度《そんたく》したりせずに、自らの求めるところを追い求めた人々に光をあてることとした。

そう考えれば、古代ギリシアで隷属《れいぞく》農民を解放するなど政治の改革を行ったが、最後はその政治的権力を剥奪《はくだつ》されたソロンも、共和制下のローマで大改革を行おうとして憤死《ふんし》を遂げたグラックス兄弟も、教会の権利を護ろうとして王と対立して暗殺された中世英国のカンタベリー大司教トマス・ベケットも、その範疇《はんちゅう》に入るであろう。

さらに、イスラーム圏の中東で、モンゴルがバクダードを征服してアッバース朝カリフが絶えイスラーム世界が混乱するなかで、預言者《よげんしゃ》ムハンマドの伝えた唯一神《ゆいいっしん》アッラーの教えにあくまで従うことを説いたシリアの学者イブン・タイミーヤの学統を汲み、十八世紀のアラビア半島で、豪族《ごうぞく》サウード家と盟約を結び、イスラーム復古運動を起こし、現代のサウジ・アラビア成立の源流となったムハンマド・ブン・アブドゥルワッハーブもまた、信を求め闘った人物であった。また、イギリスの半植民地化したムハンマド・アリー朝支配下のエジプトで、元来は、世俗的な教師でありながら、イスラームを基軸とする世直しをめざし、ムスリム同胞団《どうほうだん》を組織したが、後に暗殺されたハサン・バンナーもまた自らの信に殉《じゅん》じた人物であった。

　そして、世俗的民族主義国家を創設し、一党独裁体制の下で「近代化」を強行したムスタファ・ケマル・アタチュルクのトルコ共和国で、当代一流の詩人として名声を得ながら、共産主義の理想を掲げ、長期にわたり牢獄《ろうごく》につながれたナーズム・ヒクメットも、信念の方向はちがうとはいえ、自らの信じるところを求め続けた人であった。

　このように、本編では、東アジアの漢字圏の「侠」の世界とはいささか異なる視野から、信を求め、「侠」を貫いた人々をご紹介したいと思う。

二〇二〇年二月二〇日

鈴木　董

「俠の歴史」西洋編【上】・中東編

目次

❖本書に掲載した各人物論におきましては、各執筆者の考えや意向を尊重し、年代・数字などの表記を除いて、論説や人物評価などの内容上の統一は一切はかっておりません。論説の展開上、同一の「侠者」が別のテーマでも取り上げられ、その人物評価や視点が異なるケースもあります。また、読者の便宜を踏まえまして、各テーマにおける重要人物に生没年や在位年を付記しましたが、これも別のテーマで重複して付記した場合があることをお断りします。（清水書院編集部）

「俠の歴史」

西洋編

【上】

改革者の実態にどう迫るか、見直される人物像

ソロン

…Solon…

高畠純夫

古代のアテナイでは、「前六世紀初めにソロンが貴族と平民の調停者となって改革につとめ、身体を抵当《ていとう》とする借財を禁止して市民の奴隷への転落を防ぐとともに、財産額に応じて市民を四等級にわけて政治と軍事に参加させる体制をつくりだした」というのが高校教科書（『新世界史』山川出版社）の説明である。大学の一般教育段階になるともう少し詳しくなって、当時、貴族と平民の経済格差が大きな社会問題であったこと、四等級の具体的な名前とそれぞれの権利義務、さらに彼の改革がアテナイ民主政へ向けた最初の一歩としての意義があることなどが説明されよう。またソロン（前六四〇？―前五六〇？）という人物についていくつかのエピソードが語られ、詩人でもあった彼自身の作品の一つ二つが紹介されるかも知れない。

いずれにせよ、ソロンはわが国では高校段階から学ぶ対象であり、彼はある程度有名人であるに違いない。貴族に対して平民の権利を認めようとして「侠」の精神を発揮したことが、多くの人に知られていよう。ここでもそれについて語りたいと思うが、しかし、少し踏み込んでソロンについて深く知ろうとすればするほど彼の像は不明瞭になっていくという現状がある。研究の進展はこれま

でのソロン像に反省を迫るが、まだ新しい像を打ち立てるには至っていない。慣れ親しんだ人物を曖昧《あいまい》なものにしてしまうことを申し訳なく思うが、どうしてそうなるのかを語るほかなかろう。まずここでは、彼の改革について主要な史料となっている、『アテナイ人の国制』とプルタルコス(四六?—一二〇以後)の『ソロン伝』が、前六世紀初めの彼の時代からそれぞれ二六〇〜二七〇年と七〇〇年経った頃に書かれたもので、ただちにすべてを信ずるわけにはいかないことを指摘しておこう。

詩人ソロン

ソロンとして後世に伝わる人物には、詩人、立法者、改革者の三つの顔が認められる。それぞれ史料に立ち帰って考えてみることにしよう。

ソロン自身が作った詩として四〇ほどの断片が知られている。長いもので七六行、短いものは一行のみである。政治に関わるものも多いが、政治から離れて人生の真実を突いていると見られるものもある。たとえば、次のようなものである。

まだ幼かった頃生えそろえた歯の垣根を
子供である七年の間に初めて失う。

ソロンとされる胸像
(ナポリ国立博物館蔵)　アフロ提供

次の七年間を神が完成させると、
青春が生ずるしるしが現われる。
第三の七年間で、手足は依然大きくなりながら、
顎《あご》には毛が生え、肌は変化して花盛りの輝きをもつ。
第四の七年間で、全ての人は力において最高のものとなる、
そして人々は男らしさのしるしをもつ。
第五の七年間は人が結婚を考える時であり、
来たるべき子供の誕生を求める時である。
第六の七年間で、人の精神は全てにわたって訓練され、
もはやそれまでのような無法な振舞いをなそうとはしない。
第七と第八の七年間で、人は精神と舌とにおいて
最高となる、つまり、双方の一四年間で。
第九の七年間で、依然能力はあるが、
最高の徳と比べては彼の舌と知恵は劣る。
第一〇の七年間を人がもし完成し、その最後に至ったなら、
死の運命をもったとて、もはや時期を逸してはいないだろう。

（断片二七）

こうした詩は今でも人の心を捕らえるかも知れない。また、次のものも同様だろう。

悪人どもの多くは富み、立派な者の多くは貧しい。
だがわれわれは彼らとの間で徳と富とを
交換しはしないだろう。徳は永遠に確固としたものだが、
財宝は人々の中を時と共に動き回るものだから。

（断片一五）

さらに、富はいくら多くとも死後の世界までもって行けないというもの、

同じことなのだ、富める者にしても、……貧しい者にしても、時さえ来れば、
若さが身体を満たすのは。
これぞ死すべき身にとっての富なのだ。何故なら莫大な財産の
全てをもって冥界《めいかい》へ行くことは誰もできないのだから。

（断片二四、省略あり）

神の罰（正義）は遅れても実現されるというもの、

誰であれ罪ある心をもつ者は、永遠にゼウスの眼を掠《かす》めることはできぬのだ、
いずれにせよ最後にはその者のことが明らかになるのだ。

ある者はその場で罰せられ、ある者は後に罰せられる。たとえ、
神々のもたらす運命が来たものの、その者には当らず自身は逃れたとしても、
いつかはきっとやってくる。その者の罪なき子や孫が
後になってその者の行いのつけを支払うのだ。

（断片一三、二七-三二行）

などがある。こうした詩については、古代ギリシア人の知恵として長く伝わってきたと思われるが、ソロンとしての個性が表れているわけではない。作者はソロンでなくともよさそうである。では、彼の個性が表れた、自らの改革を歌ったと思われる詩はどうだろうか。そうした詩について強力な見直しの主張が最近現れている。彼の詩についての見方は大きく変わりつつある。彼の詩の中には「私」を主語とするものがいくつかあって、それはこれまでソロン自身の思いを表すものと当然の如く考えられてきた。彼の改革に対する思いについても、それを基に議論がなされてきた。たとえば、

わたしは民衆に十分なほどの特権を与えた。
その名誉を奪いもしなかったし過度に与えもしなかった。
権力をもち財産を称賛される者たちには、
相応《ふさわ》しからぬことの無いように計った。

わたしは両者のために強い盾《たて》をもって立ち、
どちらの側にも不正に勝利することを許さなかった。

（断片五）

という詩に彼の中立的立場を読み取り、彼の改革の性格を推測する手がかりとしてきた。しかし、必ずしもそうとは言えないのではないかとする考え方が現れてきた。その背景には口誦詩《こうしょうし》というものの理解が進んだ事実がある。こうした詩は人々の集まる中で歌われて広まったのであり、彼が書いたテクスト――そうしたものがあったとして――が忠実に伝わるのではないことがわかってきた。口誦詩であり、口承詩でもあるのである。今の詩についても「特権」を「力」と読む伝えもあり、これまでの校訂者はどちらの読みをとるべきかさまざまに考えを巡らしてきたのだが、むしろどちらもあり得るのではないかと考えられるようになった。つまり、最終的にテクストを決めるのは聴衆であって、聴衆の様子を見て歌い手はその好みに合った風に歌うのである。したがって、聴衆に応じてテクストは変わって行くことになる。

ところで、自分について反省的に歌うソロンの歌は、当時のその他の歌に比べて特異である。もちろん、ソロン自身が特異で独自であったという可能性はある。しかし、では聴衆はそうした特異な、中立を保つ――ということは、孤立した――改革者の歌などをどうして聴こうとするのか、という疑問が浮かんでくる。そうした人間に共感が集められる状況がなければ、このような歌は歌われないのではないか。そして、ソロンの時代に想定される富裕者と貧者との対立の中ではそうした状況は生まれないのではないか。むしろ、民主政と寡頭政《かとうせい》、僭主政《せんしゅせい》との理念的対立の激しくなった前四世紀にこそこれらの詩は相応しい。そう考えを進めて行けば、「ソロンの詩」を前四世紀の創作物ないし過去の作品を大きく改変したものとして、前六世紀の初めのソロンとは関係のないものとする考えが出て来てもおかしくはなかろう。

議論はもう少し緻密《ちみつ》かつその他の証拠をも参照しつつ進み、得られる見解も論者によって異なっているが、いずれにせよ「ソロンの詩」にソロンという人物を見ようとする考えに反省を迫ることとなる。詩の中に改革者の真の姿を見ようとするこれまでの見方は盤石《ばんじゃく》でなくなりつつある。

立法者ソロン

彼は国制を定め、さまざまな法を作って、それを回転板に書いて公布したとされる。回転板というのは、何枚かの角板を木枠に入れて水平ないし垂直に軸柱に取り付けて回しながら読むものと考えられる。アクソネスないしキュルベイスと呼ばれ(両者が同じものかどうかは議論がある)、最初アクロポリスに置かれたが、後にはアゴラに置かれ誰でもが見ることができた。両語とも複数形であるから、いくつかの回転板が並べて置かれていたのであろう。それまでのドラコン法を、殺人法を除いてすべて書き換えたと言われ、法の中に彼の個性、信条が表れていることは確かだろう。

法とはすなわち人間の生き方全般を定めたものであって、古代ギリシアの各ポリスはそれぞれの法をもっていた。それらを集めてオリエントの法などと比較してみれば、共通性が表れるが、個々のものを比較すれば違いは明瞭であり、各ポリスはそれぞれ独自の生活様式をもっていたことがわかる。それぞれの法の成立事情もさまざまで、たとえばスパルタではリュクルゴスという人物がデルフォイの神託を得て立法したとされる。この人物の実在性を証明することはなかなか難しいが、アテナイにおいて彼に匹敵《ひってき》するソロンについては実在を否定することの方が難しかろう。とすれば、彼の個性がその後のアテナイ人の生活を決めた度合いは極めて大きいということになろう。

しかし、アクソネスあるいはキュルベイスは失われてしまっており、彼の法自体を復元することは――もちろん、その努力はなされ、立派な業績は出されているが――容易ではない。とくに前四世紀の弁論家は、彼をアテナイの生活様式全般を創設した者として尊敬の念をもって語るようになり、権威を求めてあらゆる法を彼に帰すような事態が生まれている。そのため、彼らの言う「ソロンの法」には細かな弁別が必要となる。たとえば、罰金「〜ドラクマ」とされている場合、ソロンの時代にはまだ貨幣がなかったと考えられるから、少なくともその部分はソロンの法にはなかったと判断しなければならない。また、彼らにとって法の権威とは長年変わらぬ不変性にあった。王や僭主といった人間にではなく法に従うというのが、古典期民主政下におけるアテナイ人の意識であったが、回転板はそう考える時に思い浮かべる法の、昔ながらの権威を象徴するものとして見られていたに違いない。ソロンの頃にそうした意識がどの程度あったかわからないが、彼が一〇〇年の間これらの法を変えることを禁じたのは、そうした権威を作り出そうとする意識があったからだと思われる。それは長い目でみれば成功したということになる。

では、どういう個性がこの法の中に認められるのだろうか？　彼の定めた国制のうち最も民主的なものとして、『アテナイ人の国制』は次のように述べている。

第一に最も重要なのは、身体を抵当《ていとう》としての貸付の禁止であり、ついで不正を蒙《こうむ》った者のために誰でも望む者が罰則を求めることを許したことであり、第三は大衆にとってとりわけ強い力になったと言われているもので、民衆裁判所への付託《ふたく》である。（九-一）

まず第一のものは、それまで身体を抵当にしての借財で奴隷《どれい》に落ちる者が多かったのを阻止しようとしたと考えられ、これによって市民たる者は貧しく借財を重ねなければならないとしても、奴隷に落ちることはなくなった。その意味で、貧富の差を超えた市民身分が確立される基の一つとなったと言えよう。第二のものは、古典期に「公訴（グラフェー）」として知られる訴訟形態の先駆と考えられる。犯罪に関わる被害者家族のみが起こせる私訴（ディケー）と異なり、公訴はポリスに関わる犯罪として市民なら誰でもが起こすことのできる訴訟で、そこに貧富の差による差別はなかった。ソロンの導入したものがそれとどのように違っていたのか（あるいは同じなのか）ははっきりはしないが、市民全体に裁判を開放する方向性は変わらなかったであろう。第三の「付託」と訳したエフェシスの実態については議論があり、またソロンの時代に「民衆裁判所（ディカステリオン）」とされるものはなかったと考えられるが（彼の時代にあったのはヘリアイアと呼ばれる裁判所）、ともかく市民の裁判を受ける権利を広げる方向の制度導入だとは言えよう。そして、その他の彼が導入したとされる手続きを見ても、個人に裁判の可能性を開く方向での制度改革と考えられる。彼に民主政という意識があったかどうかはわからないが、導入した制度はそうした方向に向かうものであったとは言えよう。四百人評議会の創設ということについても、あったかなかったか論争の的となるが、もしあったとすれば、やはり市民の多くに政治を開こうとする意識に基づくものだったろう。

彼が制定したその他の法の中には、葬儀に関する法もある。葬儀のやり方をも規定したのであるが、この目的についても、生者と死者をはっきり区別して死者の影響をなくす純粋な宗教的目的だとする者と、華美な葬儀を押さえて社会的騒乱の機会を減らそうとする政治的目的を強調する者とが対立することとなる。おそらく、その他の法との整合性から考えて、富裕者たちの大規模な葬儀を規制しようとする政治的目的がなかったと言うことはできないであろう。また、党争(スタシス)の際、どちらの党派にも与《くみ》せず武器を取らない者を罰する法を作ったとされる。この法の存否についても論議されるが、おそらく、富裕者間の争いを煽《あお》るのではなく、「安きに甘んじて無関心に走る者を見て」との『アテナイ人の国制』の説明が示すように、市民各人にポリス全般の状況への関心をもたせ政治に参加させようとの意図があるのだろう。立法者として、富裕者と貧者との対立を超える存在としてポリスを強調しようとする意識があったことは確かだろう。

改革者ソロン

改革者として、まず身体を抵当にした貸付を禁じ、ついで「重荷おろし（セイサクテイア）」を実施したと、『アテナイ人の国制』は述べている。セイサクテイアについては議論があるが、利子を含めて公私の負債すべてを帳消しにすることを意味していよう。この二つによって奴隷状態にあった市民を救い出し、先にも述べたように、以後市民は奴隷と区別される存在となった。では、彼にこうした施策をとらせた危機とはどのようなものだったのだろうか？貧困者を追い詰める富裕者の圧力というのが想定されることだろう。では、そうした富裕者の行動を生みだした社会的状況とはどのようなものなのだろうか？　海外交易の進展に伴う市場増加により富獲得の機会が増大し、富裕者は折からの人口増加によって労働力が安価に使えることを利用して貧困者を搾取《さくしゅ》して富の追求に走るようになり、これまであった貧困者保護の面をなおざりにするようになったという説明がなされている。しかし、それを裏付けるような考古学的証拠はないのである。人口はこの時代安定的に増加しており、顕著な増加とそれに対応する土地利用の拡大が見られるのは前六世紀の終わりになる。耕作法の改良による農業生産力の増大など、考古学的に見えない形での社会変化のあり方が考えられているが、まだ決定的解答は得られていない。

さて、彼が作り上げた体制は、高校教科書にもあるように、財産額に応じて市民を四等級にわけて政治と軍事に参加させる、財産政治（ティモクラティア）と呼ばれるものであった。四等級はそれぞれ五〇〇メディムノス級（ペンタコシオメディムノイ）、騎士《きし》級（ヒッペイス）、農民級（ゼウギタイ）、労務者級（テテス）と呼ばれる。それまで富裕者のみが権力を握り政治を独占していたのを、その権限を明確化し、下の層にまで政治に参加する権限を与えたと言うことで、その目指す方向は明瞭であるように見える。しかし、もう少し深く追求してみると、さまざまな疑問が浮かんでくる。まず、これらの等級の名前であるが、第一級の名前だけが特異であることに気づこう。メディムノスは穀物を量る容量の単位で約五二・二リットル、おそらく土地からの生産高を大麦の量によって表したものであろう。とすれば、その他の等級もこの容量で表した基準となる生産高があったのではなかろうか。実際『アテナイ人の国制』はそれを伝えていて、第二級は三〇〇、第三級は二〇〇メディムノスだと言っている。しかし、騎士級、農民級と言って第二級、第三級といった言い方をしないのは何故なのだろうか？　おそらく、これらの名前はソロン以前からあって、ソロンは第一級だけを新しく作ったからではなかろうか。

騎士級というのは戦場で騎士として戦う人たちを表していよう。馬を養うには資産的余裕がなければならないから、その層は限られている。しかし、彼らの中から五〇〇メディムノス級という最富裕の層を分けたのはいかなる理由によるのかはっきりしない。つぎの農民級とされるゼウギタイは、「軛《くびき》」を意味する「ゼウゴス」という語から来ていて、軛につながれた犂耕用《りこうよう》の牛あるいはラバをもつ「農民」とするのが従来の解釈であった。しかし、戦いにおいて戦列に並んでいる者たちを比喩《ひゆ》的《てき》に表していると考えることもできる。つまり、戦列を組む「重装歩兵」と解釈するのであるが、そう考える方が先の「騎士」と合致して合理的だと言うこともできよう。

こうした考えを踏まえた場合、ソロンは一体何をしたのだろうか？一つの可能性は、等級の名前はこれまでのものを一部使いながらも、各級を新しく農業生産高で定義し直して、今まで言われていたとおりの財産政治を始めた、ということである。その場合、ゼウギタイは「農民」と解する方がよかろう。もう一つの可能性は、ゼウギタイを「重装歩兵」と考えて、何らかの理由で最上級を作りながらも、戦場の役割に応じて政治に参加する資格を割り当てたとすることである。これは厳密な意味では財産政治ではないが、その区別は実質財産高に応じるから、それに近いものではあろう。その場合、財産高による区別がどこかで導入されたと考えた方が、後世の歴史を理解しやすい。それは前五世紀初めのエフィアルテスやペリクレスによってではなかろうか。この考えには、これまでと違ったソロンの改革の理解が現れている。

しかし、元に戻ってさらに考えを進めてみよう。生産高による区分が有効だとした場合、ゼウギタイの条件とされる二〇〇メディムノスとはどの程度の生活ができるレベルだろうか？　やや細かな計算を必要とし、意外な結論であるが、二〇〇メディムノスの生産量があれば一五人の人間を養えると計算できる。つまり、家族の他に奴隷、小作人らを十分に養えるのであり、彼らは有閑階級に属すると言える。人口の上でも、上位二級で市民人口の一〇％程度、この階層で五～一〇％程度と推定できる。これまでこの階層は市民の三分の一程度とされていたから、この数字は衝撃的であろう。ここから想定される社会は、一五～八五％の富裕者が八〇～九〇％の土地をもたぬ者を支配する社会で、これまで想定されてきたような中間層は存在しないか存在してもきわめて少ない社会である。そして、ゼウギタイは貧困者を追い詰めた富裕者に属する者たちということになる。ソロンは市民の大半を占めると考えられる労務者級にはほとんど権利を与えていないから、彼は貧困者に目を向け、富裕者の暴走を押さえたかも知れないが、その度合いはこれまで考えられていたよりもはるかに穏やかなものだったということになる。

こうした考えのどれをどう結びつければ万人に納得のいくソロン像が得られるのか、今はまだわからない。それぞれの議論に弱点を指摘することもできようし、別の視点を導入することもできるかも知れない。いずれにせよ、改革者としてのソロンもその解釈に反省を迫られていることは確かである。

まとめ

詩人、立法者、改革者の三つの側面から、今日の研究のあり様を勘案しながら、ソロンという人物を見てみた。研究の進展にともない、彼の像も絶えず見直しを迫られている。高校教科書に言う改革をなしたのはその通りであろうが、その意味についてのこれまでの見方は揺すぶられている。新しい見方がまだ確立したわけではないが、これまでの見方を無反省に踏襲することはできなくなっている。彼が「侠」の精神を発揮したことは確かなように思われるが、それがどうした性質のものであったのか、しかとはわからなくなっている。必ずしも平民により添うものではなかったのかも知れない。これまではっきりしていた彼の像を揺さぶるだけ揺さぶって終わることを残念に思うが、研究の現状を反映したものとして了とされたい。

◉参考文献

ソロンの詩は、テオグニス他（西村賀子訳）『エレゲイア詩集』（「西洋古典叢書」、京都大学学術出版会、二〇一五年）で見ることができる。

『アテナイ人の国制』（橋場弦訳『アリストテレス全集』十九、岩波書店、二〇一四年）

プルタルコス（柳沼重剛訳）『ソロン伝』（「西洋古典叢書」『英雄伝１』、二〇〇七年）

〈なお、本書での引用はいずれも筆者の訳による。〉

J. H. Block & A. P. M. H. Lardinois eds., *Solon of Athens: New Historical and Philological Approaches*, Leiden, 2006.

D. F. Leås & P. J. Rhodes, *The Laws of Solon: A New Edition with Introduction, Translation and Commentary*, London & New York, 2015.

M. Noussia-Fantuzzi, *Solon the Athenian, the Poetic Fragments*, Leiden, 2010.

弁論で世界を動かした男

デモステネス

…Dēmosthénēs…

髙畠純夫

デモステネス（前三八四―前三二二）は、紀元前四世紀のアテナイに生き、卓越《たくえつ》した弁論でアテナイを引っ張る政治家となった人物であるが、その評価は難しいところがある。彼の名前で六〇の弁論が残り、好敵手アイスキネス（前三九七?―前三二二?）による言及やプルタルコス（四六?―一二〇以後）の伝記など史料は多いが、残された弁論の真贋《しんがん》を評価し――約二〇は彼の真作ではないとされる――、罵倒《ばとう》を含むさまざまな言及に解釈を下すのは厄介《やっかい》な仕事となる。自らの信ずる正義を掲げてアテナイの民衆を奮い立たせ、飛ぶ鳥も落とす勢いのマケドニアにアテナイのみならずポリス社会全体の最後の矜持《きょうじ》を見せつけた英雄とみるか、無謀な愛国主義によってアテナイのみならず諸ポリスを勝ち目のない戦いに導き、ポリス社会の輝きを決定的に失わせた愚昧《ぐまい》な政治家とみるか、専門家の間でも評価は分かれる。ここでは、それを踏まえつつ、彼の生涯をたどり、彼がどのような人物かを見、どのように「侠」者にふさわしいかを考えよう。

弁論代作者への道

デモステネスが生まれたのは前三八四年の六月か七月であった。父親は彼と同じ名前でデモステネス、母はクレオブレと言った。母は、告発されて亡命したアテナイ人が亡命先の金持ちの娘と結婚してできた女性で、アイスキネスは「母から言えば、スキュタイ人、ギリシア語をしゃべるバルバロイなのだ」(3. 172、弁論番号・節番号、以下同、節番号は省略の場合もある)と彼を揶揄《やゆ》している。しかし、デモステネスを非市民をとする訴えはなされず(生き馬の目を抜くような闘争を繰り広げたアテナイ政界にあって、つけいる余地さえあればそれはなされたに違いない)、彼自身の弁論は市民であることの自信に満ちているから、おそらく母親は前四〇三年以前、ペリクレスの市民権法が緩んでいた時代の生まれで、法的に正式の市民だったのだろう。父デモステネスは裕福な市民で、武器製造所を営んでいたが、弁論家が七歳、妹が五歳の時に死去した。莫大な財産は遺言によって甥《おい》たちに、息子の後見人となることを条件に彼が成人するまで委ねられた。しかし、「彼らは最初からこの金を自分のものとして受け取り、……私(デモステネス)のものをすべて奪った」(27. 6)のであった。

後見人たちによって最低限の教育を受ける配慮はなされたようであるが、彼にとって転機になったのは、弁論家カリストラトスの法廷弁論を聞いたことだった。頼み込んで裁判所に入り込みようやく傍聴できたのだが、裁判に勝利し多くの者に賞賛されて取り囲まれる弁論家の姿を目の当たりにして、こうした人になりたいと彼は強く願ったとされる。そして、弁論術の習得に熱意を燃やした。最初イソクラテスに師事しようとしたが、金が足りず、「私は弁論の切り売りをしない」と断られ、相続に関わる弁論で有名なイサイオスに師事することになったと伝えられる。成人するとすぐ後見人を訴え、自分の財産を取り戻そうとした。しかし、後見人のアフォボスの抵抗はすさまじかった。

アフォボスは三段櫂船《かいせん》奉仕を割り当てられた友人トラシュロコスに働きかけて、デモステネスに対して財産交換を申し立てさせた。巨額な私費を費やす公共奉仕を割り当てられた者には、その奉仕を拒絶する手段として財産交換申し立てというものが認められていた。自分より奉仕にふさわしい富裕者がいるからその者に奉仕をやらせて欲しい、もし、その者が奉仕を拒絶するなら、財産をまるごと自分のものと取り替えて良い、それによって自分が奉仕を果たそう、と申し立てることが可能だったのである。デモステネスはその頃相続財産をもっていなかったから奉仕を果たすだけの資力はなかった。そのため、彼が奉仕を拒絶すれば、十分な相続財産をもちながら公共奉仕を拒絶している者に仕立て上げて、市民権剥奪《はくだつ》を伴う訴訟にもち込むことができる、一方、奉仕を引き受ければ彼は破産する、財産交換を容認すれば後見人に対する権利を含めて彼の相続権は自分の友人に移る、いずれにせよ当面自分に対する訴訟はなくなろう。アフォボスの魂胆《こんたん》はこのようであった。

これに対しデモステネスは、借金をして三段櫂船奉仕の費用を支払った上で、アフォボスに対する裁判を起こした。デモステネスは勝利したが、アフォボスは別の訴訟を起こすなどして対抗し、結局すべてが決着するまで三年かかった。これによって取り返せた財産はわずかだったが、三年にわたるねばり強い抗争は彼を有名にし、弁論代作者への道を開いた。弁論代作者とは、要するに他人のために弁論を書いてやる仕事で、議会でも裁判でも弁論がすべてを決着するアテナイ民主政下に発展した仕事である。裁判は数百人の市民が裁判員となり、双方の側の弁論を聞いて投票によって有罪か無罪かを判決したが、その決定は最高権威者である市民による決定と見なされた。そのため、個人的理由でも、政治的理由でも人々は多くの裁判を起こすことになり、言葉巧みにそして豊富な法の知識に基づき、自らを正当化し相手側の非を暴き立てる弁論を作成できる人間の需要は大きく、多くの収入をもたらした。デモステネスは成功した弁論代作者として公共奉仕を何度も果たすほどの財産をもつようになった。

弁論家・政治家デモステネスの誕生

しかし、デモステネスは弁論代作者として法廷に関わることだけでは満足しなかった。民会の場での成功を夢見るようになった、いや、夢見続けていたと言うべきだろうか。自ら演壇に立ち、自らの弁論で人々を魅了し賞賛を博すること、それが裁判所に潜り込んでカリストラトスの弁論を聞いたとき以来の彼の夢だった。民主政下のアテナイにあって人々の注目する演壇は、民会の演壇であった。デモステネスの夢は、政治家として身を立てることにほかならないが、それは決して平坦な道ではなかった。古来の史料は、夢の挫折《ざせつ》とそれを乗り越えようとする涙ぐましい努力を伝えている。アテナイの民会は(そして法廷も)黙って人の話を聞く場ではなかった。話に呼応してのヤジ、反対のためのブーイングや罵倒《ばとう》が起こることは珍しくなかった。そうした聴衆を相手に自分の話を聞かせるには、それなりの技術が必要だった。良く通る声、明瞭な発音、人を引き付けるパフォーマンス、さらには人を圧倒するような迫力、等々。

ある時、演壇を追われて意気消沈した彼は親しい役者に嘆いて言った、「ぼくは弁論家中誰よりも勤勉で弁論に力の限りを注いでいる、なのに民衆に受けない。放蕩者《ほうとうもの》や船乗りや無教養な奴らが注目されて演壇を占めていて、ぼくはまるっきり無視だ」。役者は提案した、「エウリピデスなりソフォクレスなり好きな台詞《せりふ》を暗唱してみてくれ」。彼が暗唱してみせると、役者は同じ台詞を的確な性格づけと語り口とで語って見せた。それは全く違ったものに聞こえたという。かくて、演ずることの重要性を悟った彼は、発音や語り方に気をつけて練習するようになった。口の中に小石を入れたまま弁論を語って、言葉の不明瞭さと舌のもつれを正し、発音の明《めい》晰《せき》さを得ようとした。競走したり坂を登ったりしながら弁論や詩の一句を語って身体と声を鍛えた。鏡の前で姿を確認しながら練習したり、上から剣をつるして変に肩が動く癖を直したりした。地下に練習場を作り、髪を半分剃《そ》ってみっともなくて外に出られないようにして、弁論の練習に明け暮れた。

演説するデモステネス
（後世の想像画）　Alamy提供

　語るべき言葉についても研究を怠らなかった。人と話した後、練習場にこもり、これまでの話を再現したり、言い換えを考えたりした。民会でも即席で語ることはまれで、熟慮を重ねた上で発言

するのを常とした。「君の議論にはランプの匂いがする」と侮蔑的《ぶべつてき》に言った男に対して、「君とぼくとではランプの意味が違う」と言い返した。民衆が弁論をどう感じるかに無頓着《むとんちゃく》であることは寡頭《かとう》政《せい》的だ、説得でなく暴力に頼ろうとするのだから、というのが彼の考え方だった。弁論のリハーサルをすることが何が悪いとの気概をもって、水を飲みつつ（彼は酒を飲まなかった）夜なべをしたのだろう。しかし、演説の草稿を作りながら、必ずしも草稿どおりに語るわけでもなかったらしい。聴衆の反応を見ながら臨機応変の対応もできたし、場合によっては、即席に説得的に反論を語ることもしたらしい。

しかしながら、弁論家としてもっとも大事なのは語るべき内容であろう。内容に説得力をもたせるには、当面の問題についての理解とそれにかかわる情報の収集、問題のもつべき意味についての洞察《どうさつ》、過去の事例や故事来歴《こじらいれき》についての知識など、さまざまなことが必要となった。政治家として駆け出しの頃の、政治裁判のための代作弁論がいくつか残っているが、いずれも相手方提案の民会決議の違法性ないし不適切性を争う公訴の形を取っている。このため、相手方の決議案と現今の法の矛盾点をつく細かな議論が展開される。例えば、『アリストクラテス弾劾《だんがい》』(23)は傭兵《ようへい》隊長カリデモスに特権を与えようとする決議案は違法であると訴えた裁判であるが、そこでは十回以上に分けて現今の殺人法を引用し、そこに込められたアテナイ人の正義を讃えて人々の誇りを呼び覚ます一方、決議案がそれとどれ程矛盾するかを指摘してその違法性を説いている。さらに決議案の不利益性を指摘するが、それは現在のケロソネソス半島の状勢分析と関わるし、ついでカリデモスがこの特権に値しない人物であることを述べるが、そのためには彼のなした事績についての知識と解釈、彼と対比する形で過去の人間の事績についての知識が必要となる。いずれの裁判も勝利しなかったが、彼がそうした勉強に明け暮れていたことは明らかである。その力を評価されていたことも、二度目の裁判にも代作を依頼されていることから——しかも、原告側第二弁論(『アンドロティオン弾劾』(22))から第一弁論(『ティモクラテス弾劾』(24))に格上げされていることから——窺われる。

彼の努力は次第に実を結び、前三五〇年代に入ると政治の世界に関わり、自ら議会で語ることも多くなったが、しかし、成功はなかなか訪れなかった。

アテナイの置かれた状況とデモステネス

前四世紀のギリシアの国際情勢は複雑な展開を見せるが、デモステネスの関わる前三七〇年代以降をごく大まかに区分すれば、次のようになろう。(1)覇者《はしゃ》スパルタの権威をテーバイが崩すが、テーバイも覇権《はけん》をにぎるのに失敗した時期(前三七〇～前三六〇年代)、(2)覇権を求めて有力諸ポリスにマケドニアが加わり争った時期(前三五〇年代)、(3)マケドニアが台頭し、諸ポリスがそれに対抗しようとして最終的決戦に向かう時期(前三四〇年代)、(4)マケドニアの覇権が成立し、マケドニアの動向に合わせて諸ポリスが行動を起こした時期(前三三〇～前三二〇年代)。

(1)の時期の画期となるのは、前三七一年のレウクトラの戦い——スパルタがテーバイに敗れ、スパルタの衰退が始まった——と、前三六二年のマンティネイアの戦い——テーバイのエパメイノンダスが死に、テーバイの躍進が止まった——であるが、この時期アテナイはスパルタとテーバイとの対立の間隙を縫って第二次海上同盟を結成する(前三七七年)など、かつての栄光を取り戻そうとする政策を本格化し始めた。しかし、この間のアテナイの政策にデモステネスが関与した形跡はない。

(2)の時期、アテナイは同盟市戦争(前三五七〜前三五五年)を戦った。これはビュザンティオン、キオスなど海上同盟の重要都市の離反に対する戦争であるが、派遣されたアテナイの将軍カレスは資金不足からペルシアのサトラップの反乱を手伝って自らの軍隊の資金を調達することとなった。これに対し新たにペルシア王位に就いたアルタクセルクセス三世は抗議してカレスの撤退か戦争かの選択を迫り、アテナイは譲歩せざるを得なかった。その後、ペルシアがアテナイ攻撃のために大海軍を準備中との噂が広がった。これにどう対処すべきか、民会で多くの議論がなされ、ペルシア討つべしとの意見も述べられたらしい。これについての発言がデモステネスの政治に関わる、記録された最初の弁論となる。『シュンモリアについて』(14)と題されるこの弁論で、今は戦うべきではないが、備えを十分にしておくべきである、そのためには負担を担う富裕者を現今の一二〇〇人から二〇〇〇人にして分担班(シュンモリア)を作るべきである、と改革の要点を述べている。噂に対して感情的対応をすることを諫《いさ》め、アテナイ人の徳性を讃えつつも、国力増強のための具体的政策を述べる、冷静な論調が印象的である。彼の提言は正論と認められ、受け容れられた(15. 6)。恐らくこうした改革を日頃考え、勉強していたのであろう。これより少し前、免税特権の廃止を定めたレプティネス提案の法をめぐる裁判が、政治に関わる裁判で彼自身が法廷に立った最初とされるが(『レプティネスへの抗弁』(20))、そこでは免税特権に関わる人数と公共奉仕を負担する人数の対比からこの法にあまり意味がないことを指摘している。この算定はやや甘いと評価されているが、ともかく財政の視点から政策を考えようとする姿勢があったことは示すだろう。同盟市戦争後の財政逼迫《ひっぱく》のなかで財政的裏付けがなければどのような政策も実現性をもたなかった。問題は、しかしながら、財政的苦境を耐えてでもなすべき政策と判断するかどうかということだろう。

この時期の後半に起こった第三次神聖戦争(前三五六~前三四六年)は、テーバイとフォキスの些細《ささい》ないさかいから始まり、アテナイを含む多くのポリスを巻き込んで長く続いたが、その間にもアテナイには別の方面から外交問題が起こり、デモステネスは発言を続けた。『メガロポリス人のために』(16)ではメガロポリスをめぐってアテナイ、スパルタ、テーバイの勢力均衡のあるべき姿とそれの実現のために兵力を準備する必要を説き、『ロドス人の解放のために』(15)では要請に応えて亡命していた民主派のロドス人を支援すべきことを説いている。しかし、これはいずれも実現しなかった。財政再建を重んじ、対外的消極主義を取る時の有力者エウブロスの意見と相容れなかったからである。また、マケドニアのフィリポス二世(在位前三五九―前三三六)の動きがアテナイにとって心配の種になり始めていたが、フィリポスの征服欲、支配欲を指摘して、諸君の怠慢《たいまん》が彼を増長させているとして、ただちに市民軍を派遣せよというデモステネスの主張も容れられなかった(『フィリポス弾劾1』(4))。さらに、戦力維持のための観劇手当の軍事目的転用の提言も、恐らくこの時期彼によってなされたとみられるが、成功しなかった(『制度について』(13))。かくて彼の雄弁は実を結ばず、政治家としての成功はなかなか得られなかった。

マケドニアとデモステネス

フィリポス二世は、前三五九年にマケドニア王位に就くと、マケドニアの勢力安定と拡張に努め、アテナイの権益と衝突することになる。しかし、アテナイは同盟市戦争などで忙しく、フィリポスの方も近隣のトラキア人諸部族を押さえる必要などもあって、ただちに大きな脅威と感じられることはなかった。デモステネスは、先にも見たように、前三五一年に『フィリポス弾劾1』で彼の野心を指摘したが、それは実際に彼がこの王にそうした性質を見たと言うより、政治家として頭角を現したいという野心がフィリポスという格好の標的を見つけたという要素の方が強かったように思われる。未だ成功を見ない野心的若者が、目新しい政策として「反マケドニア」を打ち出し、そのためには王が専制的、攻撃的性格をもっている方が好都合だった。しかし、前三四〇年代に入ると、彼の言ったことを裏付けるような動きをフィリポスは取り始める。彼の言ったことは当たったように見えた。はったりが真実を突いたとしても、この偶然を導いたのは神であると考えるのが当時のギリシア人の宗教観であった。彼は自らの判断に神の支えがあるものとして自信をもつことになろう。彼の判断は強い信念となり、彼は神とともに語ることになった――彼は時折弁論中に神懸かりになったと言われる――。フィリポスを糾弾し、マケドニアと戦え、というのが彼のいわばワン・イシューとなった。

前三四九〜八年、フィリポスはカルキディケ半島に遠征する。半島の中心市オリュントスはアテナイに救援を要請し、デモステネスはこの要請に応えるよう三度にわたる演説をする（『オリュントス情勢1〜3』(1-3)）。彼の提案は結局受け容れられてアテナイは援軍を派遣するが、時すでに遅くフィリポスはオリュントスを降伏させてしまう。オリュントス陥落はアテナイ人を震撼《しんかん》させ、エウブロスの発案で反フィリポス体制構築のために全ギリシアに使節が派遣されたが、それも効を奏さず、フィリポスと和約する方向に向かうことになる。前三四六年、そのための十人の使節が送られることになるが、その中にデモステネスとその後最大のライバルとなったアイスキネス（前三九七？―前三二二？）が入ることになった。デモステネスはこれまで散々に非難してきたフィリポスと初めて対面することになった。十人の使節は年齢順に話すこととなり、最年少の彼は最後に話した。その時の様子を、アイスキネスは次のように伝える。

「この獣（＝デモステネス）は前口上として何か訳のわからないことを、怯《おび》えきった死人のように言い、本題をほんの少し話すと、急に黙りこくって立ち往生してしまい、ついには一言もしゃべれなくなったのである。この様子を見たフィリポスは、元気を出せ、劇場のようにこれでおしまいだと考える必要はない、落ち着いてゆっくり思い出して考えてきたことを話すが良い、と励ました。しかし、この男は一旦取り乱し、書いてきたことを忘れてしまうともはや自分を取り戻すことができず、もう一度やろうとして前と同じ状態に陥ってしまった。沈黙が続き、触れ役がわれわれに退出を命じた。」(Aeschin. 2.34-35)

デモステネスを相手に戦う法廷の場での発言であり、本当のことか疑わしい。しかしまるきり嘘だとも思えない。おそらく、観念の上での敵が、現実の人間――たぶん、征服欲、専制、暴虐《ぼうぎゃく》といった言葉とは結びつかないような人間――となって目の前に現れた時、書いてきた言葉は意味を失い、デモステネスは度を失ってしまったのだろう。しかし、この経験で彼はフィリポスに対する見解を変えることはなかった。

この使節派遣の結果、「フィロクラテスの和約」が結ばれることとなるが、この時アテナイの関心は同盟国フォキスのことだった。フィリポスはテーバイと同盟を結び第三次神聖戦争へ介入の姿勢を示していた。この和約でフォキスの平和も確保したいというのがアテナイの願いだったが、外交上手のフィリポスは曖昧《あいまい》な態度に終始した。和約の誓約を得るため二度目の使節が同じメンバーで派遣されたが、帰国したアイスキネスやフィロクラテスはフィリポスの態度をアテナイに好意的に解釈して説明した。一方、デモステネスは、アイスキネスが買収されているとして抵抗したが、フィロクラテスは彼が酒を飲まないことを踏まえてこう言ったという。「アテナイ人諸君、驚くに当たらないのだ、私とデモステネスとが同じ考えをもたないのは。奴《やつ》は水を、私は酒を飲むのだから」(19.4)。聴衆は笑い、彼らの意見が通った。しかし、アイスキネスの見通しに反して、フィリポスはフォキスを滅ぼし、第三次神聖戦争を終わらせてしまう。驚愕《きょうがく》したアテナイ人はこれに対抗しようとするが、デモステネスは『平和について』(5)を語ってこれを押さえ、今はこの和約を守るよりほかないと説得した。和約に反対していた彼の発言は受け容れられた。

その後もフィリポスは精力的に活動を続けた。「和約」に反する行動があったかなかったか、よくわからない。しかし、デモステネスにとってはこれまでの行動で十分だった。フィリポスの狙いはアテナイにある、アテナイのみが彼と対抗しうる、アテナイ人はギリシア人の指導者として立ち上がりフィリポスと戦わねばならない、というのが彼の信念であった。その信念に沿って国内では反対派と戦い(アイスキネス『ティマルコス弾劾』(1)、デモステネス・アイスキネス『使節職務不履行《ふりこう》について』(Aischi.2, Dem. 19))、弁論によって「諸君はなすべきことをまだなしていない」とアテナイ市民の行動を促し、励ました(『フィリポス弾劾2〜4』[6,9,10])、『ケロネソス情勢について』(8))。国外ではこれまでの敵を含めて諸国に赴き、雄弁を駆使して協力を求め、最後には仇敵《きゅうてき》であったテーバイとの同盟締結にも成功した。こうして前三三八年にカイロネイアの戦いが起こった。

戦いはフィリポスの圧倒的勝利で、デモステネスは戦列を離れ武器を捨ててアテナイに逃げ帰った。この戦いはギリシアの勢力図を大きく塗り替え、マケドニアの覇権《はけん》を確立させた。フィリポスの措置はテーバイには厳しかったが、アテナイには、デモステネスがこれまで散々警告していたことに反して、寛容だった。しかし、彼は政治家としても生き残り、その年の終わりには、戦死者を弔う国葬での追悼《ついとう》演説の演者に選ばれている(『葬送演説』(60))。それは大変名誉なことで、アイスキネスは反対したが無駄だった。その後、前三三六年にフィリポスは暗殺され、デモステネスはじめ反マケドニア派は一時沸き立ったが、後を継いだアレクサンドロス(在位前三三六—前三二三)の迅速果敢な行動によって鎮《しず》められ、さらに反乱したテーバイに対する苛酷な仕打ちを見て反マケドニア派の動きは完全に止まってしまった。前三三〇年、アイスキネはデモステネスに冠を与えようとするクテシフォン提案の法は違法であるとして訴え(『クテシフォン弾劾《だんがい》』(3))、デモステネス自身がそれに応える弁論を語った(『冠について』(18))。この弁論はギリシア弁論史上最大の傑作とされ、彼に大勝利をもたらした。弁論の力もあったろうが、この時点でアテナイ民衆がカイロネイアの戦いへと導いた彼の政策を非難していないことは明らかである。

その後、彼は収賄《しゅうわい》を疑われ亡命を余儀なくされるが、その間にアレクサンドロスが死に状況が変わる。アテナイ人は彼を呼び戻すとともにアレクサンドロスの後継者アンティパトロスに戦いを挑んだが、結局敗れる。デモステネスはアンティパトロスに追われる身となり、小さな島の神殿で捕まり、手紙を書くからと猶予をもらった後、筆先に含ませた毒を吸って死んだといわれる。前三二二年、享年六二であった。

総括

さて、冒頭の問題に戻らなければならない。彼はどのように「俠」者にふさわしいか？　彼の反マケドニアの信条は、はったりから生まれたかも知れないが、宗教的裏付けを得て強いものとなっていた。彼は自分の信じる正義に人生を賭《か》けたのであり、それは「俠」者の一つの条件である。そして、彼の信条は深いところで民主政アテナイへの愛に由来していた。専制的なマケドニアを討つことができるのはアテナイだけである、アテナイ人は怠けていてはならない、という認識は民主政アテナイを金科玉条のものとした時にのみ了解できる。彼は自らの信奉する国家に忠義を尽くしていた。それも「俠」者の条件の一つである。彼の弁論はアテナイへの誇りを呼び覚ましつつ、誇り高き人間のなすべきことを説いた。人々は耳の痛いことを言われても感情的高揚の中で彼の説に道理を見た。おそらく彼がいなくてもマケドニアはギリシアを支配することになったであろうが、彼がいなければアテナイ人は自国と民主政に誇りをもち続けられなかったであろう。彼は弱き民衆を助けなかったかも知れないが、「弱き」に陥ろうとする民主政を支え助けた。さらに彼は尊敬され、愛される指導者であった。約四〇年経ってマケドニアの支配が一時的に緩んだ時、民会は彼の像を建てることを決議した。ポリュエウクトス建造のその像はアゴラに置かれ、高貴な表情が印象的だったが、手はパピュルスの巻物をもって演説中の彼の姿を現していた。希代《きだい》の弁論家は四〇年経っても畏怖《いふ》され愛され続けていた。そうした魅力をもつことも「俠」者の条件であろう。そうした意味で彼は「俠」者にふさわしかった。

◉参考文献

『デモステネス弁論集一〜七』（「西洋古典叢書」、京都大学学術出版会会、二〇〇六年〜。現在、五まで刊行）

『アイスキネス弁論集』（「西洋古典叢書」、京都大学学術出版会、二〇一二年）

〈両者の弁論の題名についてはこの叢書のものを用いた。訳は筆者独自のものである。〉

プルタルコス（伊藤貞夫訳）『デモステネス伝』（「世界古典文学全集」二三、筑摩書房、一九六六年）

伝プルタルコス（伊藤照夫訳）『十大弁論家列伝』（プルタルコス『モラリア10』「西洋古典叢書」、京都大学学術出版会、二〇一三年）

澤田典子『アテネ　最期の輝き』（岩波書店、二〇〇八年）

I. Worthington, *Dmosthenes of Athens and the Fall of Classical Greece*, Oxford, 2013.

D. M. MacDowell, *Demosthenes the Orator*, Oxford, 2009.

ローマをギリシアに呼び込んだ男の挑戦

アイトリアのドリマコス

…Dorimachos of Aitolia…

伊藤雅之

紀元前三世紀末のギリシアとアイトリア

ドリマコス（生没年不詳）という人物を、あるいはまた彼が属したアイトリアという連邦国家の名をご存じの読者は、あまり多くないだろう。実際、どちらも歴史の流れのなかで大きな存在感を示したとはいえず、そのせいか彼やその同胞たちの肖像も伝わっていない。しかし実は、彼らは一般にも比較的よく知られている、紀元前三世紀末に生じた古代ギリシアとローマの出会いと、そしてその融合《ゆうごう》の始まりという大きな歴史的事象に、少なくない影響を及ぼした。

というのは、まずドリマコスはその前三世紀終わりのギリシアで活動した政治指導者だった。当時のギリシアは、ヘレニズム時代と呼ばれる時期にあった。この名称をご記憶の方も多いだろう。民主政を花開かせたアテネに代表される諸都市国家の繁栄が次第に色あせるなか、フィリッポス二世（在位前三五九—前三三六、「ピリッポス」や「ピリポス」と表記されることも多い）の下で力を伸ばしたマケドニア王国が前四世紀の後半になってついにこれらを従える。そして息子アレクサンドロス（大王、在位前三三六—前三二三)の代になって、さらにオリエントの大部分を治めていたペルシアをも滅ぼしたことで、地中海東部を中心とした広大な地域において、ギリシア・マケドニア人が主導しつつ古代東西文明の混交とギリシア文化の普遍化が進展していった時代として、高校世界史の教科書などでも繰り返し取り上げられているからである。

そして周知のように、そのアレクサンドロスが若くして世を去った後、彼の征服により築かれた帝国は内戦により分裂する。マケドニア本国では彼の部下アンティゴノスの一族へと王権が移り、ギリシアの多くの地域もその独立を回復する。しかしギリシアの人々にこうした展開を喜ぶ暇はなかった。新たなマケドニアも、前王家が成し遂げたギリシアやさらにその外の世界を征服するという夢を抱き、そして個々の都市や集落では、なお広大な国土や属領(「ギリシアの足枷《あしかせ》」と呼ばれた要地デメトリアス、カルキス、コリントスなど)をもつマケドニアから独立を維持していくことは難しかったからである。

紀元前220～同217年ころのギリシア略地図

(Grainger, J. D. *The League of the Aitolians, Leiden.*1999. Map4,より)

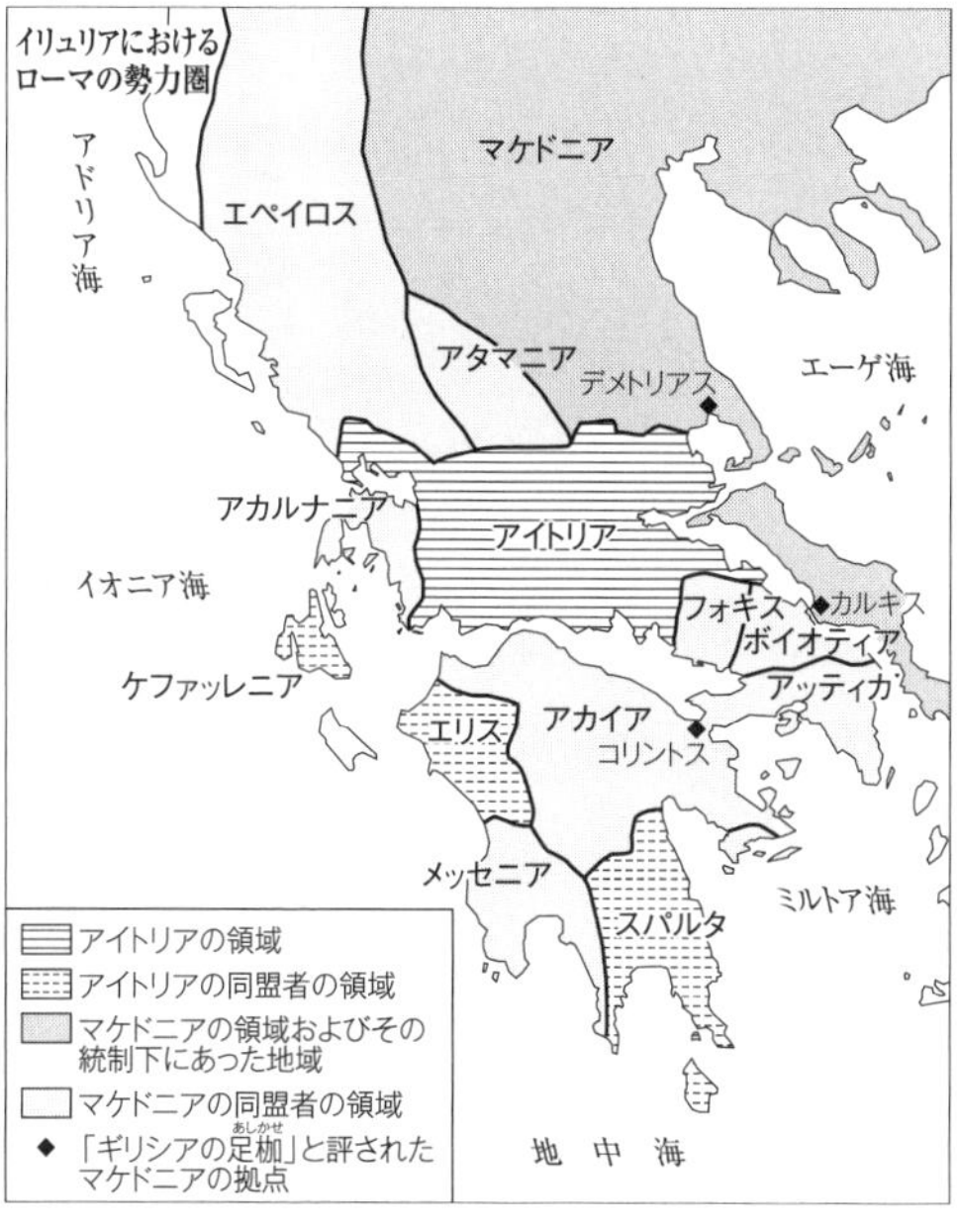

こうしたなかでギリシアの人々が進めたのが、連邦国家（「同盟」〔league〕と理解されることも多い）の構築である。単体では小国であっても、集まって統一行動を取れば大きな力となり得たからである。そしてアイトリアは、少なくとも紀元前三世紀末までにおいて、この体制の整備と規模の拡大に最も成功した勢力だった。同国はおそらくヘレニズム期に入る少し前に、ギリシア中央部のアイトリア地方（現エトリア・アカルナニア県中・東部）の人々が集まって合議体を構築したことに始まる。その制度には不明点も多いが、ストラテゴス（直訳すると「将軍」だが、アイトリアのそれをはじめその権限は軍事に限定されなかった）と呼ばれる定員一名で一年任期の政務官を筆頭に、秋分の頃に開催された加盟国の全市民が投票できる選挙で選ばれた役職者たち、および各加盟国から派遣された代表より構成されたと思しき審議機関が政府を構成したことは間違いない（この他に全市民が参加できた総会が最終意思決定の場として存在）。そしてこうした加盟国市民の平等性や民主的体制が人々の共感を呼んだのか、その輪は同地方を超えて大きく広がっていき、前二二〇年代までにはギリシア中部全域を傘下に収め、北東部においてマケドニアと境を接するまでに至る。こうした拡大とその地理的環境は、同連邦をマケドニアによる再南下の動きに対する最前線に立たせた。しかし一方で、それによって生じた同王国との緊張関係はアイトリア人たちに、自分たちこそがギリシアやその民主政を守り、そしてこれらを再び繁栄に導く者なのだという意識を芽生えさせもした。

同盟市戦争と史料におけるドリマコス

こうしたマケドニアとアイトリアの拡大の動きがぶつかるなかで生じたのが、いわゆる同盟市戦争(前二二〇〜前二一七年)である。これは直接には、紀元前二二〇年に連邦が南のペロポネソス半島において現地の人々を攻撃したことから始まったとされる。しかしこれはアイトリアからすると、当時のマケドニアの急激な南進への対抗措置の一環だった。

というのも実はこの前二二〇年代初頭、同半島では、それまでしばしばアイトリアと協力してマケドニアの力を削ぐことでその支配地を広げていたアカイア連邦が、やはりアイトリアと連携して同王国に対抗しつつかつての繁栄を取り戻そうと動いていたスパルタと衝突《しょうとつ》し、劣勢に陥るということがあった。そして苦境が続くなかアカイアは、前二二五年頃これを打開すべく、民主政を奉じながら中小勢力の連帯と独立の維持に努めてきたこともあって、王を戴《いただ》くマケドニアをアイトリアと同じく敵視してきた従来の姿勢を一転させ、同王国と結んでスパルタを討つという決断をする。しかもその際、各地の都市や他の連邦にもこれに加わるよう呼びかけ、そして多くの国々が自分たちを盟主と仰ぐなら寛大に対応すると約束したマケドニアに与《くみ》することに魅力を感じこれに応じたため、この枠組みは新たなヘラス同盟(フィリッポス二世がギリシア諸国を従えた際に構築したのが始まり)として、当時のギリシア秩序を大きく変えることになる。

これはアイトリアにとって深刻な事態だった。ともにマケドニアに対抗していたアカイアが敵に回っただけでなく、新たなヘラス同盟は、連邦の勢力圏を半ば包囲するような形を成し、その上当面の攻撃目標としてその鋭鋒をまず受けたスパルタを南に押し込むなかで、ペロポネソス半島を中心にさらにその勢力を広げる勢いを見せたからである。

ドリマコスが歴史の担い手にならんと世に現れたのは、まさにこうした時だった。その際の模様を、古代の歴史家ポリュビオス（前二〇四?―前一二五?）は次のように伝えている。

トリコニオン市民にドリマコスという男がいた。これはパンボイオテティア競技祭の折に休戦協定を破ったニコストラトスの息子で、まだ若く、アイトリア人特有の貪欲と野心でふくれあがったような男だったが……公務を託されてフィガレイアに派遣された。同市はペロポネソス域内にあって、メッセニアの国境付近に位置するのだが、当時はアイトリアと市民権共有の関係にあった。派遣の目的は、フィガレイアの都市と領地を守るためだと称していたが、実際にはペロポネソスの内情を偵察するためだった。

（ポリュビオス〔城江良和訳〕『歴史二』〔京都大学学術出版会、二〇〇七年〕四・三・五‐七より、一部略・改）

ご覧のとおり、ポリュビオスのドリマコスとそしてアイトリア人への評価は芳しくない。これは直接には、引用部の後に続く、ドリマコスが自身の支持者とともにフィガレイアおよび他のメッセニアの人々との間で引き起こした騒動と、そのなかで受けた侮辱《ぶじょく》に対する復讐《ふくしゅう》のため彼が、同国は既にマケドニアやアカイアと結ぶべく動いていると訴えるなどして一門の有力者スコパス（?―前一九七／六）を同志に引き込みつつ連邦軍を動かし、ヘラス同盟側に不意打ちを仕掛けたといったような説明に基づいている。これらを見ると、ドリマコスは好戦的かつアウトローな者たちの頭目であったというような像が浮かび上がってくる。そしてこうしたポリュビオスの記述の影響もあって、他の古代史家や現代の研究者たちが抱くドリマコスおよび当時のアイトリアへの評価は、総じてネガティブなものとなっている。

ただしポリュビオスの作品に詳しい史家たちは、彼のアイトリアへの記述には注意する必要があると説く。というのは、まず彼はアカイア指導層の出身で、自身も前一七〇／六九年に同国の高官に選ばれた。そしてその少し後に、当時ギリシア征服を進めていたローマから自分たちに敵対的であると判断されてイタリアへと連行される。しかし同国の名門スキピオ家との交流から同家の人々の傍近くにあることを許され、そのなかで見聞きしたことやローマの公文書館を活用しつつ、紀元前三世紀から同二世紀にかけてのギリシア・ローマを主題とした歴史書を著した。その叙述は両者の政治情勢に関する幅広い情報に裏打ちされていることもあって古代から高い評価を受け、またそのおかげか作品のかなりの部分が写本や古代以降の作家たちによる引用といった形で伝存しているため、今でも当時に関する第一級の史料と見做《みな》されている。

しかしポリュビオスはその出身階層や経歴のためもあってか、愛国心が非常に強い人物であった。このためその記述は、全体としては中立的であることを目指しているのがうかがえるものの、ことアカイア絡みになるとどうにも公平性を欠く。特にこの同盟市戦争期に敵対関係にあったアイトリアや、同国を戦いへと動かした者に対しては手厳しい。前出の引用文を含め、彼らの攻撃的性格への言及と批判が、関連する記述の至る所に織り交ぜられているからである。

これらの批判は、根も葉もないものではなかった。前述のように、引用部に続く部分ではドリマコスらによるヘラス同盟側に傾きつつあった人々との争いが記されており、アイトリア側も決して紳士的ではなかったことが分かる（ポリュビオスは同時代の人々を第一の読者に想定しているので、大勢が見聞きした事件について事実から大きく乖離《かいり》した記述を行っている可能性は低い）。だが翻《ひるがえ》って、アイトリア側から事態を見たならばどうだっただろう。ヘラス同盟への参加は、ギリシア再征服の意図を隠さないマケドニアを支持するのと同義だった。こうした目論見《もくろみ》を非とする連邦にとって、メッセニアで自分たちを侮辱しつつマケドニアにすり寄る者たちや、同国の力を借りてスパルタを討ったアカイアの行動は裏切り以外の何ものでもなく、そうした彼らへの対応が攻撃的なものとなることは当然だった。

このことは、ドリマコスや彼の同志となったスコパスの動きが多くの人々から支持された点からも裏付けられる。他ならぬポリュビオスの記述や、またアイトリア人たちが作成した碑文文書などから、スコパスが前二二〇／一九年の、そしてドリマコスが翌二一九／一八年のストラテゴスに選ばれたことと、スパルタなどの人々がこうして始まった同盟市戦争に、連邦側に立って参戦したことが分かっているからである。

ただドリマコスにとって不幸だったのは、こと戦力に関し反マケドニア陣営が総じて脆弱《ぜいじゃく》だった点である。アイトリアの多くは山岳地帯でその広さの割に人口は少なく、またかつてギリシアの覇権《はけん》を握ったスパルタも、当時は富の格差の広がりと国土の縮小によりさしたる軍を編制することができなかったからである。さらに、ドリマコスらは、この時期ちょうどマケドニアで若年のフィリッポス五世(在位前二二一—前一七九)が即位し、未成熟な王の下ではマケドニア・ヘラス同盟もその力を活かせないだろうと期待していたのだが、これが外れたことも痛かった。彼は早々に自軍をまとめ、自ら先頭に立って敵対勢力を各地で撃破したからである。このためアイトリアの動きに呼応した者たちは次々に戦線を離脱し、また連邦自体も紀元前二一七年に、一説では国土の一割を放棄させられつつ、和平を結ぶことを余儀なくされた。

ローマへの呼びかけとその後

同盟市戦争での敗北により、連邦におけるドリマコスやその同志たちの発言力とそしてマケドニアに対抗しようという動きは大きな後退を強いられた。このことはアイトリアの諸碑文文書において、彼らとは一線を画す人々が戦後しばらく連邦の要職を握ったことが見て取れる点から確かめられる。前述のとおり同国は選挙で指導者を選んだので、高官職の顔ぶれはその年々の民意の動向と多分に連動していたといえるからである。

だがこうした状態は長く続かなかった。マケドニアとの和平に多くのアイトリア人は、それまでの経緯もあって不満を抱いていたからである。このため同盟市戦争期に連邦を率いた人々は、前二一〇年代後半から再び要職を帯びるようになる。ドリマコスもこの時期、連邦北東部で生じた加盟国間の領土紛争の調停という、その時々の政界の重鎮ともいうべき者が任されてきた任務に就いている。

しかし国内状況が変わったからといって、ドリマコスやまたスコパスらとしても、すぐに再びマケドニアと戦うというわけにはいかなかった。同王国の勢力は以前よりも格段に強まっており、このまま再戦しても勝算は薄かったからである。そこで彼らが目を向けたのが海外である。ギリシアの外には、マケドニアと同様アレクサンドロスの遺臣を祖とするセレウコス朝やプトレマイオス朝、あるいはまた非ギリシア人国家ではあったが、大勢力を築いていたカルタゴなどさまざまな勢力が存在していた。彼らの力を借りることができれば、ギリシアにおけるヘラス同盟の優位も決して絶対的なものではなくなるからである。

そしてこうした目論見の下、周辺諸国の要人たちと接触を重ねた末にドリマコスらが出会ったのが、西方のローマである。同国はこれまでヘレニズム世界に関わることはほとんどなかった。しかしマケドニアとの再戦を望むドリマコスらにとって、ローマとの提携は非常に魅力的だった。というのもまず、同国はイタリア半島の覇者《はしゃ》となって久しく、その国力はギリシアの個々の国のそれを大きく上回っていた。そして何より、この時ローマは既にマケドニアと交戦状態にあり、同盟者を渇望《かつぼう》していたからである。

というのは、実は同盟市戦争が戦われていた頃、西方では第二次ポエニ戦争（前二一八〜前二〇一年）が始まり、かの有名なカルタゴのハンニバルがイタリアに攻め込んでいた。そしてこうした状況を見て周辺諸国の間には、これに乗じてローマの領土を奪おうという動きが広まる。特に機敏に対応したのが、マケドニアのフィリッポスである。彼はギリシアだけでなく、やはり前王家が部分的ながら支配していたアドリア海東岸のイリュリア地方もいずれはその勢力下に収めたいと考えていた。ところがこの地域には前二二〇年代初頭よりローマが進出を始めていた。そうしたなか、カルタゴの優勢を聞いたフィリッポスは、今ならばこれを奪取できると考える。そして彼は同盟市戦争を終えるや、ハンニバルに使者を送って対ローマの同盟を結び、軍を西進させる。既に各方面の敵に悩まされていたローマは、東方でのこの動きに仰天した。

こうしたローマにとって、マケドニアとの再戦を望むドリマコスらの接触は渡りに船だった。かくして前二一一年、この年度のストラテゴスとなっていたスコパスと、彼とともに事前交渉に関与していたドリマコスの音頭で開催された連邦総会で、両国の同盟が成立する。そしてドリマコスが新年度のストラテゴスに就任するや、アイトリアはローマと連携してのヘラス同盟攻撃を開始する。

今回の対マケドニア戦も、出だしは好調だった。連邦軍はヘラス同盟側の都市を次々に攻略した。そしてこうした情勢を見て、やはりこれまでの数年に交渉を重ねていた、スパルタを含めたギリシア内外の諸国も次々に反マケドニアに起《た》ったからである。しかしフィリッポスがイリュリア方面での作戦を中断し自ら対応に乗り出すと、またもや戦局は一変する。ドリマコスの懸命の指揮にもかかわらずアイトリア側の拠点が逆に奪われ始め、これに力を得たアカイアなどのマケドニアの同盟者たちも反撃を始めたからである。

さらにドリマコスらを悩ませたのが、プトレマイオス朝をはじめとしたギリシア外の諸勢力がアイトリアやマケドニアなどに和平を呼び掛け、そして連邦市民の一部がこれに同調する動きを見せたことである。というのは、実は連邦には、マケドニアやこれと結ぶ道を選んだアカイアのような国々を不倶戴天《ふぐたいてん》の敵と見做《みな》して戦い続けることに消極的な者が少なからずいた。再度の対マケドニア戦が始まったことで彼らはひとまず沈黙したが、戦局が不利に傾いてきたことと、それを打開する提案が外部から提示されたことで、こうした人々が再び活発化し始めたのである。

さらに、こうしたドリマコスらの苦境に拍車をかけたのがローマの姿勢である。同国は、アイトリアと同盟してからしばらくはギリシア周辺で活発に軍を動かした。ところが紀元前二〇〇年代に入った頃から、その動きは明らかに低調になる。これは部分的には、主敵であるハンニバルがイタリア南部を占領していたため、他の地域で大きな作戦を続けることが難しかったことによる。ただ紀元後二世紀の史家アッピアノスは、もう少し辛辣《しんらつ》な説明もしている。彼によると、当時のローマにとって東方における主要課題は、マケドニアがカルタゴと連携できないようギリシアに釘付けにすることで、アイトリアとの同盟も偏《ひとえ》にこれを求めてのものだったというからである。つまり同地域周辺で再び戦いが始まってフィリッポスがその対応に掛かりきりになった以上、ローマ側としてはもう連邦にそれほど関わる必要を感じなかったわけである。

こうした、戦局の悪化と同盟国であるはずのローマの消極的な姿勢、およびそれによるアイトリアの人々のローマとそしてまた同国との同盟を主張したドリマコスらへの不満の高まりは、続く選挙の結果に大きく影響した。アイトリアの諸碑文によると、ドリマコスらは前二〇七年頃までは多くの要職を確保し続けていた。しかし翌年の秋分の選挙では、彼らとは政見を異にする人々に政権を握られてしまう。そして、こうして生まれた新体制の下、アイトリアはローマと断交しマケドニアと講和することを決定する。フィリッポスも既に数年に及んでいた戦いを終わらせたいと考えていたことから、この申し出に快く応じた。

マケドニア優勢のうちに戦いが終わったことで、反マケドニア運動は再度の後退を余儀なくされた。しかし、ドリマコスやスコパス、そして彼らの支持者たちは諦めなかった。紀元前二〇五年にこの二人が、連邦市民の債務《さいむ》問題対策委員の座を得ているからである。これについてポリュビオスは例によって批判交じりに、長年の戦いと贅沢《ぜいたく》のためアイトリア人の多くが多額の債務を抱えてしまい、これを何とかするべく人々は自身も商取引で負った莫大な借金に苦しんでいた二人に対策を委ねたと伝える。だが世界史の教科書にも登場するソロンの改革に代表されるように、債務をめぐる問題は古代地中海世界では非常によく見られた。またその対策に当たる者は、間違いなく多くの同胞の支持を得た重要人物だった。つまり対策委員への就任は、ドリマコスらが依然として連邦で多くの期待を集めていたことを示しているのである。

そして委員となった二人は、詳細は不明ながら少なくとも諸々の施策の一環として、債権者たちに債権放棄を求めたらしい。これはもちろん、彼らの大きな反発を呼んだ。その代表らは、そうした措置は一時は債務者を喜ばせはしても将来的には双方に害であると訴えたという。ただ、前述のソロンの改革の折にもこうした措置が取られたことを含め、債務の帳消しや支払猶予が古代地中海の各地でまま見られた政策だったことは留意しておくべきだろう。債権者に何らかの代償措置を講じて時間を稼ぎつつ別の政策により人々の経済力を底上げできれば、問題は解決するからである。ただドリマコスとスコパスに、そうした総合的な対策を行うだけの力はなかった。この前二〇五年末頃にスコパスは国を出てプトレマイオス朝に仕官し、さらに債権放棄に反対した者たちの代表がおそらく次年度にストラテゴスに就任しているからである。

ただしこのことは、ドリマコスとスコパスの協力関係、および彼らの運動の終焉《しゅうえん》を意味するものではなかった。というのも、まずドリマコスはこの年より後に少なくともさらに一度ストラテゴス職獲得に動き、これに成功している。また国を出たスコパスも、当時内外の危機にさらされていたプトレマイオス朝のため傭兵《ようへい》の募集役兼将軍として活躍しつつ、そのなかで多くのアイトリア人をスカウトして（特に前一九九年夏頃に行われた募集の折には歩兵六〇〇〇名に騎兵五〇〇名という、当時のアイトリアの動員可能兵数を踏まえると相当の規模といえるだけの数を集めたという）、彼らに現金収入を得る機会を与えたことが知られているからである。

ドリマコスらの退場

しかしこうして二〇年以上にわたってアイトリア人たちの指導者として活動したドリマコスおよびその同志スコパスにも、ついに終わりが訪れる。まず紀元前一九七／六年、スコパスがエジプトでプトレマイオス朝当局により処刑される。王家に反逆を企てたためと史書は伝えるが、大きな軍功をあげ傭兵たちからも信頼されていたスコパスを、王の近臣団を構成していた他のギリシア人たちが危険視したことがその根底にはあった。

ポリュビオスが伝えるところによると、彼らはまたスコパスとそしてドリマコスへの悪意から、スコパスを捕縛《ほばく》すると外交使節としてやって来たドリマコスをその裁判の席に呼んだ。そして審理を見せた上でその判決の正当性を認めるよう迫り、ドリマコスはこれに応じたという。彼にとってこれは間違いなく苦渋の決断だっただろう。しかし他に選択肢はなかった。エジプトにはなお多くのアイトリア人傭兵が残されていたからである。彼らの身にまで危険が及ぶことは避けなければならなかった。

こうした対応とその後の交渉がどのように作用したかは、古代の史家たちの説明からはうかがえない。ただはっきりしているのは、スコパスと傭兵部隊の一部幹部以外の者は、私財を携えての帰国が許可されたことと、そしてこれを最後に、ドリマコスの足跡が史料から消えることである。これは必ずしも、事件のすぐ後に彼もまた世を去ったことを意味しない。ただ碑文が示す状況から、前一八〇年代半ばに彼の息子二人が外国の要人との折衝を、つまり連邦の重要人物や名家の者が担うべき公務を受け持ったことが分かっている。このことから、ドリマコスは連邦の顔役的格付けをその後も維持したものの、スコパス刑死からおよそ十年のうちに他界したか年齢などの理由により引退したと見てよいだろう。

さて、こうした挑戦と挫折を繰り返したドリマコスの運動であったが、実はマケドニアとの絡み以外の歴史の大きな流れにも無視できない足跡を残した。前述した、同盟市戦争後に彼がスコパスとともに結んだローマとの同盟がそれである。この共闘は、同国が東方に関心を向け、やがてこれを従えようと動いていくきっかけとなった。

これは直接には、この対マケドニア戦の顛末《てんまつ》がローマにとっても不本意なものだったことによる。というのも、実はドリマコスらはローマと同盟した際、戦いを終わらせる場合には和平も共同で結ぶと約束していた。ところが、紀元前二〇六／五年に連邦がマケドニアと講和した時、当時政権を握っていた人々はこの約束を無視して単独で戦線を離脱してしまう。このためローマは、なおカルタゴと戦い続けていたなかでマケドニアにも独力で対応せねばならない状態に突然追い込まれる。そして、フィリッポスもさらなる戦いを望まなかったため、ローマはどうにか和平を結んで東方での戦いを終わらせることができたのであるが、その際イリュリアの一部を彼に譲ることを強いられる。カルタゴとの決着を優先したローマは、これを渋々承諾したが、自分たちの苦境に乗じて攻めてきた者に支配地を不当に奪われたという想いは残った。

こうした経緯《けいい》もあって、カルタゴに勝利を収めたすぐ後の紀元前二〇〇年、ローマはフィリッポスに宣戦布告する。第二次マケドニア戦争(前二〇〇～前一九七年)と呼ばれるこの戦いは、当初はギリシア北西部の山岳地帯を巧みに活用したマケドニアの優勢のうちに進んだ。しかしカルタゴとの戦いを終えてその戦力を自由に使えるようになったローマの様子を見て、アイトリアやさらにアカイアなどヘラス同盟の国々で、それまでマケドニアとの戦いに消極的だった者たちが俄《にわ》かにローマとの共闘を主張し始めると、戦局は転換する。背後を衝かれることへの懸念から、フィリッポスは防衛線を後方に下げざるを得なくなったからである。そして紀元前一九七年、彼はついにローマおよびアイトリアの軍とのキュノスケファライ会戦で大敗し、和平を乞う。時の連邦指導部をはじめギリシアの多くの人々は、これを機にマケドニアを解体し自分たちがギリシアを再び取り仕切るのだと息巻いた。しかし彼らの振る舞いに不信感を抱いていたローマは領土を削りつつも同王国を温存し、彼らの好きなようにはさせなかった。こうしたローマの対応にギリシア諸国の一部、特にアイトリアは強く反発した。そして彼らは程なくマケドニアに代わって今度はローマが自分たちの敵であると断じ、これと戦い、そして破滅する道へと進んでいく。

⊙参考文献

Grainger, J. D. *The League of the Aitolians*, Leiden. 1999.
Scholten, J. B. *The Politics of Plunder: Aitolians and their Koinon in the Early Hellenistic Era*, 279-217 B.C., Berkeley. 2000.
フランソワ・シャムー（桐村泰次訳）『ヘレニズム文明』（論創社、二〇一一年）
ポリュビオス（城江良和訳）『歴史 一―四』（京都大学学術出版会、二〇〇四―二〇一三年）

パンドラの箱を開けた
エリート兄弟の改革

グラックス兄弟

…Tiberius Sempronius Gracchus
…Gaius Sempronius Gracchus

砂田 徹

紀元前二一八年、カルタゴの将軍ハンニバルがアルプスを越えてイタリアに侵攻した。第二次ポエニ戦争の始まりである。この危機をなんとか乗り切り、第二次ポエニ戦争に勝利したローマは、前二世紀になると、地中海世界の最強国へと伸し上がっていく。西地中海の雄カルタゴも、前一四六年に滅ぼされた。地中海世界の各地で勝利を重ねたローマには、戦利品として奴隷《どれい》を含め多くの富が流入した。しかしこのことは、勝者であるローマにも少なからぬ影響を及ぼし、社会経済的・軍事的に深刻な問題が生じてきた。「帝国」化にうまく対応できない共和政ローマの姿がそこにはあった。このような状況下で改革を試みたのが、ティベリウス(前一六三―前一三三)とガイウス(前一五四―前一二一)のグラックス兄弟である。だが、彼らの改革も、その死をもって終わりを告げ、以後ローマは、帝政の成立にいたるまで、「内乱の一世紀」と呼ばれる時代を迎えることになる。以下、このグラックス兄弟による改革の顛末《てんまつ》を見ていくが、その際、日本ではあまり知られていない事実についても紹介することにしたい。

雄弁家ティベリウス

近年のローマ史研究では、ローマの政治家たちの雄弁術《ゆうべんじゅつ》が強調される傾向にある。デマゴーグ(扇動政治家《せんどう》)という言葉がギリシア語起源であることからも明らかなように、古代ギリシア――特にアテネ――の政治家たちは雄弁術を駆使《くし》し、ときには挑発的《ちょうはってき》・扇動的に同胞《どうほう》市民へと語りかけた。他方、ローマにおける雄弁術は、これまであまり注目されてこなかった。だが、少なくとも共和政期ローマの政治家たちも、民会の場で、あるいはコンティオと呼ばれる政治集会の場で盛んに弁じていた。もちろんグラックス兄弟もその例外ではない。帝政期の著作家プルタルコス(四六頃―一二七頃)は、ティベリウスの次のような演説を伝えている。

イタリアの野に草を食《は》む野獣でさえ、洞穴を持ち、それぞれ自分の寝ぐらとし、また隠処《かくれが》としているのに、イタリアのために戦い、そして斃《たお》れる人たちには、空気と光のほか何も与えられず、彼らは、家もなく落着く先もなく、妻や子供を連れてさまよっている。しかも全権を握る将軍は、戦闘に際して、墳墓《ふんぼ》と聖域を敵から守るのだ、と兵士を励ましては嘘《うそ》をついているのだ。というのも、これほど多くのローマ人の誰一人として、父祖伝来の祭壇《さいだん》も先祖の宗廟《そうびょう》も持っていないからだ。彼らは、他人の贅沢《ぜいたく》と富のために戦って斃れ、世界の支配者と謳《うた》われながら、自分自身のものとしては土塊《つちくれ》だに持っていないのだ。

(長谷川博隆訳『ティベリウス・グラックス伝』九、四―五)

プルタルコスは、この演説が「民衆の胸を打って感激させ、共に奮起《ふんき》しようという気持ちを呼び起こさせるものがあった」とコメントする。たしかに、このような力強い演説を聞かせられれば、ティベリウスについていきたくもなるであろう。これはまた、教科書等に見られる「グラックス改革」の一般的なイメージでもある。

改革の背景――中小農民層の没落?

前出のティベリウスの演説に見られるのは、中小農民層の没落といったテーマである。また、その背後には軍事力の低下という危機意識がある。共和政期のローマは、市民各自が武装自弁する市民軍を原則としていた。圧倒的な農業社会であるローマにおいて、その主力をなしたのは強力な軍団兵を提供する中小農民層であった。ところが、イタリアを主たる戦場にした第二次ポエニ戦争(ハンニバル戦争)とその後の対外戦争は、この階層を疲弊《ひへい》させた。戦場における人的損失はもちろんのこと、無事イタリアに帰還した場合でも、彼らは留守中の農地の荒廃に直面した。そこで、もはや農業をあきらめ、職と施しを求めて都市ローマに流れ込む者もいた。

他方で、首尾《しゅび》よく遂行《すいこう》された戦争の結果として、多大な戦利品がイタリアへともたらされた。もちろん、一般民衆もその恩恵に与《あずか》ってはいたが、これらの富を有効に活用したのは、元老院議員など一部の富裕者であった。彼らは、それをもとに贅沢な生活を送っただけではなく、中小農民層が手放した土地を兼併《けんぺい》し、大土地所有制を展開した。戦利品の中には、大量の奴隷も含まれていたが、大土地所有制にはこの奴隷労働が投入された。奴隷制による大土地所有制と競合することになった中小土地所有者はますます疲弊・没落し、ローマの軍事力は弱体化していった。

これが、ティベリウスの演説に見られる現状認識である。ところが、近年の研究では、このようなティベリウスの現状認識が疑問視される傾向にある。考古学の成果によれば、中小農民層は少なからず残存しており、イタリアは決して大土地所有制一色に塗りつぶされていたわけではなかったという。また、ローマの軍事力の低下についても、ハンニバル戦争後にはむしろ人口が増加しており、そのことが土地不足を招いていたのではないかとの指摘すらある。

しかしながら、たとえ大土地所有制に完全にシフトしていたのではないにしても、その拡大に対する危惧《きぐ》の念が、ティベリウスを改革に駆り立てたということはありえよう。前一三六年には、イタリア本土と指呼《しこ》の間にあり大土地所有制で知られたシチリア島で大きな奴隷蜂起が起きている。また前一五一年と前一三八年には、スペインで行われている戦争をめぐって人々が徴兵を拒み、それを強行しようとする執政官《しっせいかん》を護民官《ごみんかん》が投獄するという事態に至っていた。これらの事件は、鋭敏《えいびん》な感覚をもつ政治家であれば、奴隷労働をもとにした大土地所有制の危険性を感じ取るのに十分であったに違いない。

ティベリウスの農地改革

前一三三年、ティベリウス・グラックスは護民官に就任し、改革に乗り出す。護民官は、駆け出しの政治家が就任する下位の公職であったが、平民（一般民衆）の指導者という本来の役目ゆえに、民会開催の権限をもっていた。民会での立法が可能だったのである。護民官はまた、古《いにしえ》の「身分闘争」――共和政初期のパトリキ貴族と平民間の社会的・政治的闘争――を思い起こさせるような公職でもあった。

大土地所有者が農地を拡大していったやり方には二つある。一つは、前述の中小農民の土地を何らかの手段で手に入れること、もう一つは、「公有地の占有」である。ローマは、戦争の結果として手にした土地のうち、植民市の建設や個人的な分配にあてた残りを公有地として残しておくのが一般的であり、そのような公有地は、利用を希望する者の占有に委《ゆだ》ねられた。実際に、そこから利益を得ていたのは富裕者である。しかも彼らはそれを長く占有することにより、私有地同然の状態にしていた。このような傾向は前二世紀に顕著となるが、ティベリウスは、この公有地の占有問題に手を付けようとしたのである。

ティベリウスが改革を行った時点で、公有地の占有には――おそらく前三六七年のリキニウス－セクスティウス法によって――、五〇〇ユゲラ（約一二五ヘクタール）の上限が設けられていた。ティベリウスは、この上限を超える占有地を没収し、土地を失った農民に分け与えようとしたのである。公有地の最終的な所有権がローマ国家（市民団全体）にある以上、これは十分理にかなった措置といえよう。もっとも、没収対象となった土地の占有者にも、それなりの言い分はあった。長期にわたって私有地化していた土地にはさまざまな投資がなされ、相続や婚資の対象となっていた土地もあったからである。実際のところ、どこまでが私有地でどこからが公有地なのか、判別がつかない場合も多かったことだろう。

同僚による拒否権発動

当然、このような内容の農地法に対しては、その成立を妨げるべく激しい抵抗が生じた。その中心は、大土地所有者でもある有力政治家たちが集う元老院《げんろういん》であったが、とりわけ厄介《やっかい》だったのは彼らによる護民官オクタウィウス（生没年不詳）の抱き込みであった。十名の同僚団からなる護民官は互いに拒否権をもっており、この拒否権が発動されれば、民会での法案の通過は不可能となるからである。富裕者の意を受けて拒否権を発動するオクタウィウスに対して、ティベリウスはなんども翻意を求めたが、オクタウィウスはそれを拒んだ。そこでティベリウスが最終的に頼ったのは民会であった。オクタウィウスから護民官職を剝奪《はくだつ》するための法案を民会に提出したのである。護民官の身体は神聖不可侵とされており、これは前代未聞の措置であった。ティベリウスはこう主張する。護民官が護民官たるのは民衆の先頭に立って民衆を護るからである、その護民官が民衆の意に反するようなことをすれば、彼はもはや護民官ではない、と。

近代の抵抗権・革命権を先取りするかのような見事な論理といえよう。だが、ローマ共和政の伝統に照らせば、この主張は少なからぬ問題点を含んでいた。共和政ローマは、特定の人物が突出した存在にならないように、さまざまな工夫を凝らしていたが、同僚制もそのひとつである。ところが、ティベリウスは、その同僚によるチェックを巧みにかわす方法を提示したからである。民会に直接訴えかけるこのやり方は、後に「民衆派」と呼ばれる政治家が好んで用いる戦術となる。このようにしてティベリウスは同僚護民官のオクタウィウスを罷免《ひめん》し、農地法を成立させた。

ティベリウスの殺害

強引な手法を取り続けるティベリウスに対してはその後も抵抗と妨害活動が続いたが、終幕は、護民官の再選をめぐって訪れた。当時、護民官の再選は禁じられていた。だが、改革の継続を求め、またなによりも公職終了後に裁判という形で待ち構えている責任追及を逃れようとするティベリウスにとって、前一三二年も引き続き護民官となることは喫緊《きっきん》の課題であった。そしてそのための選挙が行われていた民会において(再選を合法化するための立法民会との説もある)、ティベリウスの支持者と反対派との間で衝突が生じた。それをきっかけに、ナシカという人物に率いられた元老院議員とその従者の一団がティベリウスと彼の支持者を襲い、ティベリウスを含め三〇〇人以上が殺害されたとされている。

この政治的暴力は何を意味するのであろうか。すでにティベリウスは、民会決議をもとにしたオクタウィウスの罷免により同僚制の原則を無視していた。そしてこのたびは、護民官の再選という形で、これまた共和政ローマの根幹にかかわる一年任期制を無視しようとしたのである。いまや反対派にとって、共和政の制度の枠内でティベリウスを押しとどめる術《すべ》はなくなった。そのような反

グラックス兄弟関連の略系図

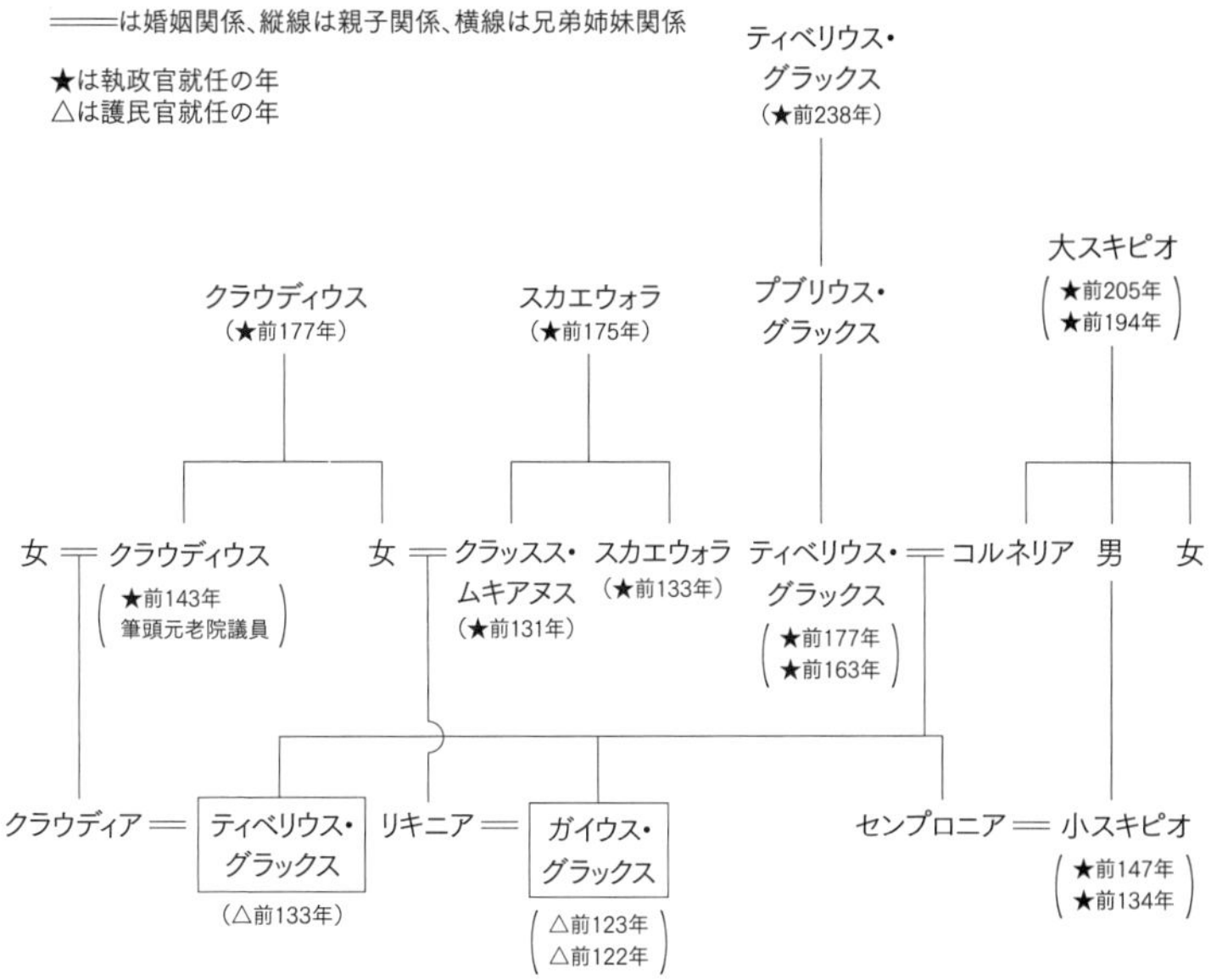

対派にとって、ティベリウスはまさに「僭主《せんしゅ》」（独裁者）と映り、この「僭主」を取り除く手段は、もはや殺害しかないと判断されたのであろう。

ノビレス貴族としてのティベリウス

以上のような経緯が、教科書にも見られる一般的な改革像である。しかしながら、実はこの改革には、あまり紹介されることのない別の動機・背景が存在したので、つぎにそれを見ていくことにしよう。

グラックス兄弟の父、ティベリウスと同名のティベリウス・グラックス（前二一七頃―前一五四）は、執政官（最高の公職であり、毎年二名選出）に二度就任し（前一七七年、前一六三年)、前一六九年には監察官(執政官の経験者がつく名誉な公職であり、五年毎に二名選出)にまでなった人物である。共和政期のローマにおいて、いわば政治家としての頂点を極めた人物といえよう。このように執政官を出した家系は、「ノビレス貴族」と呼ばれる(ノビレス貴族の定義については諸説ある)。グラックス兄弟の家系も、このノビレス貴族の家柄であった。そしてノビレス貴族の若者には、父や祖父にならって政治的経歴を積み、自らも執政官にまで昇り詰めることが期待されていた。

グラックス兄弟の場合、これに加えて母方の家柄も見落とすことができない。グラックス兄弟の母コルネリアは、ザマの戦い(前二〇二年)で最終的にハンニバルを破った、かのスキピオの娘であった。つまり、グラックス兄弟は母方において大スキピオの孫ということになる。彼ら兄弟は、まさに当代きっての名門に生を受けていたのである。

このように前途有望な若者には、それにふさわしい結婚相手が選ばれた。ティベリウスの場合それは、クラウディウス(?―前一三〇頃)の娘クラウディアであった。クラウディウスは当時、「筆頭元老院議員」(元老院のトップ)の地位を占めており、おそらく元老院内で有力な「党派」を指揮していた。共和政期の元老院には、その時々、緩い結びつきの「党派」がいくつか存在したのではないかと考えられている。クラウディウスの党派には、ほかならぬ前一三三年の執政官であるスカエウォラや、彼の弟のクラッスス(ガイウスの義父)らが含まれていた。このクラウディウスを中心とした党派の強力な後ろ盾《だて》のもと、ティベリウスは改革を行おうとしていたのである。つまり、ティベリウスの改革は、決して正義感に燃える若者の単独行動などではなかったということになる。さらに言えば、ティベリウスは単なる実行者にすぎず、真の立案者、改革の黒幕はクラウディウスその人であったとする説すら出ている。

若きノビレスの危機感

それでは、このように強力な党派を有しながらも、なぜ、ティベリウスの改革は悲惨な結末をむかえたのか。この点を理解する鍵は、ノビレス貴族としてのティベリウスの個人的な事情にある。プルタルコスも注目するように、実は、政治的経歴を歩み始めたティベリウスは一度挫折《ざせつ》を経験していた。「ヌマンティア事件」と呼ばれるものがそれである。

前一三七年、スペインのヌマンティアという町を攻撃中のローマ軍二万が逆に包囲され、苦境に陥るという事件が起こった。その際、指揮官の代わりにヌマンティア人との間で講和交渉にあたったのが、財務官(執政官の補佐)のティベリウスであった。ところがローマ帰還後に、この講和条約は屈辱的な内容であるとして批判の対象となり、関係者の敵への引き渡しが主張された。ティベリウス自身は、民衆の支持によりなんとかその措置を免れたものの、これは若きノビレス貴族にとって決定的な失態と意識されたに違いない。そこで彼は、当時最大の懸案であった農地改革にその挽回《ばんかい》策《さく》を求めたのである。ところが、先述のように同僚護民官オクタウィウスの執拗《しつよう》な妨害に直面するや、大物政治家たちは改革に慎重になっていった。しかし、二度目の挫折を恐れるティベリウスはというと、引くに引けない状況となり、最後まで突き進むよりほかなかったのでろう。

おそらく、これがグラックス改革の「実像」である。多分に個人の内面にかかわることとはいえ、当時の貴族のメンタリティからして、そう判断してよいだろう。欧米の概説書・入門書においても、最近は、この種の説明がむしろ主流となっている。なるほどこれは、偉大で魅力的なグラックス改革を卑近《ひきん》な個人的動機に貶《おとし》めた解釈のように見えるかもしれない。しかし、私には、一種の「神話」にも似た改革像から解き放たれることにより、ティベリウスは極めて人間臭い政治家として再び魅力的な姿を現してきたように思える。

ガイウスの改革

さて、兄の殺害時に、九歳年下の弟ガイウスはどうしていたのかというと、義兄である小スキピオとともにスペインにいた。おそらく、当時攻囲中のヌマンティアの地で、兄の死を知ったのではないかと思われる。十年後、ガイウスも護民官に就任し改革に取り組むことになる。プルタルコスは、それが運命づけられていたかのように述べているが、ある種の必然性も存在した。というのも、ティベリウスの殺害後も、公有地の分配を行う「三人委員会」自体は存続したが、ガイウスはそのメンバーであった。つまり、すでに兄の改革に深く関与させられていたのである。

前一二三年、護民官に選出されたガイウスは、兄の遺志を継いで改革に乗り出す。十年の歳月は、兄の失敗を冷静に見つめなおすのに十分だったのか、それとも政治的資質の違いによるものなのか、ガイウスは、兄とは異なり、実に多方面にわたって改革を展開した。もちろん農地法もその対象となったが、ティベリウスの法との違い（変更点）はよくわかっていない。ほかには、穀物法（安価な穀物価格を設定した法）、裁判の審判人（陪審員《ばいしんいん》）の構成に関する法（審判人を元老院議員から騎士《きし》身分に変更する法）、イタリア人へのローマ市民権付与に関する法、属州アシアの徴税に関する法（豊かな属州であるアシアの徴税を騎士身分に請け負わせた法）、そして植民市の建設に関する法（植民市の建設は、前一七〇年代から中断していた）などである。一人の政治家がこれほど広範囲にわたる改革法案を提出したことはこれまでなかった。

これらの法は、まずもって支持者の拡大といった性格をもっていた。中小農民層だけではなく、元老院議員に次ぐ実力者である騎士身分や、大都市ローマに集う都市大衆、さらにはイタリア人をも支持者に取り込もうとする戦術である。兄の失敗を教訓とした非常に巧みな戦術といえよう。だがこれらは、「帝国」となったローマが抱える課題そのものでもあった。いずれ改革が必要であったにもかかわらず、一個人が突出するのを極端に嫌いかつ恐れる共和政ゆえに、その解決が拒まれていたのである。ちなみに、約四〇年後、マリウス－キンナ派との内乱を制したスッラはこれらの問題を再び取り上げ、独裁官としての力で有無を言わせず改革を断行する。そして、それが最終的に解決されるのは、カエサルの改革政治を経てアウグストゥス時代になってからである。ガイウスは、ときとして単なる兄の復讐者《ふくしゅうしゃ》、狡賢《ずるがしこ》いデマゴーグとみなされることもある。だが、このように見てくるならば、むしろ「早すぎた改革者」としての位置づけこそがふさわしいであろう。

人気の衰え

ガイウスの改革が非常に巧妙で広範囲に及ぶと、それに合わせて元老院からの反対もより巧妙なものになった。今度は、同僚護民官のドルススという人物に、ガイウス以上に魅力的な法案を民会に提出させたのである。しかも、その背後に元老院の支持があることを喧伝させた。たとえば、ガイウスはイタリア内に二つの植民市建設を計画していたが、それに対してドルススは、十二の植民市を建設し、それぞれに貧困者三〇〇〇人を送り出すとした。プルタルコスの表現を借りれば、「大衆の機嫌《きげん》をとり、満足させるという点」でガイウスを凌《しの》ごうとしたのである。これにより、ガイウスの人気は次第に衰えていった。

植民政策のなかにはカルタゴの故地への植民が含まれていた。カルタゴは、前一四六年、第三次ポエニ戦争によって滅亡し、カルタゴ市は徹底破壊をこうむっていた。ガイウスは、そこに植民市を建設しようとしたのである。なるほど、海外(イタリア外)への植民も、都市ローマの人口過剰にともない、いずれ必要となる措置である。しかし、カルタゴの故地は、いわば呪われた土地であり、そこへの植民の試みは、反ガイウス・キャンペーンに格好の素材を提供した。

ガイウスの最期と「元老院最終決議」

ガイウスの時代には、護民官の再選が合法化されていたのか、彼は前一二二年の護民官に再選されている。しかし、人気が陰りを見せるなか、護民官の三選に失敗した。ガイウスが無官となった前一二一年、執政官のオピミウス(生没年不詳)という人物が早速行動に出た。表向きはガイウスの法の廃棄であったが、それによってガイウス一派を挑発し、武力弾圧までもくろんでいた節《ふし》もある。

こうしたなか、事件が起こった。執政官の一下役が殺害されたことをもとに、ガイウス一派に暴動の嫌疑がかけられたのである。そこで、元老院は「元老院最終決議」という一種の非常事態宣言を行い、暴動の鎮圧《ちんあつ》を執政官のオピミウスに託した。「元老院最終決議」が出されたのは、ローマ史上、この時が初めてである。市民相互の内乱に対処するための新たな制度の出現といえよう。ちなみに、「賽《さい》は投げられた」というせりふで有名な、カエサルによるルビコン渡河の際にもこの決議は出されている(前四九年の初頭)。「元老院最終決議」をうけて執政官のオピミウスは市民に武装を呼びかけ、暴徒の鎮圧にあたった。こうしてガイウスは、三〇〇〇人の同志とともに最期を迎えたとされている(一説によれば自害)。

この騒擾《そうじょう》の最終的な責任がガイウス一派にあったのか、それともオピミウスを中心とした元老院にあったのか、その判断は難しい。しかし、前一三三年のティベリウスの死と、前一二一年の「元老院最終決議」のもとでのガイウスの死によって、ローマが不吉な時代へと入り込んでいったのは確実といってよい。ローマの政治的混乱は、前八〇年代になると都市の騒擾を越えて全イタリアを巻き込んだ内乱へと発展し、そしてついには地中海世界の各地で展開される戦いを経て、前二七年、帝政の成立へと行きつくのである。

グラックス兄弟は、開けてはならないパンドラの箱(壷)を開けてしまった。しかしそれは、いずれ誰かが開けなければならない箱でもあった。

⊙参考文献

長谷川博隆『古代ローマの政治と社会』(名古屋大学出版会、二〇〇一年)
本村凌二『興亡の世界史　地中海世界とローマ帝国』(「講談社学術文庫」、二〇一七年)
エルンスト・マイヤー(鈴木一州訳)『ローマ人の国家と国家思想』(岩波書店、一九七八年)
テオドール・モムゼン(長谷川博隆訳)『ローマの歴史Ⅲ　革新と復古』(名古屋大学出版会、二〇〇六年)
砂田徹「『グラックス改革』再考――前一三三年の出来事をめぐる近年の研究から」(『西洋史論集』十一、二〇〇八年)

海の支配者たる父と
海賊とされた息子の物語

大ポンペイウスと息子たち

…Pompeius Magnus et filii…

山本興一郎

セクストゥス・ポンペイウス・マグヌス（前六七?―前三五）は、内乱時のローマで活躍した三頭政治家の一人大ポンペイウス（前一〇六―前四八）の息子。父がユリウス・カエサル（前一〇〇―前四四）との戦いに敗れ、エジプトで非業の死を遂げた後も、兄グナエウスとともにカエサルと戦い続け、カエサル暗殺後はカエサル派のアントニウス（前八三―前三〇）、オクタウィアヌス（前六三―後一四）、レピドゥス（前九〇?―前一三／一二）等と、時には提携しつつ対抗し、海軍を基盤にポンペイウス派後継者として一定の勢力を誇った。しかし前三六年のオクタウィアヌスらとの戦いに敗れ、小アジアで刑死した。

はじめに

昨今、日本の小説・映画・漫画等で「海賊《かいぞく》」という用語が散見され、ハリウッド映画では所謂《いわゆる》「大航海時代」以降の七つの海を舞台に、架空の海賊がスリリングなアクションと駆け引きを繰り広げながら、財宝・秘宝を探す物語も人気を博している。これら「海賊」という用語には、冒険ロマン・自由・豪快・開放性等のイメージがともなうのはお判りのことと思う。歴史学研究では、ヴァイキング活動の一側面、カリブ海・大西洋の海賊行為、歴史問題を孕《はら》みつつも「倭寇《わこう》」や村上・松浦《まつら》・九鬼《くき》水軍等の活動の一側面等々、枚挙にいとまがない。最近では水中考古学の成果も紹介されている。このように「海賊」は今も重要な文化・研究ジャンルであると言っても過言ではないだろう。他方でソマリア沖海賊に代表される海賊行為は現在も凶悪犯罪として恐れられている。ましてや前近代における海賊は実に恐ろしい憎むべき存在として記録され、記憶され、表象されてきた。

この本来的な海賊イメージは古代地中海にもある程度当てはまる。そんな地中海の古代ローマにおいて、「海賊」或いは「奴隷《どれい》」の頭目というレッテルを張られたローマ人がいた。彼こそ本稿の主人公の一人セクストゥス・ポンペイウス・マグヌス(時とともに名乗りを変えるので便宜上「Sex.ポンペイウス」と表記)である。ポンペイウスという名を耳にした諸賢もいるかと思う。恐らく耳にしたポンペイウスとはSex.ポンペイウスの父親グナエウス・ポンペイウス・マグヌス(以後「大ポンペイウス」と表記)のことであろう。彼こそ、かのユリウス・カエサルやクラッススとともに第一回三頭政治を主導したローマ共和政末期の偉大な政治家・軍人である。その姿は繰り返し映画・芸術・文学作品で描かれてきた人物であり、ローマ史でも有名人の部類に属す。そんな大ポンペイウスの息子が、何故「海賊」と呼ばれたのだろうか、その経緯を探ることとしよう。彼や彼の父が活躍した前一世紀頃(以後、紀元前は「前」と略記)の古代ローマにはあまり馴染《なじ》みがないと思われるので、まず当該期政治状況を簡単に踏まえた上で、海賊が跳梁跋扈《ちょうりょうばっこ》し、大ポンペイウスらが活躍した古代地中海世界へ足を踏み入れることとしよう。

ローマ共和政の危機と大ポンペイウスの台頭

前一世紀までにカルタゴやヘレニズム諸国を破り、地中海世界において並ぶ者なき超大国へと成長した古代ローマでは、大国化にともなって生じた諸問題が政界を揺るがしていた。長期的には、都市国家的体制から広大な領域を統治しうる体制への脱皮が課題であった。喫緊《きっきん》の課題は、度重なる遠征・戦争により、軍の中核たる中小農民層市民が疲弊《ひへい》し、対照的に富を蓄積《ちくせき》する有力市民（元老《げんろう》院《いん》議員や騎士《きし》身分）との格差が顕在化したと考えられ、さらに負担と待遇に対するイタリア諸都市の不満も高まっていた。これらの課題に対して、中小市民再建を軸とした改革を志向する政治家たち（所謂「民衆派」）と、それを抑えようとした保守的政治家たち（所謂「閥族派《ばつぞくは》」）の対立は、前一世紀に至り有力政治家たちによる流血の内紛・内乱へと発展した。背景には反乱や異民族侵入に対する戦争の主導権争いも関わっており、遂にはイタリア諸都市の反乱も誘発し（同盟市戦争：前九一年～前八九／八八年頃）、正に危機の時代に陥《おちい》ったのである。

この混沌とした時代に頭角を現したのが大ポンペイウスである。民衆派寄りのマリウスやキンナ、閥族派寄りのスラ（スッラ）ら有力者たちによる内乱の渦中（前八〇年代）、亡父ポンペイウス・ストラボの地盤を引継いだ若者は、私人でありながら軍団を編制し、スラの下に馳せ参じた。平時であれば公職未経験者によるこの行動は処罰されても仕方がなかったが、時勢は彼に味方した。スラはこの若者の自信過剰さを警戒しつつも、彼に軍団を任せ各地に派遣したのだ。大ポンペイウスは西地中海各地で勝利を収め、イタリアではスパルタクス反乱軍残党を撃破する等、瞬《また》く間に軍事的指導者として台頭したのである。

彼の自信の現れとも言えるのが、古代マケドニアのアレクサンドロス大王（在位前三三六—前三二三）に準《なぞら》えようとする姿勢である。それを端的に示すのが、アレクサンドロスを連想させる「偉大な・大王」を意味するマグヌス（Magnus：ギリシア語メガスΜεγαςのラテン対応語）を名に添えた点である。話の前提となるので、当時のローマ人の名乗りについて簡単に触れておこう。名の構成・表記順は《個人名（praenomen）・氏族名（nomen或いはgentilicium）・家族名（cognomen）そして添え名（agonomen）》の順（例、有名なカエサルならガイウス・ユリウス・カエサル）で、個人名は父親から長子に受け継がれる。但し家族名をもつのは貴族の政治家層が多く、平民などは有力政治家でも個人名・氏族名だけの者も珍しくなかった。

本題に戻ると、最初旗下《きか》の軍団からMagnusと呼びかけられたのに始まるが、前七二年ヒスパニアの敵対勢力討伐後、大ポンペイウスは自ら書簡でMagnusを名乗り始め、その後は貨幣や公式記録にも記されるようになる。そしてMagnusの名を一層定着せしめる契機となったと考えられるのが、対海賊戦および東方での活躍である。当時、同盟市戦争や内乱、奴隷反乱、さらに東方の大国セレウコス朝の弱体化とアルメニア王国や小アジアのポントス王国の台頭等、前八〇〜六〇年代の地中海世界は広範に動揺していた。

そんな状況に拍車をかけたのが小アジアのキリキア地方を拠点とする海賊である。彼らは政情不安に乗じて勢力を拡大、地中海を跳梁跋扈し、海上交易に深刻な打撃を与えていた。交易の停滞は、既に穀物の多くをイタリア外からの調達に頼っていたた首都ローマにとって、深刻な穀物不足或いは供給不安を生じさせ、それが政情不安を惹起《じゃっき》した。このような情勢下の前六七年、海賊対策のため大ポンペイウスに強力な命令権が与えられた。大まかな内容は次のとおりである。海賊対策として、地中海全域及び内陸七五キロまでの命令権、複数の副官任用権、大兵力の歩兵と騎兵、数百隻の船舶などを動員する任期三年の権限。彼はこの極めて強力な命令権を行使し、副官と艦隊を各地に配置、自らは遊撃艦隊を指揮《しき》して僅《わず》か三箇月で海賊制圧に成功したのである。短期鎮圧《ちんあつ》の功もあり、停滞していた対ポントス王及びアルメニア王戦の命令権をも獲得しこの戦役でも勝利した。また地中海世界東部諸勢力をローマの勢力下に収め、元海賊の定住化を含む再編も行った。さらに彼は東方で都市建設や命名等、アレクサンドロスに準える行動をとっており、当地の各勢力も名Μεγαςを彼の名に添えて顕彰している。赫赫《かくかく》たる戦果を挙げた大ポンペイウスはローマ市に帰還し、前六二年に凱旋式《がいせんしき》を挙行したのである。この凱旋式で大ポンペイウスは戦利品の一つ「アレクサンドロスの外套《がいとう》」を身に着けたと伝えられる。

この大成功の後、彼は一転苦境に陥る。軍事的采配《さいはい》や組織者としては優秀でも、政界内では一有力者に過ぎず、老練な元老院議員たちの中で彼は異端的な存在であった。そのため、これほどの功績を挙げても、否、挙げたが故に彼の遠征中の東方再編・従軍兵士除隊後の土地分配等を法律として確定させる段階で、現状変更や個人の著しい台頭を望まない元老院保守派による妨害・反対にあい、政治的に窮地《きゅうち》に追い込まれたのである。この時、彼に提携をもち掛けたのがマリウス・キンナ派政治家として存在感を増していたユリウス・カエサルである。彼はもう一人、内乱時にスラ派として富を蓄え政界での影響力を得たが大ポンペイウスと対立していたM.クラッススをも引き込み、この三人を軸にした私的政治同盟を結成した(第一回三頭政治)。この同盟により元老院保守派を抑えて、貧困化した市民や退役兵への生活保障措置、東方再編措置を法律で確定させたのである。さらに各々栄光・威信を高めるために、彼らは望む属州総督職を慣例に反して長期間保持することを取り決めた。特にカエサルは担当領域である属州ガリア(現フランス南部)を超えて活動し、属州外を含む全ガリア平定という軍事的栄光と財政的・人的資源を獲得し、その富をローマ市に投下することで政界に強固な勢力を獲得することに成功したのである。

ところが前五三年、三頭政治の一角クラッススが任地シリア東方の大国パルティアとの戦争で戦死し、運悪く首都の混乱も深刻化した。イタリアに滞在していた大ポンペイウスは事態収拾のため元老院保守派と結ぶこととなる。次第にカエサルと元老院保守派・大ポンペイウスの対立は深まり、遂に前四八年内乱となるが、大ポンペイウスはカエサルの迅速《じんそく》・果敢《かかん》な作戦に翻弄《ほんろう》され、イタリア本土と勢力圏ヒスパニアを失う。反撃を試みるも前四八年バルカン半島のファルサロス会戦に敗北してしまう。勝利により最高実力者となったカエサルは、敵対者も寛恕《かんじょ》して取り込み、非常時の大権をもつ独裁官として、元老院を重視せず、ローマに必要とされたさまざまな施策を講じていく。対する大ポンペイウスは友邦プトレマイオス朝へ逃亡するが、裏切りにより暗殺されてしまう。

ポンペイウス兄弟の苦闘

大ポンペイウス亡き後に頭角を現したのが彼の二人の息子である。生年は正確には分からないが、ファルサロス戦時に兄グナエウス・ポンペイウス（以後Cn.ポンペイウスと表記）は三〇代、弟Sex.ポンペイウスは二〇歳程であった。二人とも父存命中は大きな活躍は確認されないが、父の死後、優勢な海軍を率いて亡父の勢力圏であったヒスパニアの島嶼《とうしょ》に赴き、当時指折りの将軍T・ラビエヌスが率いたアフリカからの残兵と合流し、古参兵も糾合《きゅうごう》してヒスパニアを奪還した。彼らの行動を検討する上で注目すべきは貨幣である。なぜならローマ貨幣には意匠選択に関して発行者にある程度の裁量が認められており、特に内乱期発行貨幣には意匠・銘文に発行者・上官たる有力者の伝えたいイメージやメッセージが打刻されているため、一種のメディア媒体として機能していたからである。この時期に長兄Cn.ポンペイウスらは、貨幣上の銘で「CN MAGNVS IMP」（グナエウス・［ポンペイウス・］❖1マグヌス・インペラトル）と打刻させている（*RRC*,no.470,1a; 471,1等）。

この貨幣からは、反カエサル派がラビエヌスという有力な将軍がいるにもかかわらず、ポンペイウスの息子と名Magnusをおし立てて再結集・反攻を図っていたことが読み取れる。

だがヒスパニアに遠征してきたカエサルとの前四五年ムンダの戦いで、善戦するも勇将ラビエヌスは敗死、Cn.ポンペイウスは負傷・捕縛され処刑された。弟はコルドゥバ市守備のため参戦せず生き残り、残存兵と海軍を駆使して一定の勢力は維持していたはずだが、史料上はっきりしない。カエサルはヒスパニアを再制圧しローマ市に帰還、凱旋式を挙行した。

Sex.ポンペイウスの台頭

では一人残された弟は如何なる活動をしたのか。文献史料だけでは捉えにくいSex.ポンペイウスの主張を、代表的な貨幣や碑文を検討して見ていくこととしよう。まず図版①は表に亡父を描き、裏は擬人化されたピエタス(pietas「敬虔《けいけん》、忠誠、孝心」)が描かれ銘も打刻されている。そして「SEX.MAGN.」はセクストゥス・(ポンペイウス・)マグヌスとなるのでMagnusは家族名の位置で使用されている。彼は苦しい情勢下、亡父への忠誠と後継者としての主張を継続していたのである。

そんな彼に転機が訪れたのが、カエサル暗殺であった。前四四年三月十五日カエサルの存在が共和政の危機だと主張するカッシウスやブルトゥスら一部の元老院議員たちにカエサルは暗殺された。暗殺後の混乱に際し、Sex.ポンペイウスは状況を見極めながら中央政界への復帰と勢力再建を図る。首都でのカエサル派と暗殺者勢力の対立等、流動的情勢を利用してポンペイウス派がカエサル派有力者M.レピドゥスと交渉し、Sex.ポンペイウスは首都不在のまま前四三年に元老院から「艦隊と海洋地域の司令長官」に任命された。これにより彼の海軍と指揮権が追認・合法化されたのである。また当時のSex.ポンペイウスの主張を反映していると思われるのが、前四三年M.キケロによる政敵M.アントニウス糾弾の

図①
前45 ～前44年、
ヒスパニア発行のデナリウス銀貨
表:大ポンペイウスの頭　銘「SEX.MAGN　IMP SAL」
裏:pietasの象徴が右手にシュロの葉を持ち、
左手に笏を持つ　銘「PIETAS」
(*RRC*,no.477,1bより)

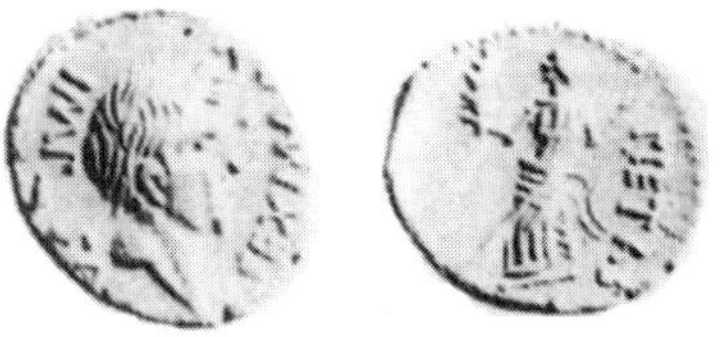

ための『フィリッピカ』第十三演説である。この演説でキケロは強調の意図もあろうが、個人名にMagnusを据えた’Magnum Pompeium, Gnaei filium’「グナエウスの息子、マグヌス・ポンペイウス」(Cic. *Phil.*13.50)という言い回しで、Sex.ポンペイウスに言及し称賛している。

混乱に乗じて政界に復帰したSex.ポンペイウスであったが、カエサル派有力者アントニウスとオクタウィアヌス、レピドゥスらが抗争を止め、カエサル派を結集させた第二回三頭政治を成立させることで状況は悪化した。Sex.ポンペイウスはカエサル派によってローマ市民としての保護・権利を剥奪される追放公告(proscriptio)を宣告されたのである。この仕打ちに対しSex.ポンペイウスは、生前の父が穀物供給責任者として繋がりをもっていた穀物供給拠点シキリア島(現シチリア島)やサルディニア島(現サルデーニャ島)及び周辺島嶼部を制圧し拠点とした。またローマ市やイタリア本土からカエサル派の弾圧を逃れたローマ人有力者たちを受け入れることで、勢力を拡大させたのである。当該期の貨幣を確認しよう。まず図版②表には大ポンペイウス、海神を象徴する三つ又矛《ほこ》やイルカ、裏には船が描かれている。これら図像と銘「NEPTVNI」からは、ポンペイウス親子と海神ネプトゥヌス(ギリシア神話の海神ポセイドンに相当する神)の親密性の主張を読み取れる。続いて図版③表には、哀悼《あいとう》の意を表す髭《ひげ》をたくわえたSex.ポンペイウス、裏は向かい合う亡父と髭をたくわえた亡兄が描かれている。銘では「元老院決議による艦隊と海洋地域の司令長官」を明示し、前四三年に得た司令長官名を継続使用している。この貨幣に関連してSex.ポンペイウスは「ポセイドンの子」(τοῦ Ποσειδῶνος παῖς)と称したと伝えられる。

何故このような主張をするのか。その理由は帝政期の元老院議員で歴史家のディオ・カッシウスによると「その後、彼(＝Sex.ポンペイウス：筆者補足)はより多くの戦艦を建造した。そして周囲の海の支配者となった。そして彼はかつて彼の父が全ての海を支配していたが故に、彼はポセイドンの子であるという考えと望みを明言した」(Dio Cass. 48.19.2.)と伝えている。

この発言からは、亡父による海賊討伐と自らの基盤たる海軍・官職を関連させることで、海神と亡父そして自らをも関連させようとしていたことがうかがえる。

更にシキリア島リリュバエウム出土碑文(*ILLRP* 426＝*ILS* 8891)には、Sex.ポンペイウスの部下が彼の名を'Mag. Pompeio Mag. f. Pio'「マグヌス・ポンペイウス・マグヌスの子・ピウス」と記している。父と己の個人名にMagnusを記し、(pietasと同義で意味「敬虔な〔者〕、忠誠のある〔者〕、孝心のある〔者〕」を指す) Piusが家族名の位置で記されている。このように、彼は父が誇った

図②

前44～前43年、Sex.ポンペイウスとともに移動する造幣所発行のデナリウス銀貨

表：大ポンペイウスの頭、三つ又矛、イルカ
銘「NEPTVNI」
裏：航行中の船、星
銘「Q NASIDIVS或いはQ NASIDIV」
(*RRC*,no.483,2より)

図③

前42～前40年(前39～前38年)、シキリア発行のアウレウス金貨

表：髭をたくわえたSex.ポンペイウスの頭
銘「MAG・PIVS IMP・ITER」
裏：向かい合う大ポンペイウスと髭をたくわえたCn.ポンペイウスの頭
銘「PRAEF CLAS・ET・ORAE MARIT・EX・S・C」
(*RRC*,no.511,1より)

Magnus、更に孝心を表すPiusをも組み込んで、Magnus Pompeius Piusという一目でアレクサンドロスに準えた父を連想しうる名を名乗ったのである。

Sex.ポンペイウスの敗北・無名化と「海賊」・「奴隷」の頭目化

ここまででポンペイウス親子によるアレクサンドロスと海にまつわる主張は理解して頂けたかと思う。では何故「海賊」と蔑《さげす》まれるようになったのであろうか。それは彼の後世の評価を決定づけたある人物が介在したからである。その人物こそがカエサル暗殺後に台頭したカエサルの遠戚《えんせき》であり養子となったオクタウィアヌス（後の初代皇帝アウグストゥス［在位前二七―後一四］。以後Octと略記）である。これより暫《しばら》くはOctの側から見ていくこととしよう。Octはカエサルの生前から目を掛けられていたが、暗殺後の遺言状公開により、カエサルの名を継ぐ養子且つ第一の遺産相続人に指名されたため、一躍政界に登場した。彼は二〇歳弱の若者であり、混沌《こんとん》としたローマ政界のなかで生き残りをかけて亡父カエサルの表象を利用し、且つ行動を規定されながら活動する。前述のとおり、当初混乱していたカエサル派が対暗殺者の一点で提携したことで第二回三頭政治（強力な権限をもつ公職「国家再建のための三人委員」に就任。以後、三人委員と略記）が成立した。更に故カエサルを正式に神格化することで討伐の大義名分を獲得した。次いで三人委員は東方を掌握したカッシウスやブルトゥスら暗殺者主力を前四二年フィリッピの戦いで破るが、東方を優先したため、イタリア周辺・地中海沿岸を中心としたSex.ポンペイウスや暗殺者側の海上戦力による勢力伸長を許してしまった。

戦後、不安定な東方属州をアントニウスが担当し、Octは退役兵のためにイタリアでの土地収用・分配を担当することとなったが、その苛烈さと不手際も重なり、アントニウスの弟を含む多方面からの反発を招いてカエサル派は早くも内戦状態に陥った。更にポンペイウスら海上勢力が介入して穀物供給は遮断《しゃだん》され、イタリア沿岸部は脅威に晒《さら》されたのである。苦戦したOctだが何とか反乱を制圧する。東方にいたアントニウスが舞い戻り対立が深まるが、双方の軍団がこれ以上のカエサル派同士の戦闘を忌避《きひ》したため前四〇年に和約が成立した。この後ローマ市に帰還したOctとアントニウスが、ある競技会においてネプトゥヌス神像を行進から撤去させたが、民衆が海神像を掲げ示《じ》威《い》行進するという事件が生じている。これはSex.ポンペイウスの主張をOctやローマ市民衆も承知していたため、一方は海神像を敵の象徴として撤去し、他方は食糧供給麻痺《まひ》という事態に対応しないOctらへの抗議の意を込めて像を掲げたようである。首都では以上のような不穏な情勢が続くが、ポンペイウス派に融和的なレピドゥスの存在もあり、前三九年ミセヌム和約が成り、漸《よう》く《や》ローマは平和を取り戻した。

しかし、Sex.ポンペイウス側はこの和約による復権と引き換えに、彼の下に避難していた有力者たちのローマ市帰還を許したため影響力を減退させる。さらに中央政界との和解は、彼の下で戦っている逃亡奴隷に、自身の立場に対する不安を生じさせた。結束の点で三人委員側に勝っていたと思われるポンペイウス派に乱れが生じたのである。しかも和約は長続きせず、前三八年には再び開戦する。それでも緒戦でOctは敗れ、食糧供給不安が生じる等、騒然とした状態が続いた。

注目すべき点として、この時期までにOctはある名乗りを始めた。インペラトル(imperator)を個人名として使用したのである。インペラトルとは大勝利をあげた将軍に対して麾下《きか》の兵たちが歓呼する賞賛の証であり、有力者に添え名として使用された。かのカエサルも使用したが、個人名での使用は確認されていない。何故Octは名乗り始めたのか。それを探るためOct派発行の貨幣を検討してみると興味深い傾向が見て取れる。前四三年頃から前三六年前後までの代表的貨幣からは、Octは相続した名「カエサル」とともに、その時々に適した表象(元老院決議、亡父の肖像・官職名、自身の官職名、神格化した亡父の子という名乗り等)を敵対者の使用例も積極的に取り入れながら貨幣に打刻していたのである。上記傾向を鑑《かんが》みると、三人委員間の不信・ポンペイウス戦時に兵士や古参兵、首都民衆に最も訴求効果があるものとは何か。それはカエサルの軍事的資質を継承していることを示すもの、つまり大勝利を連想させる「Imperator」の名であろう。更にSex.ポンペイウスにおけるMagnusと同じく、Octはこれを個人名に据えることでより強調したと思われる。苦戦するも新たな名乗りを開始したOctは、アントニウスとの間で三人委員協定の更新に成功し、援助を得てシキリア侵攻を再開する。レピドゥスも任地アフリカから侵攻を開始した。そして遂に前三六年、Octの腹心M.アグリッパ指揮下の艦隊がミュラエとナウロコス間の沖合でSex.ポンペイウス艦隊を撃破することに成功したのである。決戦に敗れたSex.ポンペイウスは小アジアに逃れるが、アントニウス派による攻撃と味方の裏切りにより前三五年フリュギアにて処刑された。ここに前四八年以来の「ポンペイウス」を旗印としたカエサル派との戦いは終焉《しゅうえん》を迎えた。対するOctは戦後処理の過程でレピドゥスを失脚に追い込み、大きく勢力を伸長させたのである。

では改めて、何故Sex.ポンペイウスの評価が大きく変化したのだろうか。理由を記した史料は管見《かんけん》の限りないため、背景から探ることとする。注目すべきはOctによる前三六年の勝利を祝うovatio「オワティオ」(本来は海戦・奴隷反乱や、比較的中規模の勝利に対する凱旋式に相当するものだが、この時期までに時の権力者を称えるセレモニー的側面が強まっていた)を記録した碑文である(*Inscr.* It. 13.1.342f.; Degrassi,1954. p.109)。碑文上ovatioに値する功績を明示する部分には「ex Sicilia」としか記されていない。即ちSex.ポンペイウスには言及せず、シキリア戦勝利のみ言及しているのである。何故なのか、前述のとおりポンペイウスを破ったこと自体は軍事的勝利である。しかしセレモニー化しつつあるとは言え、本来、内戦では挙行できないovatioを記す碑文に、明示することが憚《はばか》られた可能性がある。

また戦地シキリアも重要な意味をもったという指摘もある。それはシキリア島自体が穀物供給拠点・航路であったため、そこを抑えたポンペイウスによる海上封鎖は、数十年前の海賊の脅威と結びつきやすかった。さらに前二世紀半ば〜末の二回にわたりシキリア島で勃発した奴隷反乱の記憶も看過しえない。どちらも大規模な反乱となり各地の奴隷反乱をも誘発した。加えて最近のイタリア本土でのスパルタクス反乱である。これらの記録・記憶は「シキリア」での反抗を容易に奴隷反乱・海賊と結び付け、ovatioの要件に転換せしめるものだったと思われるのである。

また、この勝利は国家再建のための三人委員Octにとって、管轄地域での軍事的業績且つ平和を達成したことを喧伝する好材料ともなったと言うのも、この時点でアントニウスとは戦争状態になく、カエサル派に敵対した主だった勢力は消滅した。即ちローマ国内は平和を回復したと主張できる勝利であったのだ。その後クレオパトラおよびアントニウスとの戦争が勃発したため、結果としてこの戦争は一連の戦争の一つという扱いになったが、当時はそうではなかった。

以上の政治的・歴史的背景から、OctによるSex.ポンペイウス無名化・改変利用は矛盾を孕《はら》み・不徹底な面がありつつも開始され、帝政樹立により確定した。晩年Octが自らの事績を記した業績録ではポンペイウスの名は言及されない。その代わり次のように記されている。

> 私(=Oct：筆者補足)は海を海賊から解放し平和にした。私はこの戦争の際に、主人から逃れ国家を攻撃していた、約三万の奴隷の捕虜を、罰を受けさせるために、主人たちに引き渡した。
>
> (Res Gest. 25.1.)

おわりに

最後に本書主題に沿うならば、復権を求め大ポンペイウスを継いだポンペイウス兄弟は、自らの信じる正義や父の業績(海賊討伐・スパルタクス反乱鎮圧・アレクサンドロスに準える東方遠征)を称え、共和政期政治家として威信増進を図り、亡命者保護によって自陣営の正当性を主張した。彼らはカエサル暗殺者たちよりも前から、カエサル派とは異なる大義(ポンペイウス派主導の国政指導)を掲げるが、厳しい情勢のため、それは亡父の過度な称揚に繋がり、共和政的なものから逸脱した強者顕彰による君主政的な側面の萌芽をも内包したものであった。その点で暗殺者たちが目指した「共和政」とは異なるものだった。しかし、彼らの姿勢は共和政的な側面と亡父称揚という新たな側面を兼ね備え、Octに影響を与えたもう一つの生き方であり、カエサル派に対する「侠気」を貫いた者たちであった。
だがその「侠気」の拠り所とされた父の事績と己の結びつきは勝者Octにより転用され、皮肉にも、時は違えど亡父大ポンペイウスが打ち破った者たち(「海賊」・「奴隷」)として、Sex.ポンペイウス自身が記録され・記憶されることとなったのである。

❖註……本稿で引用する史料訳は、参考文献一覧の各種訳を参考に、筆者が一部改訳或いは試訳したものである。
また、括弧内は筆者の補訳、傍線部は筆者による強調箇所である。

⊙参考文献　＊慣用的な略称がある場合、略称→名称の順番で記載。

(研究文献)
宮嵜麻子『ローマ帝国の食糧供給と政治——共和政から帝政へ——』(九州大学出版、二〇一〇年)
島田誠「『神アウグストゥスの業績録』(*Res gestae divi Augsti*)の性格と目的」(『人文』〈学習院〉四、一〇五〜一三〇頁、二〇〇五年)
Cooley, Alison E. *Res Gestae Divi Augusti*, Cambridge. 2009.
Cornwell, H. *Pax and the Politics of Peace*, Oxford. 2017.
Lange, C. H. *Triumphs in the Age of Civil War*, Bloomsbury. 2016.

Welch, K. *Magnus Pius,* Swansea. 2012.

（古典史料）

Res Gest.：『神皇アウグストゥス業績録』（原題*Res Gestae Divi Augusti.*）

國原吉之助訳『ローマ皇帝伝』（上）（岩波書店、一九八六年）

キケロ（Cic. *Phil.*）：Cicero, *Philippicae*『フィリッピカ演説』

ディオ・カッシウス（Dio Cass.）：Dio Cassius, *Δίωνος Ῥωμαϊκά*『ローマ史』

（碑文史料）

Degrassi, A. *Fasti Capitolini* , Patavium, p.109. 1954.

Ehrenberg, V., Jones, A. H. M. (eds.) *Documents Illustrating the Reigns of Augustus and Tiberius,* 2nd ed., Oxford. 1949/1976.

ILS：Dessau, H. (Hrsg.) *Inscriptiones Latinae Selectae,* 3vols., Berlin. 1892-1916.

（貨幣史料）

RRC：Crawford, M. *Roman Republican Coinage,* Cambridge. 1974.

ネロの家庭教師・哲学者議員の流転人生

セネカ

…L.Annaeus Seneca…

新保良明

ローマ帝政初期を生きたセネカ(一?—六五)は三つの属性を具える。先ず、ストア派の哲学者であって、多くの著作を残しており、近世の啓蒙《けいもう》思想にも影響を与えた。次に、元老院議員として政治に携わった。最後に、ネロ(在位五四—六八)の家庭教師を務め、ネロ即位後はブレーンとして統治を支えた。このように見てくると、セネカは稀代《きだい》の成功者とみなされようが、実は波瀾万丈《はらんばんじょう》の人生を送っている。最後は、ネロに自殺まで強要されたのだ。

セネカの家系図

セネカは一般的に、『自省録』で有名な五賢帝の一人マルクス・アウレリウス・アントニヌス帝(在位一六一—一八〇)とともに、ギリシアのゼノンを祖とするストア派の代表的哲学者として挙げられることが多い。確かに、『生の短さについて』『心の平静について』など数々の哲学的著作を残しているし、友人ルキリウス宛てに出された『倫理書簡集』も名高い。だが、著作物はそれだけにとどまらない。『トロイアの女たち』など数々の悲劇を執筆した劇作家でもあったのである。のみならず、プリニウスの『博物誌』にはかなわないものの、『魚の本性について』『地震について』などを所収した『自然研究』まで著している。つまり、セネカは文理の双方に通じた一大文化人であったというわけだ。セネカとは、オールラウンダーの〈哲学者議員〉と評されてしかるべき人物なのである。

さて、［セネカの家系図］(次頁)をご覧いただきたい。彼はイベリア半島の最南部、属州バエティカのコルドバに生まれた。父はセネカと同名のルキウス・アンナエウス・セネカ(通常は「大セネカ」と表記され、息子は「小セネカ」と称される)で、騎士《きし》身分(元老院議員身分に次ぐ帝国第二身分)の富裕な属州名家の出であった。本項の主人公であるセネカは研究史的に〈哲学者〉と冠されるのに対し、父は〈修辞家〉と形容されて、区別される。父は前五五年にコルドバに産まれ、修辞学を究めんとして、ローマに二度長期滞在するも、共和政末の内乱により上京を阻まれ、ついぞキケロの演説を聴くことができなかった、と自著『仮想演説集』の中で述懐している。この父にとって、演説や弁論でいかに相手を説得、論破できるのかこそが重要であったが、これは息子セネカに受け継がれるところとなる。というのも、セネカは哲学的著作の中で対話者を設け、その人物を喝破《かっぱ》しようと議論を展開していくスタイルを採用しているからである。修辞学的手法を哲学に接ぎ木したわけだ。一方、母ヘルウィアは同郷で、同じく富裕な騎士家系の娘であったが、夫との年齢差は三五くらいあった。しかし後述するように、クラウディウス帝とネロの実母アグリッピナとの年齢差は二五であったと指摘しておきたい。なお、父の死去(後四〇年)を受け、セネカは翌年以降の追放(後述)中に、母に宛てた『ヘルウィアに寄せる慰めの書』を著している。

この夫婦はコルドバ生まれの息子三名をもうけたが、長男ノウァトゥスは父の友人の元老院議員ユニウス・ガリオ(三二年、レスボス島に追放)の養子に迎えられた後、カリグラ帝(在位三七—四一)下に元老院入りし、次男セネカはティベリウス帝(在位一四—三七)治世末に元老院入りしており、アンナエウス・セネカ家は属州出身家系としては恵まれたキャリアを積んだと言えよう。というのも、共和政期の元老院議員(三〇〇名)の多くはローマ市生まれの貴族であったのに対し、共和政末期には議員定数は倍増され(六〇〇名)、多くがイタリア地方都市出身者から成った結果、その典型たるキケロは入会後ですら、地方都市出身であることを理由に面と向かって「外人」「借家人」と罵倒《ばとう》され、蔑視《べっし》されたのであった。しかし帝政初期には、この社会的流動は構造的に受容され、自明の現象となる。が、属州出身者が元老院に入会するのはそれなりにハードルが高かったに違いない。ならば、セネカ兄弟が入会できたのはなぜか。後で考えてみよう。一方、セネカ三兄弟のうち、三男メラは元老院議員にならず、

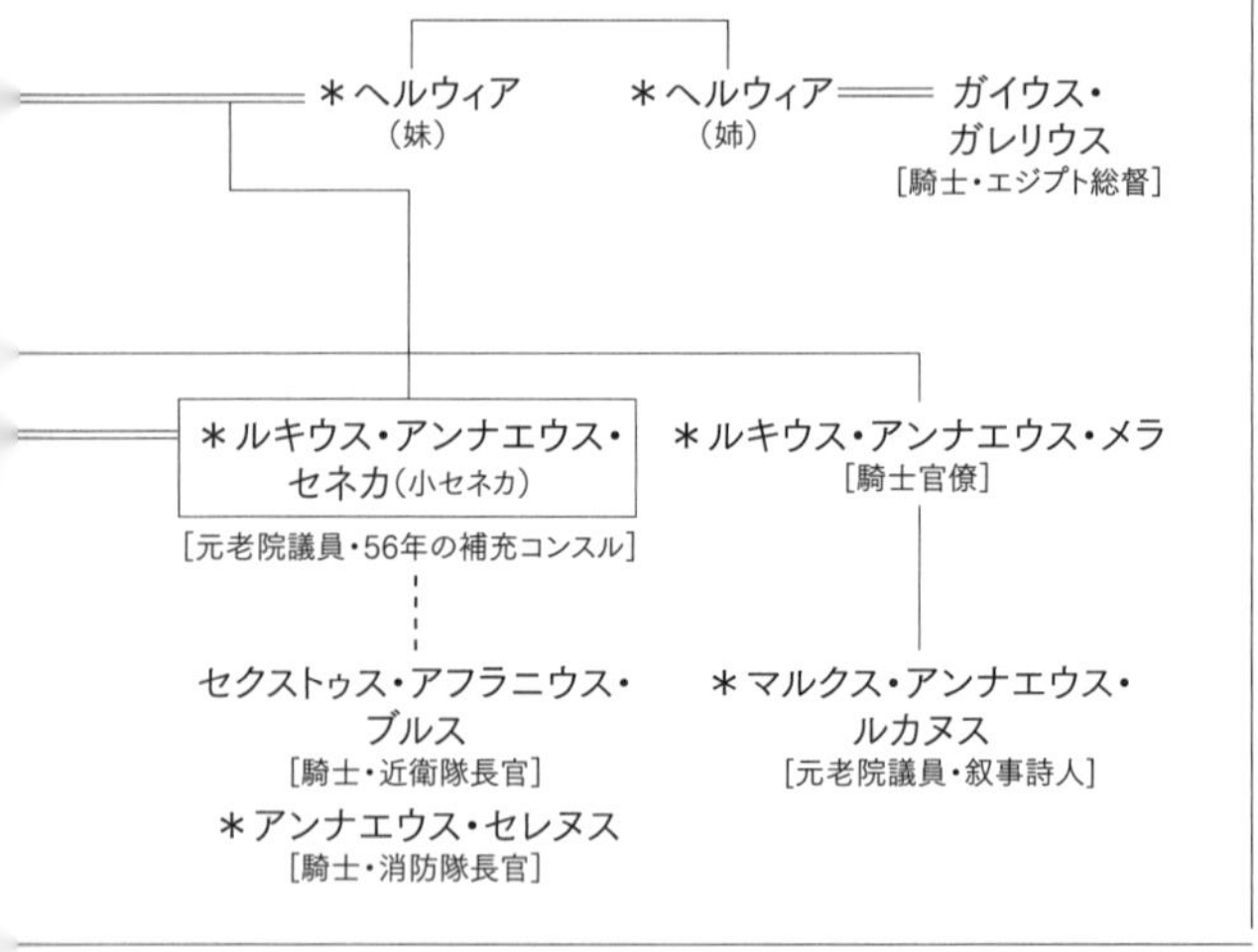

❖セネカの家系図

═══は婚姻関係、縦線は親子関係、横線は兄弟姉妹関係、…………は養子関係
- - - -はセネカとの盟友関係を示す。また＊はセネカのスペイン同郷者を意味

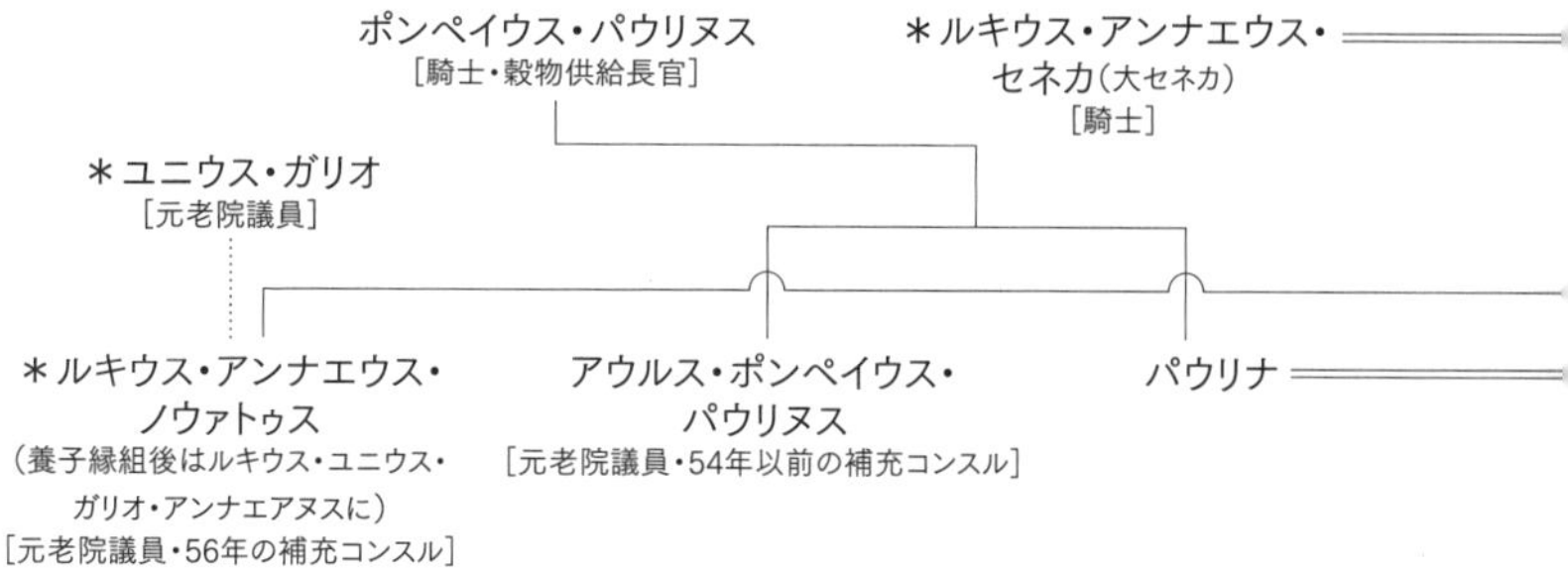

騎士身分である道を選択した。史料によれば、その理由は彼が元老院議員の出世コースに突き進むことをよしとせず、むしろ騎士官僚となることの実益を優先した点に帰せられる。これは図らずも、元老院議員と騎士の身分的障壁の低さを証言しよう。少なくとも、ここでは議員と騎士官僚の同質性を指摘しておきたい。

若き日のセネカ、そして宮廷とのつながり

セネカは『ヘルウィアに寄せる慰めの書』の中で、両親の気質の共通項を次のように述懐している。即ち、「古風」と「厳格」。ならば、セネカは両親の性格を受け継いだのであろうか。これを意識しつつ、以下、彼の生き様を確認してみよう。

『倫理書簡集』によれば、セネカは幼くして、生地コルドバを離れ、首都ローマで教育を受けると

ころとなり、師事した哲学教師の薫陶《くんとう》下、一時期ベジタリアンになったこともあったと証言している。一方、彼は常に病気がち(気管支炎、肺疾患?)であったため、自殺すら考えたとも吐露《とろ》している。そんな彼は転地療養へと舵を切る。というのも、母の姉の夫ガレリウスが騎士総督としてエジプトを統治(一六〜三一年)していたからである。エジプト総督は騎士の要職の一つであり、セネカが騎士の重鎮の身内であったことは疑いない。そして、この療養により、どうやら、セネカは健康を取り戻したようだ。ところが、伯父ガレリウスは三一年に首都帰還命令を受け、妻や甥とともに船客となるも、船中で死亡してしまう。実はこの年、権力をほしいままにしていた近衛隊長官セイアヌスをティベリウス帝が解任している。この失脚事件とエジプト総督更迭《こうてつ》が同年に起こった以上、これらを関連付けて捉えるのはあながち見当外れとは言えまい。

しかし、この推測はセネカの元老院入会経緯に照らすと、根拠を失うであろう。つまり、セネカは三二年以降、ティベリウス帝下で元老院入会の条件たるクアエストル(財務官)職に就いているが、これは三〇代のことであった。当該職就任の最低年齢は二五であったので、病気療養のためとはいえ、彼の政界デビューは確かに遅い。しかも、父は元老院議員ではなく、属州出身のセネカは家柄を誇るわけにはいかなかった。では、なぜ議員になれたのか。彼は上記『慰めの書』の中で、伯母へルウィアによる後押しを明言している。これは、彼女が前エジプト総督の未亡人としての影響力を宮廷内外に保持していたという事実を物語ろう。ならば、亡夫をセイアヌス並みの逆賊《ぎゃくぞく》とみなすのには無理がある。のみならず、セネカは『倫理書簡集』で自らが法廷で弁護人として活躍した事実

❖ローマ皇帝家系図 （ネロ帝の家系図）

＝は婚姻関係、①～④は結婚順。数字は没年。1.～5. は即位順。家系図に省略有り
縦線は親子関係、横線は兄弟姉妹関係、……は養子関係。※1、2は同一人物

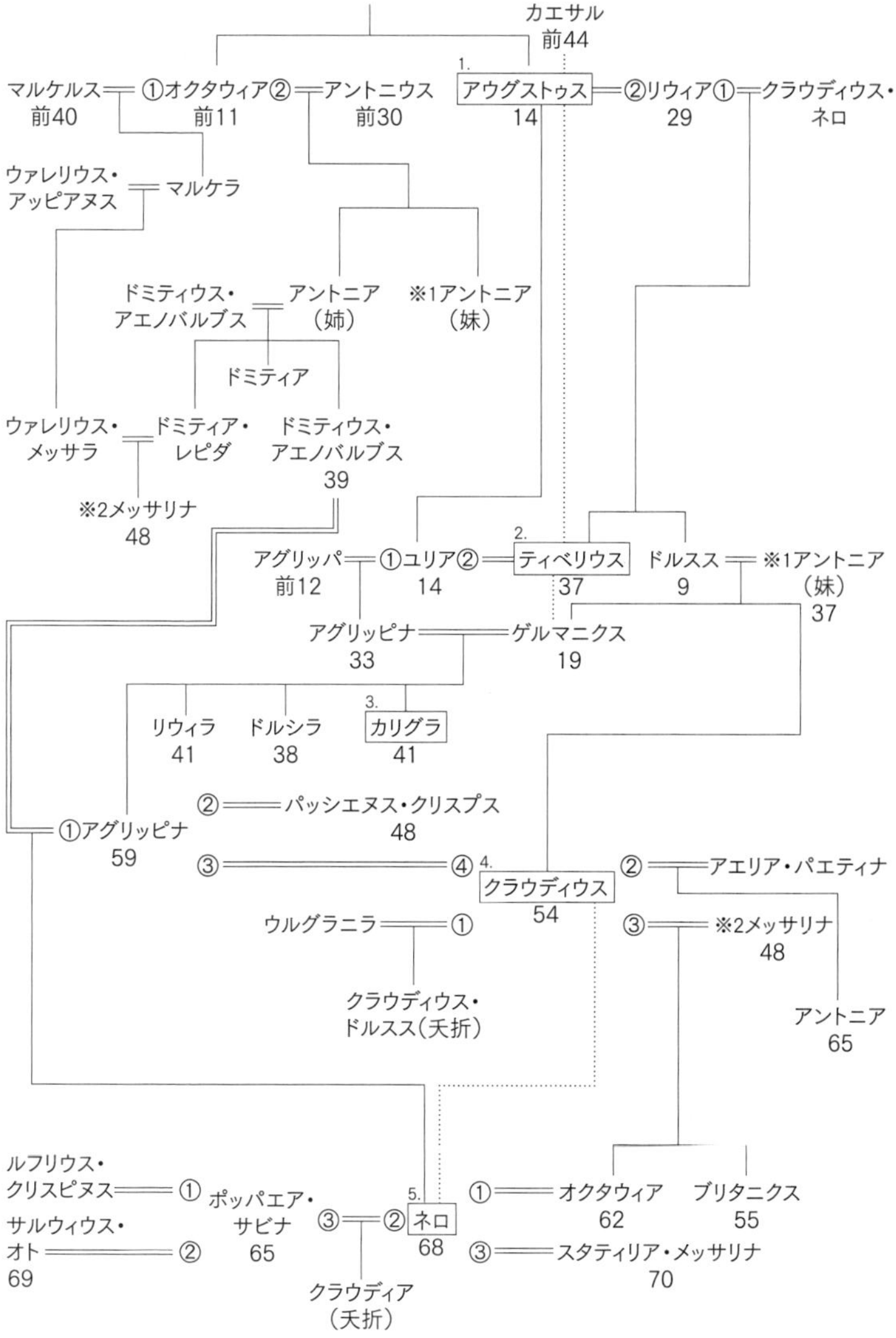

を伝える。彼は伯母のコネと自身の実力に基づき、首都で頭角を現していったに違いない。

ティベリウス帝が三七年に没した後、帝位に就いたのは亡き甥《おい》ゲルマニクスの三男にして初代皇帝アウグストゥスの曾孫カリグラ（在位三七—四一、［ローマ皇帝家系図］参照）であった。彼は二四歳という若さで即位した結果、皇帝権力の暗黒面にとらわれてしまう。独裁権力の恣意的《しいてき》行使である。三世紀の元老院議員にして史家のディオ・カシウスは三九年に関し、次なる事件を伝える。即ち、カリグラは雄弁家でならした議員二名を排除のターゲットに据《す》えたというのである。先ず、帝は元老院でドミティウス・アフェルなる議員を自ら告発したが、処世術に長《た》けた被告は自己弁護を一切放棄し、ひたすら帝への阿諛追従《あゆついしょう》に努めた結果、雄弁家の名声を失うのと引き換えに無罪判決を得た。その一方で、同じく皇帝に告発されたセネカは罪状を真正面から反駁《はんばく》した結果、死刑判決を下されてしまう。しかしカリグラの妹の一人がセネカの肺病を指摘し、余命幾《いく》ばくも無いと進言した結果、帝は彼を無罪放免したと云う。さて、この事件は皇帝のセネカ嫌いを伝えつつ、セネカと帝室のつながりを教えよう。確かに、セネカも宮廷の宴席で目撃したカリグラの乱脈な性行動を『賢者の不動心について』の中で生々しく証言している。これも帝室との近さを明らかに教示する。なお、カリグラと三名の妹たちとの近親相姦はつとに有名であるが、帝が溺愛《できあい》したドルシラは前年に死亡しており、神化までされた。従ってセネカを救ったのは存命の妹、リウィラかアグリッピナということになろう。しかし、どちらにせよ、カリグラはセネカ放免後、二人の妹に謀反《むほん》の嫌疑《けんぎ》を帰せ、イタリア半島西側ティレニア海沖のポンティア島に彼女たちを流刑にした。

セネカの追放と帰還——犯罪者から皇帝のメンターへ——

四一年にカリグラ帝が後継者なきまま、近衛隊副官に暗殺された結果、元老院は帝政期において最初にして最後の政体変更の絶好の機会を得た。つまり、暴君を生まないためには真の共和政復活をかなえるべきではないか。しかし元老院が結論を翌日に先送りするなか、近衛隊は電光石火の動きを見せた。カリグラ亡き後、宮殿内を捜索した近衛隊兵士はカーテンの後ろに隠れ、殺害に怯《おび》え震えている前帝の叔父クラウディウスを発見した。死を覚悟し絶望する彼に、兵士は予想外の言葉を投げかけた。「皇帝陛下!」。かくて、彼は四代目の皇帝(在位四一—五四)になり、共和政復活計画は一夜の夢物語と雲散霧消したのであった。近衛隊は皇帝警護を任務とする以上、皇帝あってこその組織であることを再認識しておこう。

そして、クラウディウス帝は四一年、セネカを姦通罪《かんつうざい》で告発、有罪、追放にしている。経緯は次の通りである。先ず、帝は姪のリウィラとアグリッピナの追放を四一年、解除した。ところが、皇后メッサリナがこのリウィラを同年にイタリア西岸沖のパンダテリア島に追放するよう仕向けた。その罪状の一つがセネカとの姦通であった。この不祥事が事実であったかは確認しようがないが、帝室とセネカの関係性を改めて浮き彫りにしよう。結局、リウィラは間もなく処刑されるが、セネカは減刑により死刑を免れるも、コルシカ島に追放されることになる。そして、この追放は実に七年半に及んだ。

そんなセネカに決定的転機が訪れる。四八年、皇后メッサリナのスキャンダルが発覚したのでである。つまり、皇帝と三四歳の年齢差を抱える皇后が若き元老院議員に入れ込み、結婚式を挙行した。皇后からすれば、お遊びの類いであったのかもしれないが、皇帝の側近は本件を危険視し、重婚と捉えたのみならず、その目的を帝位簒奪《さんだつ》と断じた。こうして、当該議員とその仲間は処刑となり、皇后も殺害されるに至った。ところが、皇后を失い、落胆したクラウディウス帝に対し、側近の解放奴隷《どれい》官僚らは再婚を盛んに勧め、各々が花嫁候補を推して、プレゼンまで展開した。結果的に、このチャンスを射止めたのがネロの実母、アグリッピナであった。彼女は初代皇帝アウグストゥスの曾孫にして、クラウディウス帝の兄ゲルマニクスの娘であったからである(「ローマ皇帝家系図」を再び参照)。だが、この婚姻には障害があった。ローマでは従兄妹婚までは許容されても、伯父《おじ》(叔父)と姪《めい》の挙式はタブーであった。そこで、元老院は急遽《きゅうきょ》、新たな細則を決議した。つまり、兄弟の娘との結婚は可であるが、姉妹の娘とのそれは不可である、と。こうして、クラウディウスと兄の娘アグリッピナとの結婚は合法化され、四九年、二人ははれて夫婦となった。

しかしアグリッピナにとって、この婚姻は最終目標をかなえるための一里塚にすぎなかった。即ち、血統的には申し分ない実子ネロ(アウグストゥスの玄孫)の皇帝即位である。だが、ライヴァルがいた。クラウディウス帝と故メッサリナ妃の息子ブリタニクスである。幸いなことに、ネロが四歳上であったので、アグリッピナはネロの英才教育に望みを託す。こうして、ネロの家庭教師候補として、セネカに白羽の矢が立つ。その結果、皇后が皇帝を動かし、セネカの追放解除を引き出したのであった。他方、皇后はネロ即位の外堀を着実に埋めていった。四九年にはクラウディウス帝の娘オクタウィアとの婚約をかなえたばかりか、五〇年にはネロをクラウディウス帝の養子に迎えさせ、五三年には彼女とネロを結婚させたのであった。

ネロの五年間　Quinquennium Neronis

アグリッピナはネロを帝の養子にしたものの、彼が帝の実子に勝てないことを自覚していた。しかも、実子が成長すればするほど、養子の立場が弱くなることは自明であった。そこで、五四年一〇月一三日、彼女は夫の毒殺を決行する。ローマ人は宴会最中に喉《のど》の奥に孔雀《くじゃく》の羽を入れて嘔《おう》吐《ど》し、胃袋を空っぽにしてから再び飲み食いするという食習慣を有していたが（セネカ曰く「食べるために吐き、吐くために食べる」）、皇后はこの羽にこそ毒を仕込ませたのである。皇帝逝去後、彼女はカピトリウムの宮殿内でブリタニクスを抱きしめ慰め、良き義母を演じつつ、彼を外に出さない一方で、ネロを近衛隊兵舎に急行させ、皇帝としての歓呼を取り付けさせた。実に十六歳の即位であるが、ついにアグリッピナの悲願は成就したのだ。

さて、ネロは即位後、初の元老院会議で見事な施政方針演説をしてのけた。特に、クラウディウス治世で悪評を招いた事象の大改革を打ち出した点が評価された。つまり、皇帝裁判の自粛《じしゅく》、皇帝官房（解放奴隷）の影響力排除、元老院の権限拡充の三つであった。しかし弱冠十六歳のネロがここまで演説の骨子を組み立てえたであろうか。黒幕セネカの草稿に基づいたと考えるのが自然であろう。彼はこの間、『寛容について』『怒りについて』などを記し、皇帝はどうあるべきかをつぶさに論じている。彼の薫陶《くんとう》を受けたネロ帝は死刑執行命令書への署名に抗《あらが》い、「文字を知らなかったら、良かったのに」と嘆じたと云う。さらに、小説じみたネネカの異色の短編『アポコロキュントシス』にも触れておこう。セネカは皇帝が善帝であれば、死後神化されるという慣行に対し、憎きクラウディウス帝の神化をよしとしない一方で、瓢箪《ひょうたん》（愚者を隠喩《いんゆ》）への死後変化であれば、それはありうると嘲弄《ちょうろう》したのである。なお、はたしてセネカ自身を聖人君子のごとく捉えていいものかどうか。というのも、彼の追放解除後、岳父《がくふ》ポンペイウス・パウリヌスは穀物供給長官に任じられているし、ネロ即位後、義兄は低地ゲルマニア総督を務めているのみならず、セネカの親戚アンナエウス・セレヌスも消防隊長官に就いているからである。セネカは要職を適材適所ではなく、意図的に「お友達」で固めようとしたのかもしれない（「セネカの家系図」を参照）。

ネロ帝は通常、暴君、悪帝とみなされているが、治世最初の五年間は善政という評価を受けている。これはセネカと近衛隊長官ブルスによる指導の賜物《たまもの》であったろう。だが、彼らとて、年若き皇帝を完全にコントロールするのは難しかった。ストレスを抱えたネロはその発散のため、夜遊びで暴力沙汰に及ぶ一方で、母アグリッピナはあくまでも息子を支配下に置こうとして母子相姦さえ厭《いと》わなかったとタキトゥスやスエトニウスは証言している。いずれにせよ、この間セネカは思春期を迎えたネロに寄り添っていたと言えよう。

結局、ネロは母の呪縛《じゅばく》からの脱却を決断する。五九年三月中旬、彼はナポリ湾に面する別荘に母を招き歓待する一方で、帰宅時の船舶に仕掛けを施させた。つまり、船室の天井から大量の鉛板を落として、彼女を圧死させようとしたのである。ところが、ベッドの背もたれが鉛板落下の直撃を塞《ふさ》いでくれたため、母は九死に一生を得た。しかし、彼女の無事を聞いたネロはこの報に愕然《がくぜん》としたものの、セネカに一部始終を告白し、善後策を相談した。そしてセネカはネロの母殺しを容認し、刺客《しかく》を差し向ける。死を覚悟したアグリッピナは腹部をさらして「ここを突きなさい。ネロが生まれたここを」と刺客に命じ、落命したのであった。

暴走するネロと陰謀事件、セネカの最期

若きネロは見世物を好んだ。見世物を観ること自体に問題はないのであるが、ネロはパフォーマーであろうとした。役者、音楽家として、ステージに立ちたいという思いを捨てきれなかったのだ。役者や剣闘士などは見世物好きな民衆にとって人気の的とはいえ、劣格市民とみなされていたなかで、皇帝自身がパフォーマーになるのは一大顰蹙《ひんしゅく》ものであった。だが、六〇年、彼は初めて「ネロ祭」を挙行し、自ら芸を披露《ひろう》するに至る。このように、ネロは喝采《かっさい》を求め、嬉々《きき》としてステージに立ったのみならず、周囲の人々にも芸能の披露を強要するようになる。その一方で、二〇歳を越えたネロはセネカの指導を疎んじ、独自路線を取ろうとした。これに対し、セネカは皇帝の暴走をなんとか制御しようとするも、六二年、盟友の近衛隊長官ブルス死亡という事態を受け、もはやネロに対し手綱《たづな》を取れない状況を自覚し、政界引退を帝に申し出る。こうして、自宅に引きこもるようになったセネカであるが、同年、告訴されている。何とか無罪を得たものの、告発自体は彼の権力失墜に

起因するであろう。一方、セネカ引退を受けて、ネロの暴走は加速する。大逆罪裁判が増加したのみならず、六四年には首都炎上を受けて、ネロは放火犯のレッテルをキリスト教徒に貼って無実の罪を着せ、史上初の本格的なキリスト教徒迫害を行ってのけたのだ。

このようなネロ帝の放蕩《ほうとう》、性癖《せいへき》、残虐性は六五年、大規模な陰謀計画を生むにいたる。その中心は容姿《ようし》端麗《たんれい》で気さくな上に、由緒《ゆいしょ》正しき貴族のカルプルニウス・ピソであった。そして暗殺決行は四月十九日と決まる。ここまで暗殺集団の取り決めは進むが、最後の最後に綻《ほころ》びが生じてしまう。ネロに最初の一撃を放つ大役を委ねられた元老院議員が神殿から聖剣を盗み、それを研《と》いでおくよう解放奴隷に命じたのであるが、この解放奴隷がさすがに疑いを抱き、密告し、陰謀は露見《ろけん》した。共謀者は芋蔓式《いもづるしき》に逮捕される。史料が伝えるだけで、被告は元老院議員十六、騎士七、近衛隊関係者八、その他五、計三六を数えた。容疑者検挙に貢献した人物の中に、五賢帝の初代ネルウァ（在位九六―九八）がいたという意外な事実も指摘しておこう。

さて、セネカはそもそも本件と無関係であったが、ネロ帝はこれ幸いとばかりセネカに自殺を命じた。ピソとの友好関係が問題視された上に、実際、甥《おい》で詩人のマルクス・アンナエウス・ルカヌスがこの陰謀に加担していたからであった（「セネカの家系図」を参照）。ところが、いつかこの日が来ると予想し、覚悟していたセネカは粛々《しゅくしゅく》と、この自殺命令を受け入れる。なぜか。ストア派は善や徳を最大限に評価し、「正しく生きること」を良しとした。よって、死は恐れるに足りず、むしろ信念を毅然《きぜん》と貫くことを優先すべしとストア派は捉えたのであった。

自殺に際し、セネカは腕の血管を切ったものの、老齢のためか、出血が少なく、遅い。そこで、足首と膝の血管も開く。激痛にもだえるものの、死はなかなか訪れない。ひと思いに死のうと考え、毒薬を飲んでみたものの、効果はない。最後は、自邸内の浴室にあるサウナに入り、その蒸気のなかで息を引き取ったのであった。

西洋思想界にセネカが与えた影響

古代ローマ帝国に生きたセネカの思想は果たして、後世にいかほどの影響を与え、受容されたのであろうか。そもそも古代末期においてすら、彼はその純粋でまっすぐな思想ゆえにラクタンティウスやヒエロニュムスといったキリスト教史家、護教家に賞賛されているし、中世にはスコラ哲学者アベラールやロジャー・ベーコンに高く評価されている。そして近世の啓蒙思想の高まりを迎えると、さらにセネカ人気は高まる。彼の著作はモンテーニュ、パスカルに、悲劇についてはコルネイユ、ラシーヌに衝撃を与えたのであった。そして、最後に、ルソーの名前も挙げておきたい。このように、後世にインパクトを与えた「知の巨人」の一人でありながら、自ら政治に携わり、権力を支え、最終的に政治絡みで落命した人物はそもそもセネカ以外にいるのであろうか。

❖セネカ関係年表

年	できごと
後1年? (諸説あり)	現スペインのバエティカ属州コルドバ市にてセネカ誕生。 赤ん坊時代に伯母の腕に抱かれてローマ市へ。以後、ローマ市に滞在。 病気がち(気管支炎か、肺の病か)
25 ～ 31年	伯母の夫、エジプト総督C・ガレリウスが統治する属州エジプトで病気療養 ティベリウス帝の近衛隊長官セイアヌス失脚、処刑(31年10月頃)
31年頃	イエスの処刑
32年以降	セネカはクアエストル(財務官)に就任し、元老院入り セネカはローマ市で弁護人として活躍
37年3月16日	ティベリウス帝死亡、カリグラ帝即位
12月15日	ネロ誕生
39年10月18日?	ガリアでの陰謀事件発覚(→ネロの母アグリッピナの追放)
同年	セネカを被告とする元老院裁判(→死刑判決、後日無罪放免に)
41年1月24日	カリグラ帝暗殺
1月25日	クラウディウス帝即位
同年	アグリッピナの追放解除。セネカの一人息子死亡。 セネカを被告とする元老院裁判(姦通罪により死刑判決→コルシカ島への追放に減刑)
43年	クラウディウス帝によるイングランド征服と属州化(ブリタニア)
48年10月中旬	皇后メッサリナの重婚事件(→殺害)
49年	クラウディウス帝とアグリッピナの再婚。セネカの追放解除、首都帰還
50年1月1日	セネカがプラエトル(法務官)就任
2月25日	クラウディウス帝によるネロ養子手続き
54年10月13日	クラウディウス帝死亡(死後神化)、ネロの即位
55年2月12日?	故クラウディウス帝の実子ブリタニクスをネロが毒殺
56年	セネカが補充コンスルに就任
59年3月	アグリッピナ殺害
60年夏	「ネロ祭」創設
62年	セネカを被告とする皇帝裁判(→無罪)
64年7月	ローマ市大火、キリスト教徒迫害
65年4月	ピソ陰謀事件、ネロによるセネカの自殺強要
68年6月9日	ネロ帝自殺

⊙参考文献

ピエール・グリマル（鈴木暁訳）『セネカ』（「白水社文庫クセジュ」、二〇〇一年）
新保良明「ローマ帝政初期における皇帝裁判と元老院裁判――皇帝による管轄法廷の決定を巡って――」（『長野工業高等専門学校紀要』第三〇号、一九九六年）
新保良明『ローマ帝国愚帝列伝』（「講談社選書メチエ」、二〇〇〇年）
新保良明『ローマ帝国愚帝物語』（KADOKAWA、二〇一二年）
新保良明『古代ローマの帝国官僚と行政――小さな帝国と行政――』（ミネルヴァ書房、二〇一六年）
茂手木元蔵『セネカ入門　セネカと私』（東海大学出版会、一九九四年）
角田幸彦『セネカ』（「清水書院　人と思想」、二〇一四年）
タキトゥス（國原吉之助訳）『年代記（下）』（「岩波文庫」、一九八一年）
スエトニウス（國原吉之助訳）『ローマ皇帝伝（下）』（「岩波文庫」、一九八六年）
ジェイムズ・ロム（志内一興訳）『セネカ　哲学する政治家』（白水社、二〇一六年）
セネカ（兼利琢也他訳）『セネカ哲学全集』全六巻（京都大学学術出版会、二〇〇五―六年）
セネカ（岩崎務他訳）『セネカ悲劇集』全二巻（京都大学学術出版会、一九九七年）
樋脇博敏「古代ローマ社会における近親婚」（『史学雑誌』一〇二―三所収、一九九三年）
鈴木董編著『悪の歴史　西洋編（上）・中東編』（清水書院、二〇一七年）
S. Demougin, *Prosopographie des chevaliers romains julio-claudiens* (*43 av. J.-C. -70 ap. J.-C.*), Paris & Roma 1992.
M. Griffin, *Seneca. A Philosopher in Politics*, Oxford 1992.
E. Wilson, *Seneca: A Life*, Oxford 2014.

キリスト教帝国の実現をめざして

ルートヴィヒ(ルイ)敬虔帝

…Ludwig…

加納 修

ルートヴィヒ(ルイ)敬虔帝《けいけんてい》(在位八一四—八四〇)は、カロリング朝フランク王国の版図を大幅に拡大し、西暦八〇〇年にローマで皇帝に戴冠《たいかん》されたカール大帝(フランク国王在位七六八—八一四、ローマ皇帝在位八〇〇—八一四、シャルルマーニュ)の息子かつ後継者である。広大な王国と帝権とを継承した彼は、父以上にキリスト教を統治の基本理念として重要視した。だが、貴族層を巻き込んだ息子たちの反乱を避けることができず、その死後、八四三年のヴェルダン条約によってフランク王国は三つに分割された。

このように述べると、王国分割が象徴するカロリング帝国の衰退が、ルートヴィヒ敬虔帝によってもたらされたと考えたくなる読者もいるであろう。実際に敬虔帝に対する歴史的な評価は高くない。それどころか、偉大な功績を残したカール大帝と比較されて、否定的なイメージすら与えられている。「偉大なる皇帝の卑《ひ》小《しょう》な息子」、これは一九五二年にドイツの教会史家アルベルト・ハウクがルートヴィヒを形容するのに用いた表現である。

偉大なる皇帝の卑小な息子

ルートヴィヒはすでに生前から用いられていたその添え名が示すように、「敬虔なる」キリスト教徒であり、父カールの反対と神の意志によって妨げられなかったら、修道士になっていたであろうとされている。そして、ラングドック地方にアニアーヌ修道院を創建して修道制の改革に努めたベネディクトゥスを顧問《こもん》として重用し、信仰共同体としての教会＝国家の改革を進めた。ルートヴィヒのこうした姿勢は、ドイツにおいては、カトリック抑圧政策を推進したビスマルク（宰相在職一八七一―九〇）時代の文化闘争の影響を受け、否定的な評価を与えられたのだった。十九世紀は実証主義的な歴史学が確立された時期でもあり、そこで与えられたルートヴィヒに対する歴史的な評価はその後の世代に受け継がれ、二一世紀においてもなお維持されている。

近代歴史学の評価は、しかしながら、同時代の評価とは異なっていたようである。カロリング朝の宮廷で栄えたいわゆるカロリング・ルネサンスは、古代の文学ジャンルである世俗支配者の伝記を復活させた。『カール大帝伝』がその最初の証拠である。そしてルートヴィヒ敬虔帝については、二点も伝記が作成されている。八三七年頃トリーア地方の聖職者テガヌスによって著されたそれと、八四〇年の皇帝の死後直ちに書かれたそれである。後者の作者名は不詳だが、天文学の知識に豊富であることから、研究者によってアストロノムスの名で呼ばれている。われわれはこの二つの伝記からルートヴィヒが、その生涯と功績とを後代に伝えるに値するとみなされるほどの人物であったことを認めなければならない。そして皇帝の死を述べるアストロノムスは、「彼（ルートヴィヒ）

は、このようにして生涯を終えた。そして、幸福な安息を見つけることになったことをわれわれは信じている。というのも、真の教師によってこう言われているからである。『正しく生きた者は悪しき死に方をしない』」(六四章)。同時代人によってその生きざまを高く評価された彼は、どのように「正しく」生きたのであろうか。

アキテーヌ王からフランク皇帝へ

ルートヴィヒは、七七八年の春から夏のあいだに、カール大帝とその妻ヒルデガルトの三番目の息子として、アキテーヌ地方のシャスヌイユで生まれた。カール大帝は前年に行われたスペイン戦役に妊娠中の妻を同行させており、反フランク勢力が根強く、ローマ法が残り、独自のアイデンティティを有するアキテーヌ地方で息子をもうけることを重視したようである。ルートヴィヒ(Hludovicus)という名前は、フランク王国建設者で五〇七年にアキテーヌ地方を西ゴート族から奪ったクローヴィス(Clodovechus)の名前と同一であり、まさにこの地の支配者とすることを父は企図《きと》していたのであった。そして七八一年には、ルートヴィヒは三歳にしてアキテーヌ王に任命され、ローマで教皇ハドリアヌス一世によって戴冠《たいかん》され、フランク人顧問とともにアキテーヌで統治することになった。このとき同時にその兄カールマンはピピンと改名されて、カール大帝が七七四年にランゴバルド族から征服したイタリアに王として派遣された。

かくしてルートヴィヒはフランク王国の一地域の王となったわけだが、アキテーヌ地方の支配者

❖カロリング家略系図（ルートヴィヒ敬虔帝の息子たちまで）

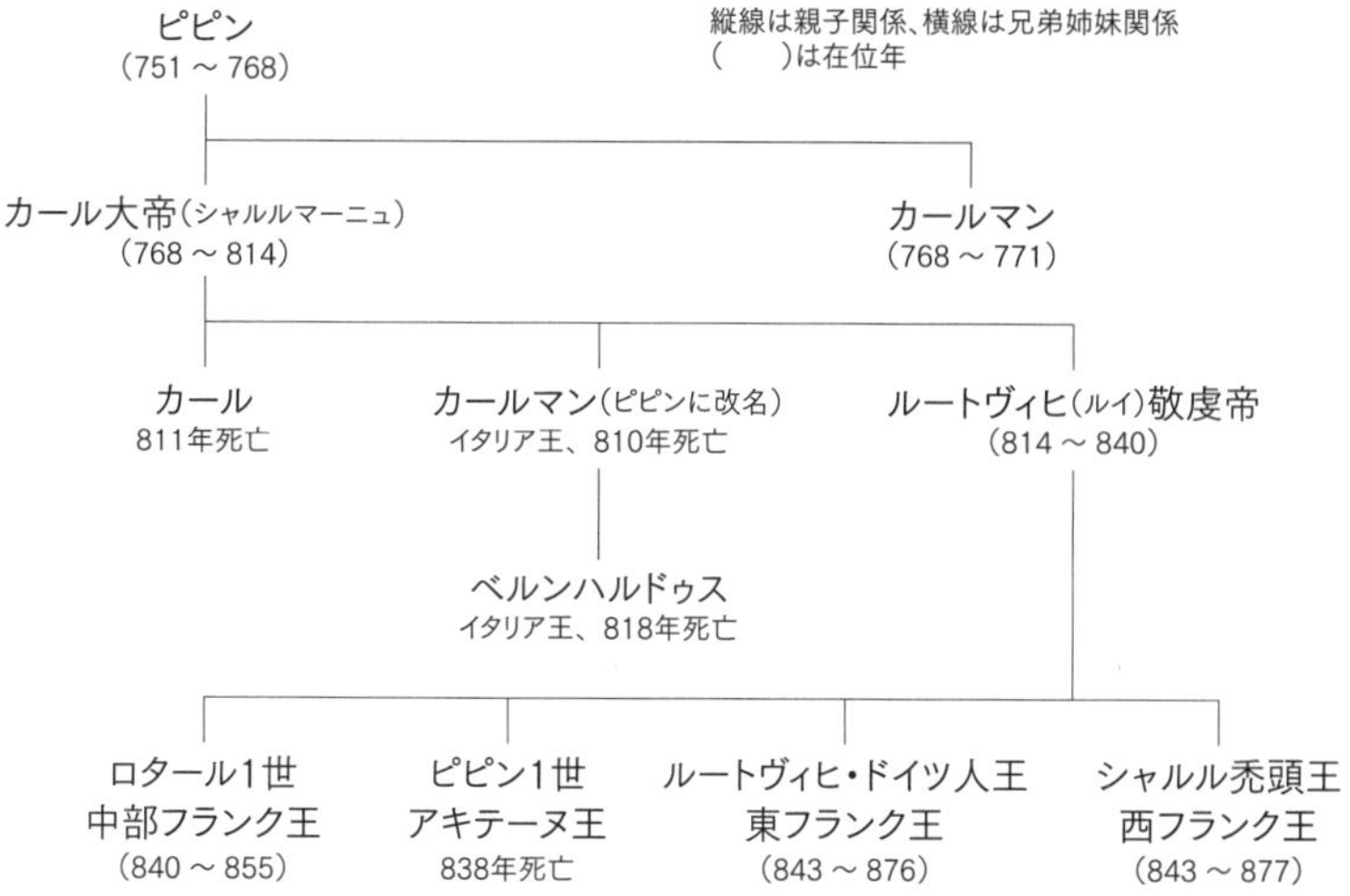

という性格を強く帯びていた。七八五年にザクセン地方のパーダーボルンで開かれた集会には、父の命令にしたがって、バスク風の衣装（丸みを帯びた小さな外套《がいとう》、袖口の大きく開いたシャツ、膨らんだズボン）を身にまとって参加した。カール大帝はアキテーヌ地方に根強い反フランク感情を慰撫《いぶ》するとともに、アキテーヌ人たちのアイデンティティを守るという姿勢を見せたのである。

ルートヴィヒと父との関係は親密ではなかった。息子が父のもとを訪れることは稀《まれ》であった。八〇六年にカールの死後の継承を定めた「王国分割令」がはっきりと示すように、カール大帝は長男で同名の息子カールを手もとに置いて自らの後継者にしようと考えていたのである（系図参照）。

だが歴史はカール大帝のもくろみ通りには進まない。八一〇年七月八日にイタリア王ピピンが、そして八一一年一二月四日に長男カールが死亡する。カールは八一二年にピピンの息子であるベルンハルドゥスをイタリア王に任命した後、その翌年にルートヴィヒをアーヘンの宮廷に呼び出し、王国集会において彼を自身の正式な後継者として「皇帝」に任じた。そして父は八一四年一月二八日に死亡する。

家族と帝国とのはざまで——八一四年〜八四〇年

首都アーヘンに移動したルートヴィヒが最初に行ったのは、宮廷の「粛清《しゅくせい》」とでも呼びうる行為であった。彼は、カール大帝の治世末期にその政治を動かしていた二人の親族アダルハルドゥスとヴァラを排除し、代わりにアキテーヌ時代からの助言者である蔵書係のエッボ、アニアーヌのベネディクトゥス、ゴート人で文書局長であったヘリサカールらを起用する。さらに、宮廷に住んでいたカール大帝の娘たち、すなわち自身の姉妹たちの影響力を排除すべく、彼女らを宮廷から追い出し、修道院へと送った。売春婦の追放等、宮廷にはびこっていた悪習の排除に努めもした。

ルートヴィヒは父とは異なる理念をもって統治を開始した。カール大帝が戴冠後に、「いとも高貴なる尊厳者、神により戴冠され、偉大で平和をもたらす皇帝にして、ローマ帝国を支配し、神の慈悲によってフランク人とランゴバルド人の王であるカール」と名のったのに対して、息子は「尊厳者たる皇帝ルートヴィヒ」とする短い称号を用いた。ルートヴィヒは、普遍的で不可分のキリスト教帝国を支配する皇帝であると自認していた。

この理念は、八一七年七月にアーヘンの王国集会で定められた「帝国整序令」に反映している。四〇歳ほどになっていたルートヴィヒは、死後に問題が起きないように、あらかじめ帝国の相続について定めた。そこでは三日間の断食と祈禱《きとう》を経て、長男ロタールが皇帝の後継者となることが決定され、直ちに共同皇帝として戴冠された。その弟たち、ピピンはアキテーヌの、ルートヴィヒ(ドイツ人王)はバイエルンの王となり、父の死後は長男ロタールの支配に服することも定められた。

この帝国整序令は、八一二年にイタリア王となっていたベルンハルドゥスをまったく考慮に入れず、イタリアを長男ロタールに委ねるものであった。なぜベルンハルドゥスが相続から排除されたかと言えば、彼はイタリア王ピピンの非嫡出子《ひちゃくしゅっし》であり、教会が認めていない婚姻から生まれた子どもだからであった。ルートヴィヒはこの事実を重視したのである。ベルンハルドゥスは反乱を起こし、八一八年春に死刑判決を受けた。この判決は目つぶしの刑へと変更されたが、ベルンハルドゥスは処刑の二日後に死亡する。

ルートヴィヒ敬虔帝は、この行為を謝罪せざるを得なくなる。八二二年八月にアティニーにおいて皇帝は、「己の職務の行使において」犯した罪として、ベルンハルドゥスの死について告白し、赦《ゆる》しを請う。三九〇年にテオドシウス帝が、テサロニケの住民を虐殺した後に、ミラノ司教アンブロシウスによって科された悔悛《かいしゅん》の儀式を想起させるこのできごとは、国家理念の表明の場でもあった。キリスト教世界の利害が国家を体現する人間のそれよりも重要であり、神から支配を委ねられた人間は過ちを犯す可能性をもち、それゆえ罪を犯した場合にはそれを謝罪し、国家と同一視された教会に復帰を許されるという考え方である。

ベルンハルドゥスの事件は、皇帝家内部の不和が有力者の反乱を覚醒《かくせい》させたことをも示している。その背後には、ルートヴィヒ敬虔帝によって統治から排除された貴族層が関与していたと考えられている。こうした貴族層の自負心を考慮に入れ、彼は息子たちを各地の有力な家門の娘と結婚させている。そして自らも、妻エルマンガルドと死別した後、八一九年にバイエルン地方の名門ヴェルフェン家の娘ユディットと結婚する。だがこの結婚は、八二三年に新たに息子が生まれたことによって、再び貴族層を巻き込んだ王家内部の争いを勃発《ぼっぱつ》させることになる。

ルートヴィヒは第四の息子に偉大なる父カールの名前を授ける。後の西フランク王シャルル禿頭《とくとう》である。そして八二九年八月に王国集会を召集し、この末子にアレマニア、ラエティア、アルザス、ブルゴーニュの一部を与えることを予告する。これらの地方は「帝国整序令」で長男ロタールに割り当てられていた土地であった。共同皇帝として政権を担っていたロタールはイタリアへと追いやられる。これに不満を抱いたロタールは周りに、同じように政治から遠ざけられた人々を集めて反乱を画策する。そうした一人であるヴァラは、皇妃ユディットが、新たに宮廷で地位を獲得したセプティマニアのベルンハルドゥスと不倫関係にあり、二人が魔術を用いて皇帝の暗殺を計画しているという噂を振りまく。ロタールは兄弟ピピン、ルートヴィヒを引き入れるのに成功し、宮廷へと進軍する。ベルンハルドゥスはバルセロナへ逃亡し、ユディットはポワティエの聖ラデグンド修道院に幽閉される。そしてロタールは父を監禁状態に置き、共同支配者として復活する。だが父は残る二人の息子に「帝国整序令」の破棄を約束し、味方に引き入れる。八三一年にロタールは再びイタリアへと追放された。

かくして争いはいったん収まったかのように見えたが、八三三年春に再びロタールが二人の兄弟とともに反乱を起こす。父にはもはや抵抗する力は残っていなかった。ロタールが権力を掌握《しょうあく》し、八三三年十月にルートヴィヒ敬虔帝は、ソワソンのサン・メダール修道院において司教たちによって公式に皇帝の地位を罷免《ひめん》された。しかし混乱はなお終わらない。ロタールが権力を独占しようとしたため、ピピンとルードヴィヒ・ドイツ人王は反旗を翻《ひるがえ》し、八三四年三月に再び父を皇帝の地位に戻すことに成功する。そして八三五年二月二日、ティオンヴィルで開催された王国集会において、あらためて正式に皇帝への復位の儀式が執り行われた。

再びイタリアに閉じ込められたロタールと父との和解は、八三九年の夏に達成された。そこで父は、妻ユディットの影響のもと、ロタールとシャルル(禿頭王)とのあいだでの分割に再び取りかかった。それはしかしながら、ルートヴィヒ・ドイツ人王とピピンの息子ピピン二世に不利な内容であった。前者が再び反乱を起こし、皇帝は反撃を試みようとしていた最中の八四〇年六月二〇日にインゲルハイムの宮廷で死亡する。そして、八四三年のヴェルダン条約において終結する、長い兄弟間の権力闘争が始まる。

キリスト教皇帝としてのルートヴィヒ

ルートヴィヒ敬虔帝は、カロリング帝国を分割、そして衰退へと導いた無能な皇帝だったのだろうか。彼の時代にカロリング帝国の統一に危機が生じたことは間違いないが、それをルートヴィヒ一人のせいにすることはできないし、実際に歴史家たちはこの危機の原因や背景について多様な仮説を提示してきた。ここではこの危機にではなく、「敬虔なる」ルートヴィヒがどのような国を築こうとしたかに目を向けてみたい。

八二二年のアティニーでの悔悛が有する意義についてはすでに述べた。そのすぐ後、八二三年から八二五年のあいだに発布された皇帝の勅令《ちょくれい》は、ルートヴィヒが己の地位についていかなる観念を抱いていたかを教えてくれる。ルートヴィヒは、王の職務を「ミニステリウム」(ministerium)という概念で把握し、公的な責務を担うすべての人々がこのミニステリウムに参加しなければならないとする。第三条を引用しよう。

この職務《ミニステリウム》の本質は余の人格のなかにあるとはいえ、それは神の権威と人間の理法によって諸部分に分割されており、あなた方の一人ひとりがその地位と身分にしたがって余の職務に関与していることが知られている。それゆえに余は、あなた方すべての訓戒者《くんかいしゃ》であり、あなた方すべてが余の助言者でなければならない。

ここで言う「ミニステリウム」とは、サン・ミエル修道院長スマラグドゥスが八一一年から八一三年のあいだにアキテーヌ王時代のルートヴィヒに献呈《けんてい》したとされる君主鑑である『王の道』において用いているそれと同じ意味である。スマラグドゥスは、「汝《なんじ》の人格のために、汝が担う王のミニステリウムのために、汝のもつキリスト教徒という名のために、汝が果たすキリストの役割のために、汝の権力のなかにあるものを使うよう」諭《さと》す。そして王たる者は、「貧民の父、孤児を養う者、未亡人の保護者、信仰を知らない者の教育者であり、そして汝の王としての職務においてすべての者を保護し導く者として」振る舞わなければならない。王のミニステリウムは、キリストの代理人として、キリストの王権の地上における代理人として果たすべき職務である。

しかしこうした理念は、同時に、同じく地上における神の代理人である司教に大きな役割を認めるものであった。勅令は司教が権威(auctoritas)をもつのに対して、王は権力(potestas)をもつとするゲラシウスの両権論に基づいて、司教が帝国とその安泰に責任をもつとする理念を取り入れている。

ルートヴィヒ自身が抱いたこうした統治理念は、王権のカリスマ性に害をなすものでしかなかったのであろうか。フルダ修道院長ラバヌス・マウル

ラバヌス・マウルス『聖十字架の称揚』の写本に描かれたルートヴィヒ敬虔帝
(バチカン図書館蔵)　Alamy提供

スが八一〇年頃に作成した詩『聖十字架の称揚』の一写本は、父子戦争の最中の八三一年頃、あるいは父がその危機を乗り越えた八三四年に皇帝に献呈された（図版参照）。

その中でルートヴィヒは右手に槍ではなく十字架を、左手に盾《たて》を持つ姿で描かれている。兜《かぶと》は救済を、胸甲は正義を、盾は信仰を表すとされている。詩文と図像を組み合わせたこの作品において、後光の部分には「キリストよ、ルートヴィヒに王冠を授けたまえ」と、十字架の部分には「キリストよ、あなたの勝利と真の救済はすべて十字架の中にあるのです」と記されている。キリストから地上の王権を委ねられたルートヴィヒは、キリストの加護によって正当なる勝利と救済へと導かれる。王権の失墜した時期とみなされるその治世後半にあっても、ルートヴィヒ敬虔帝はキリストの兵士とみなされていたのである。

そしてルートヴィヒは厳格なキリスト教の支配者であろうとした。伝記作者テガヌスはこう述べる。

彼は、民衆を喜ばせるべく役者や道化師《どうけし》やミモス演者らが縦笛奏者やキターラ奏者とともに彼の前に現れ、民衆が彼の面前で控えめに笑う大祝祭のときでさえも、声をあげて笑わなかったし、笑う際に自分の白い歯が見られるのを許さなかった。（一九章）

笑いを悪魔の表現とみなすキリスト教の伝統にしたがって、そして宮廷の祝宴において演技者たちを前にしても表情を変えない古代末期のキリスト教皇帝の伝統にしたがって、ルートヴィヒは笑いを抑制した。笑いは皇帝と民衆との距離を隔てている。父カールが、貴族や友人たちと入浴を楽しみ、また普段は庶民と同じような服装を身につけて過ごしていたこととは対照的である。そしてカールがゲルマン古代の詩歌を書きとめさせ、後世に残したのに対して、ルートヴィヒは逆に、若い頃に親しんだ「異教の詩」を棄てた。ルートヴィヒ敬虔帝はキリスト教の美徳を自ら体現することによって、キリスト教徒たる王国住民を支配しようと努めたのであった。

⦿参考文献

『世界歴史大系　フランス史 一』（山川出版社、一九九五年）

『フランス史研究入門』（山川出版社、二〇一一年）

Egon Boshof, *Ludwig der Fromme*, Darmstadt 1996.

Charlemagne's Heir: New Perspectives on the Reign of Louis the Pious (814-840), Peter Godman and Roger Collins (eds.), Oxford, 1990.

Mayke de Jong, *The Penitential State. Authority and Atonement in the Age of Louis the Pious, 814-840*, Cambridge, 2009.

Philippe Depreux, *Charlemagne et les Carolingiens 687-987*, Paris, 2002.

Martin Gravel, De la crise du règne de Louis le Pieux. Essai d'historiographie, *Revue historique* CCCXIII/2, n. 658 (2011).

Theo Kölzer, Ein "überforderter Erbe"? Kaiser Ludwig der Fromme (814-840), *Archiv für Diplomatik* 64 (2018).

La productivité d'une crise. *Le règne de Louis le Pieux (814-840) et la transformation de l'Empire carolingien / Produktivität einer Krise. Die Regierungszeit Ludwigs des Frommes (814-840) und die Transformation des karolingischen Imperiums,* éd. Philippe Depreux et Stefan Esders, Ostfildern, 2018.

Alexander Weihs, *Pietas und Herrschaft. Das Bild Ludwigs des Frommen in den Vitae Hludowici,* Münster, 2004.

「世界の恐怖」と呼ばれたノルマン戦士

ロベール・ギスカール

…Robert Guiscard…

林 亮

ロベール・ギスカール(一〇一五頃—八五、名前の表記については後述)の活躍を述べるまえに、彼が活躍する舞台である、十一世紀後半の地中海沿岸の、とくにイタリア半島南部とバルカン半島南部の情勢について簡単に述べてみよう。

この時代、地中海北岸を含めたヨーロッパは、いわゆる中世と呼ばれるうちの、中盤の位置付けとなる。アルプスおよびピレネー山脈以北を統合したフランク王国の姿は既になく、その後に続くフランス王国と神聖ローマ帝国(ドイツ王国)が、何とか王国のかたちを保っていた。イタリア半島はひとつのまとまった地域勢力とはならず、大きく南北で様相を異にしていた。北部は概《おおむ》ね神聖ローマ帝国の影響下にあったが、南部はそれぞれの地域勢力が割拠《かっきょ》する状態にあった。その諸勢力というのも、在地のランゴバルド系、東ローマ由来のギリシア系(ビザンツ帝国)、そして地中海の対岸の一大勢力となってシチリア島を支配していたイスラーム系、などが入り乱れて争っていた。さらに、南北の中間地点は、カトリック教会の指導者であるローマ教皇が都市ローマを中心に教皇領を形成し、独自の勢力となっていた。

一方で、バルカン半島はというと、かつての古代ローマ帝国の東半分を継承したビザンツ帝国におけるお膝元《ひざもと》として、比較的安定していた。そして先にも触れたように、帝国はアドリア海を通じて、イタリア半島東部から南部にかけても影響力を残していた。

ロベール・ギスカールは、こうした情勢下の南イタリアで台頭し、更にはバルカン半島にかけて暴れ回ったノルマン戦士の頭領《とうりょう》であり、これらの地域に多大な破壊と混乱を巻き起こしたとも評価される。彼の墓《ぼ》碑銘《ひめい》には「世界の恐怖」と刻まれたほどであった。かようにも、彼は人々に恐れられるだけの暴君《ぼうくん》であったのか、幾つかの点から検討してみたい。

南イタリアに渡った「ノルマン人」とは何者か

そもそも、ロベール・ギスカールなる呼称だが、これはフランス語の読みに従った表記である。しかし彼が活躍したのは、おもに南イタリアである。ならばイタリア語風に、ロベルト・イル・グイスカルドとでも表記すべきかもしれない。あるいは中世の時代に合わせて、ラテン語の発音でロベルトゥス・グイスカルドゥスと記すのが適切だろうか。とはいえ、ここでは日本での一般的な表記と思われる、「ロベール・ギスカール」(または「ギスカール」)と表すことにする。

なぜフランス語風に表記するのが一般的なのかと言えば、ひとつには彼の出身地が関係してくる。彼は南イタリアから見たヨーロッパの反対側、現在のフランス北部のノルマンディ地方から、はるばる渡って来たのである。このノルマンディ地方は、その名の通り「ノルマン人」、すなわちノルマン＝北欧を故地《こち》とする人々が支配した土地であった。

一〇四六年、ギスカールは南イタリアのメルフィに到来した。当時、この地は彼と同郷のノルマン人たちの勢力拠点のひとつとなっていた。彼は親類を頼って来たわけで、すなわち彼に先行してノルマン人が渡来していたことになる。当時ヨーロッパ各地で、キリスト教信仰の情熱の高まりとともに聖地巡礼が流行しており、ノルマン人も十一世紀前半からイタリア各地の聖地を旅するようになっていた。そして、なかにはその場で傭兵《ようへい》として雇《やと》われたり、そのままイタリアに留まる者、さらに故地から親類縁者を呼び寄せる者などもいた。前述のように、南イタリアはランゴバルド系とギリシア系の諸侯《しょこう》国が乱立した群雄割拠《ぐんゆうかっきょ》の状況であったが、ノルマン人傭兵はこれらの諸勢力に雇われつつ自身の勢力基盤を確立し、アヴェルサ伯やプーリア伯といった地位を獲得していき、第三勢力として台頭しつつあった。

北仏ノルマンディ地方のノルマン人は、その名の示すとおり北欧のいわゆるヴァイキングをルーツとし、戦士たちは精強さで知られていた。なんとなれば、同時代、有名なノルマン・コンクェストによりイングランド王国を征服したのは、まさにこのノルマン人戦士を率いたノルマンディ公ギヨーム(言い換えれば英王ウィリアム一世征服王〔在位一〇六六―八七〕)であった。

しかし、「ノルマン人」といっても、「ヴァイキング=海賊《かいぞく》や蛮族《ばんぞく》」という戯画《ぎが》的《てき》なイメージで捉えてはならず、また北欧とフランスのノルマンディ地方の人々の間においても同一視してはならない。未だに高校の世界史の教科書などで、ノルマン人の活動を示す地図でスカンジナビア半島から発した矢印がノルマンディ地方に向かい、さらにそこからイベリア半島を巡ってイタリア半島に至る表現をしているものが多いが、あまり適切とは言えない。ヴァイキングとしての彼らの祖先がノルマンディ地方に根を下ろしたのは十世紀前期の事であり、既に一世紀以上経った時代の人々が、ノルマンディ公の一族やギスカールの出自であるオートヴィル家なのである。従ってノルマンディ地方からノルマン・コンクェストによってブリテン島南部を支配したウィリアム一世、そして同じくノルマンディ地方からイタリア半島に渡ったギスカールたちは、北欧の冒険家の船乗りというより、西フランク王国、そしてその後のフランス王国の封建領主貴族《ほうけんりょうしゅきぞく》の立派な一員なのである。本稿で扱う「ノルマン人」とは、基本的にこのノルマンディ地方出身の人々を指すものである。

この点を強調するのは、ギスカールたちノルマン人戦士を、ただ腕っぷしが強いだけの野卑《やび》な雇われ兵と見てはならないからである。彼らはこの時代にアルプス以北で進展していた新しい社会制度、支配の仕組みである、封建制度の最前線にいた社会階層の一員なのである。フランク王国の中央権力、すなわち国王が維持《いじ》する秩序と平和が機能せず無秩序が蔓延《まんえん》するポスト・カロリング期に、自らの武力によって自分の土地を守り抜き生き残った新しい支配者である封建領主貴族の後継であり、戦士であると同時に統治者でもあったのである。この点は、ギスカールが南イタリアに渡ってからの、彼の活動の意味を考える際に非常に重要になってくる。

とはいえ、ギスカールの実家であるオートヴィル家は、ノルマンディ地方西部、コタンタン半島の付け根に暮らす中小領主に過ぎず、公領《こうりょう》の中心地はルーアンなど東部であり、決して在地貴族の主流派とはいえなかった。だからこそ、彼は実家から相続できるほどの領地もなく、自ら活路を

❖オートヴィル家系図

（山辺則子『ノルマン騎士の地中海興亡史』〔白水社、2009年〕より）

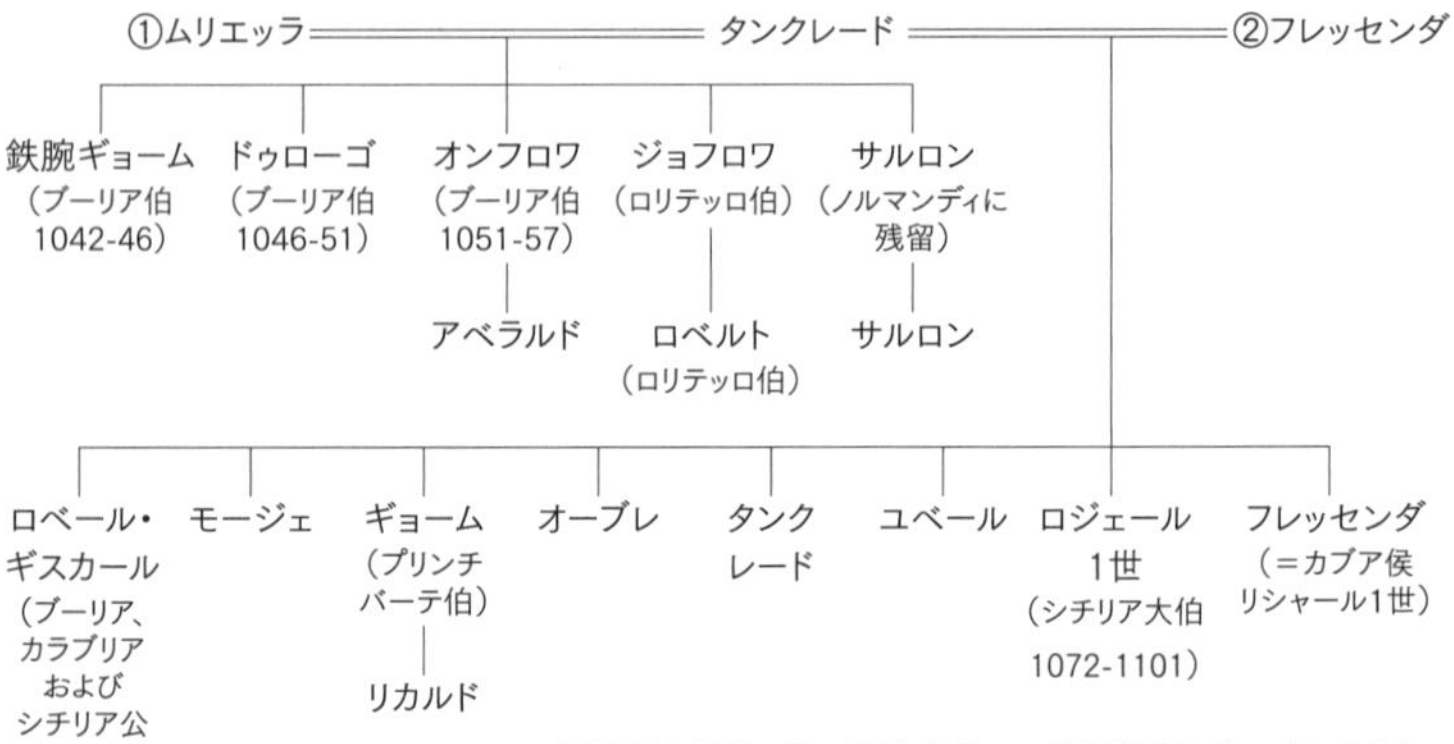

═══は婚姻関係、縦線は親子関係、横線は兄弟姉妹関係。（　）は在位年

切り開くために新天地を求めて旅立ったのであろう。当時の南イタリアに集まったノルマン人戦士たちには、そういった挑戦者《ちょうせんしゃ》も多かったのである。

❶ギスカール登場

南イタリアに到着したロベール・ギスカールだが、プーリア伯である彼の異母兄ドゥローゴ（在位一〇四六―五二）に面倒を見るほどの余裕はなく、ランゴバルド系の諸侯で「狼」の異名をもつカプア侯パンドルフォに仕えた。その後、ドゥローゴの元に戻り、ビザンツ帝国支配下のカラブリア地方の征服に取り掛かった。この地方はノルマン人領主が攻めあぐねていた攻略困難な山国であった。彼はその後も発揮《はっき》し続けることになる戦上手《いくさじょうず》の手腕をもって、徐々にこの地に支配を広げていった。

やがて、この功績もあってか、彼は最初の結婚を行うことができた。相手はオーブレという名の、同じノルマン系の小領主の子女であり、何ももたない遍歴《へんれき》戦士の結婚相手としては上出来であろう。この時、彼は既に三〇歳を超えていた。

その後、彼のみならずノルマン人戦士全体にとって重要なできごとが起こる。一〇五三年の、チヴィターテの戦いである。これは南イタリア各地で征服を進めるノルマン人領主たちに対抗するため、ランゴバルド系諸侯のみならず神聖ローマ皇帝配下のドイツ人騎士部隊がローマ教皇レオ九世（在位一〇四八―五四）の指揮《しき》の下に集まり、ノルマン人勢力と雌雄《しゆう》を決した戦いであった。実はさらにビザンツ帝国の派遣した援軍が近づいていたが、戦場にたどり着くことができなかった。ノルマン人勢力は結集して教皇軍に立ち向かい、ギスカールも獅子奮迅《ししふんじん》の活躍をしたと伝わる。戦いはノルマン陣営の勝利となり、レオ九世は捕虜《ほりょ》となった。

ギスカールと教皇との浅からぬ因縁はここから始まることになるが、それについては後に述べるとし、ここではノルマン人勢力が南イタリアにおいてその地位を確立したことが重要である。在地のランゴバルド系貴族や中部のローマ教皇、北部の神聖ローマ皇帝、そしてアドリア海の先のビザンツ皇帝、といったノルマン人領主に対しさまざまな影響力をもつ者たちを跳《は》ね除《の》け、教皇にノルマン人の南イタリアにおける領地の保有を承認させた。これを端緒《たんしょ》とし、

ギスカールの時代のアドリア海周辺

ノルマン人は南イタリアの主人となっていく。

❷プーリア伯からプーリア公へ

ただし、ギスカールはこの時点ではまだノルマン人のなかで主導権を握っているわけではなく、むしろ活躍を疎《うと》まれて、ドゥローゴの後にプーリア伯となっていた異母兄オンフロワ(在位一〇五一—五七)に、一時幽閉《ゆうへい》されたりもしている。

彼にとって大きな転機となったのが、オンフロワの死後、その息子アベラルドから継承権を奪い一〇五七年にプーリア伯となったことであろう。これにより、ギスカールは自身で征服を進めていたカラブリア地方に加え、名実ともにプーリア地方のノルマン人戦士の頭領となったのである。反抗する者に対しては、力尽くでねじ伏せ従わせていった。さらに続いて、最初の妻オーブレと離縁し、ランゴバルド系諸侯であるサレルノ侯の妹シケルガイタと結婚したことで、在地勢力とも関係を深くしていった。これはまさに政略結婚であったが、シケルガイタとの関係はある意味で似た者同士であり、彼女は常に夫に付き従い、それは戦場であっても同様だったようである。

彼の南イタリアにおける支配は、一〇五九年に教皇ニコラウス二世(在位一〇五八—六一)と協定を取り交わし(メルフィ協定と呼ばれる)、「プーリアとカラブリアの公にして将来のシチリアの公」に任じられ教皇の家臣になったことで、確固たる権威の裏付けを得た。

❸プーリアとカラブリアの公にして将来のシチリアの公

こうして、ギスカールはシチリア島を含めた南イタリア各地の征服に邁進《まいしん》していった。これらの征服戦争においては、兄たちを追ってやってきたオートヴィル家の末弟ロジェール(一〇三一—一一〇一)と協力して、あるいは分担して進めた。一〇六〇年までにはロジェールとともにカラブリア地方の征服を完了し、以降は兄のギスカールがプーリア地方のビザンツ帝国支配地域を、弟のロジェールがイスラーム支配下のシチリア島を攻略《こうりゃく》していった。

特にシチリア島の征服活動は困難が多く、幾度も敗北や後退、ロジェール自身の虜囚《りょしゅう》の危機もあったが、時に兄ギスカールの援軍を得て、少しずつ進めていった。そして遂にシチリア島における中心都市パレルモを兄とともに陥落《かんらく》させ、島の南部を除く主要部分を征服し、事実上の支配を確立したのである。なお、支配にあたっては島全体の宗主権《そうしゅけん》はギスカールがもったうえで、ロジェールがシチリア伯位を与えられ、実質的な統治を任された。

一方、同時期にギスカールは自身の拠点であるプーリア地方の支配を完全なものとするために、ビザンツ帝国の支配下にある諸都市を攻略していった。途中、足元のプーリア地方の支配地での反乱に幾度も阻《はば》まれつつも、そのつど平定し、最終的にはビザンツ帝国のイタリア半島における戦略拠点である都市バーリを陥落させ、残りの帝国支配地も残さず攻略し、ついにイタリアからビザンツ帝国勢力を排除したのである。バーリ陥落は一〇七一年、パレルモ陥落は一〇七二年ということで、七〇年代初頭には、ギスカールは「プーリアとカラブリアの公にして将来のシチリアの公」という称号を現実のものとしたのである。

❹教皇との対立

この頃には、南イタリアは概ねプーリア公ギスカールとカプア侯リシャール（在位一〇五九―七八）の二人のノルマン人頭領が支配しており、伝統あるランゴバルド系諸侯領、あるいはビザンツ系公国は残すところわずかであった。

そうなるとノルマン人による征服の矛先《ほこさき》は中部へと向けられる。それはすなわち都市ローマを擁《よう》する教皇領への侵略に他ならなかった。こうして七〇年代は教皇とノルマン人勢力、とくにギスカールとの間で対立が激化する時期であり、それは一〇八〇年の両者の和解まで継続する。

しかし、その間にもギスカールは着実に南イタリアでの征服を進展させ、一〇七四年にはアマルフィを帰順《きじゅん》させ、続く一〇七六年にはサレルノを征服することで、カンパーニア地方をも支配下に収めている。以降、彼はサレルノを自身の拠点《きょてん》とし、テッラチェーナと呼ばれる城塞《じょうさい》を整備したり、サレルノ大聖堂を建立《こんりゅう》するなど、街づくりを推進している。

❺ビザンツ遠征とギスカールの死

こうして南イタリアに並ぶものなき支配を打ち立てたギスカールだが、齢六〇半ばを過ぎてなお、その果てしなき征服欲は、ついにはイタリアを越えてアドリア海の対岸、すなわちビザンツ帝国に向けられた。一一八〇年代に入り、教皇との関係も落ち着くと、彼はビザンツ遠征軍を準備した。攻め入る口実としては、一〇七四年にビザンツ帝室に嫁入りさせた彼の娘が、その後帝国の政変により女子修道院に入れられており、その権利擁護《ようご》を掲げている。加えて真偽《しんぎ》は定かではないが、政変によって地位を追われた先の皇帝ミカエル七世を名乗る人物が保護を求めてきたことも利用した。遠征軍は瞬《またた》く間にアドリア海の対岸の諸地域を征服し、沿岸部における重要拠点のデュラキオンの攻略に成功した。この際、ギスカールはヴェネツィア海軍および援軍に来たビザンツ皇帝アレクシオス一世（在位一〇八一―一一一八）を打ち破っている。

しかしその後すぐに、南イタリアで起きた反乱に対処するためにイタリアに帰還せざるを得なかった。その最中に、教皇と敵対していた神聖ローマ皇帝ハインリヒ四世（在位一〇八四―一一〇六）によるローマ包囲が行われ、教皇グレゴリウス七世（在位一〇七三―八五）がサン・タンジェロ城に籠城《ろうじょう》する事態になっていた。この教皇の危機に対し、家臣であったギスカールは軍を率いてローマに攻め入り、既に皇帝が先にローマを去っていたため直接的な対決はなかったものの、ローマ市民から教皇を救出する際に都市を略奪《りゃくだつ》し、人々を恐怖に陥れた。

その後、ギスカールは南イタリアの支配を再び確立してからビザンツ遠征に復帰したが、疫病《えきびょう》がノルマン軍を襲い、彼もまた病に倒れた。最後まで、果てしない征服の途上にあった生涯であった。

最強のノルマン人戦士の横顔

南イタリアにやって来てから、征服に次ぐ征服、常に戦いのなかに身を置いていた生粋《きっすい》のノルマン戦士であったロベール・ギスカールだが、なぜそこまで戦いを追い求めたのであろうか。彼個人の人物像を幾つかの面から考えてみよう。

彼が戦った最後にして最大の相手はビザンツ皇帝アレクシオス一世であるが、その娘の皇女アンナ・コムネーナ(一〇八三―一一五三)がギスカールの容姿を描写している。彼女によれば「誰よりも背が高く、金髪で、眼光鋭く」「非常に体格がよく、均整が取れていて、かつ気品があった」とのことで、またその性格については「勇敢《ゆうかん》かつ狡猾《こうかつ》」「邪魔者《じゃまもの》には一切容赦《ようしゃ》しない」と述べている。ローマの伝統を継承する高貴な皇女からすれば、西方の辺境から来た野蛮人だと見下してもいただろうし、父を破った敵でもあるが、大変高い評価と言えよう。とはいえ、アンナが彼の評判をまともに聞きつけたのは、精々《せいぜい》彼が五〇歳代後半になってからであろうから、特に容姿に関しての評価は、それなりに美化されているかもしれない。

アンナの評にもあるギスカールの「狡猾さ」は、まさに彼の成り上がりの手腕そのものである。ついでに言えば、「ギスカール」という彼の渾名《あだな》も、狡猾さや頭の回転の良さを示す言葉である。年代記には、彼が修道士を騙《だま》して修道院内に武器を持ちこみ略奪を働いたり、交渉の場で相手を騙して拉致《らち》したり、といった彼の手練手管《てれんてくだ》の悪名が伝えられている。彼は当初の遍歴《へんれき》時代、山賊まがいの略奪働きでカラブリア地方を征服していった。その際には、こうした手腕も遺憾《いかん》なく発揮されたことであろう。

ギスカールを筆頭に、南イタリア各地で暴れ回るノルマン人戦士は、異教徒であるイスラーム勢力の支配より質が悪いと在地の人々から恐れられていた。南イタリアの伝統あるランゴバルド系勢力は、ノルマン人勢力を成り上がりの余所者《よそもの》として、彼らから支配されることに反発したので、ことさら彼らの所業《しょぎょう》を悪し様《あざま》に罵《ののし》ったのであろう。ただ、ノルマン人側からすれば、勝ったものが戦利品を得て、相手の領地を奪い支配することは、当然の習わしであった。それはつまり、彼らの故地ノルマンディ地方で日常的に繰り広げられてきた、封建社会における生き残りの作法であった。封建的無秩序の社会においては、王権を代表とした由緒《ゆいしょ》正しい権威は敵から自分を守ってくれるわけではないので、自分の身は自分で守り、やられたらやり返し、敵に勝って支配することで、初めて平和と秩序をもたらすことができたのである。

ギスカールもまた、成り上がるためには手段を選ばず、それは、家産の継承においても発揮《はっき》された。つまり、異母兄のもっていたプーリア伯位の簒奪《さんだつ》である。本来であれば兄オンフロワの死後、その息子アベラルドへと継承されるべき権力を奪い取ったのである。当然異論も出たが、封建社会は突き詰めれば実力主義でもあるので、ギスカールはその実力を見せることで、既成のものとしていったのである。

前段までに、ノルマン人は封建領主として「戦士であると同時に統治者でもあった」と述べたが、少なくともギスカールに限って言えば、これはそのまま人心を掌握《しょうあく》した優れた為政者であることを意味するわけではない。彼は戦いに次ぐ戦いによって勝ち取った多くの征服地について、封建制度に則《のっと》り、すなわちあくまで人と人との個人的な主従関係の網の目によって間接的に各地の征服地を統治したに過ぎない。例えば、カラブリア地方には個別にその地の領主を建て、その者を自らの家臣としてその地の統治を任せる方法である。従ってこれは間接統治の類であり、さらに言えばギスカール自身、あまり個々の支配地の内情に関心はなかったようである。こうしたこともあって、せっかく支配したさまざまな地域では、頻繁《ひんぱん》に反乱が起きることになった。彼がプーリア伯になって以降、プーリア地方やカラブリア地方を中心に、ほとんど数年おきに反乱が勃発《ぼっぱつ》している。その多くは背後にビザンツ帝国の支援があり、ギスカールが晩年にビザンツ遠征を行ったのも、こうした反乱の元凶《げんきょう》を排除するという意味もあったのかもしれない。

ギスカールの苛烈《かれつ》さと無慈悲さの悪名は名高いが、他方で彼は身内に対しては、非常に寛大であった。先に述べたプーリア伯位の簒奪に際しては、本来の継承権者である甥のアベラルドの存在は、ギスカールの地位を危うくする邪魔者でしかないが、彼はアベラルドを排除せず家臣として用いたのである。当然、アベラルドを旗頭《はたがしら》に何度も反乱が起きるが、戦闘で鎮圧《ちんあつ》した後は毎回反乱者を許して地位も安堵《あんど》した。これは、末弟ロジェールとの兄弟争いでも同様であったし、もっと言えば自らの家臣の反乱、ひいては支配した土地で起きた反乱は、全て鎮圧した後、許すのである。彼にとっては、自分が支配する相手は全て身内の感覚だったのかもしれない。これは、他のノルマン人領主、例えばカプア侯リシャールが同様の反乱の鎮圧時に、反乱者の領地をすべて没収したことなどと比べると、ギスカールの個性として特徴的な点であろう。

総じて、ギスカールに征服欲はあっても支配欲はあまり強くなく、征服地において自らの権威に服する領地としての執着《しゅうちゃく》はあっても、全てを統合して領域的な独立国家を建設したいという意識は感じられない。あくまで彼は封建領主であり、彼なりの理屈で教皇に忠誠を誓うことに不服はなかったのであろう。とはいえ、彼はまさに自主独立、一国一城の主たる領主であり、領地を攻め取る、すなわち世俗的な領域に関しては、主君にあたる教皇の意に背くことにも躊躇《ちゅうちょ》しなかったのである。

教皇との対立、あるいは友好

最後に、彼なりの理屈、彼の通した筋とはどのように理解すればよいのか、形ばかりのようにも見える教皇との主従関係から検討する。

十一世紀中頃の教皇の地位は、例えば中世で最も有名な教皇のひとりであろうインノケンティウス三世(在位一一九八―一二一六)のような、世俗の君侯にも勝る最高の権威をもつ宗教指導者ではなく、都市ローマの貴族政治に左右され、神聖ローマ皇帝の庇護《ひご》がなくては身の安全も覚束《おぼつか》ない不安定なものであった。しかし、この世紀の後半に入ると、皇帝をも含めた世俗の影響から逃れ、教会の真の独立を目指す改革運動が展開される。すると、むしろ皇帝と対立するようになり、教皇は代わりの協力者を求めた。従って、南イタリアのノルマン人勢力に対しては、教皇領を侵す敵でありながら、その武力と皇帝にも従わない気概は魅力的であり、味方に取り込みたいと考えていた。この相反する思惑《おもわく》から、教皇ニコラウス二世から始まり、アレクサンデル二世(在位一〇六一―七三)、グレゴリウス七世と続く歴代教皇が、ギスカールやその他のノルマン人領主を南イタリアの諸侯に封じ、一方で度々破門《はもん》を宣告して非難するという、複雑な関係が展開されたのである。

特に、ギスカールと教皇との関係は理解するのに困難な側面がある。前段で述べたように、教皇ニコラウス二世との「メルフィ協定」によって、ギスカールはプーリアその他の公位を叙任《じょにん》されたが、代わりにニコラウス二世と以降の教皇に対する忠誠を誓うことになった。その誓約とは、教皇庁への年貢《ねんぐ》、教皇および教会への忠誠、教皇と教皇領の守護と不可侵、教皇選出への協力、といった内容が主である。まさに「教会と…我が主君教皇ニコラウス(二世)に忠誠を尽くします」と主従関係を結び、そして「決して聖ペテロの土地(教皇領)にも侯領にも、侵入、占領、略奪におよぶことはありません」と明確に誓約しているのである。しかし、ノルマン人領主は度々教皇領を侵略しており、ギスカールに至っては一〇七七年に、まさにこの教皇の「侯領」、すなわちベネヴェント侯領を占領すらしており、誓約違反なのは明白である。こうした度重なる「裏切り」に対し、教皇グレゴリウス七世が激怒してギスカールを合計三度も破門したのも、当然の事であろう。

しかし、ギスカールはこの誓約違反も破門も全く意に介さなかった。そもそも、彼らノルマン人領主にとって、こうした封建的忠誠誓約の類が完全に守られるものとは考えていなかっただろう。封建社会は実力社会であるので、取り交わした約定を守らせるのも実力が必要なのである。ギスカールが個人として教皇に忠誠を誓うことと、封建領主として取れる領地を取る機会を逃さない事とは、全く相反しないことなのだろう。そして一方で、「身内に甘い」彼の事であるので、自分の領地や家臣が敵に攻められれば必ず救援に駆けつけたのと同様に、主君であるグレゴリウス七世の危機に際しては、敵が神聖ローマ皇帝であろうと全く恐れず、真っ先に駆けつけて助け出したのである。救出されたグレゴリウス七世は、ギスカールの本拠地であるサレルノで保護され、その地で波乱の生涯を閉じた。これが、彼なりの教皇に対する「忠誠」の証だった。

彼の敵や弱者に対する残虐《ざんぎゃく》さや無慈悲さ、あるいは忠誠を誓った教皇に対する「裏切り」からは一見、人々に恐怖をまき散らすだけの無法者のように見える。しかし、彼の身内に対する寛容さ、友好の心情を曲げないその生き様にはひとつの筋が通っており、そうした彼の男気のようなあり様は、「俠」と評するに値しよう。

⦿**参考文献**
山辺則子『ノルマン騎士の地中海興亡史』（白水社、二〇〇九年）
高山博『中世シチリア王国の研究』（東京大学出版会、二〇一五年）
藤内哲也編『はじめて学ぶイタリアの歴史と文化』（ミネルヴァ書房、二〇一六年）

誰よりも神に従うことを愛した「聖なるサタン」

グレゴリウス七世

…Gregorius VII…

井上みどり

十一世紀後半、教皇となったグレゴリウス七世(在位一〇七三—八五)は教会改革を推し進めたが、ドイツ王ハインリヒ四世(在位一〇五六—一一〇六)と対立し、叙任権闘争《じょにんけんとうそう》が起こった。ドイツとイタリアの諸侯や都市が両陣営に分かれて対立するなか、教皇は王を破門する。ハインリヒ四世は国内の反対勢力を抑えるために破門を解除してもらおうと、一〇七七年の冬、アルプス山脈を越えてイタリア北部のカノッサ城へと向かった。そして王は教皇に対して、三日三晩のあいだ、雪の中を裸足《はだし》で許しを請い、破門を解かれることになる。「カノッサの屈辱《くつじょく》」として知られる事件である。

カノッサ

教皇グレゴリウス七世の名がよく知られているのは、このいわゆる「カノッサの屈辱」として知られる事件によってであろう。のちに神聖ローマ帝国皇帝となるドイツ王ハインリヒ四世とのあいだに生じていた摩擦《まさつ》が、北イタリア・ミラノの大司教の選任をめぐる問題から決定的な対立へと深刻化した結果、一〇七六年一月にはまずハインリヒがヴォルムスにおける会議で帝国の司教たちの支持を得て、グレゴリウスの廃位を宣言する。これに対して、教皇側もまた同年の四旬節《しじゅんせつ》会議でただちにハインリヒの王権の一時停止を決議し、さらに王の破門を宣告した。この破門を受けて、ハインリヒは国内の反対勢力を抑えるために、冬のカノッサ城で教皇に許しを請うことになる。

もっとも近年の研究が明らかにしているように、カノッサでのできごとはグレゴリウス七世がハインリヒ四世を一方的に屈服させたというような単純なものではない。たしかに「教会の自由」を掲げて、ローマ教会を世俗権力の束縛《そくばく》から解放しようとしていたグレゴリウス七世の改革は、神聖ローマ帝国における教会の保護者たるハインリヒ四世の利害とは対立するものであった。しかし、世俗のトップである王と聖界のトップである教皇とは、ともに「この世のあるべき秩序」の担い手としてお互いを必要としていた。

グレゴリウス七世にとっては、ローマの貴族層や先代のドイツ王ハインリヒ三世（在位一〇三九—五六）らが教皇の選出にまで介入し、教皇候補者が二人あるいは三人並び立つというような状況に対して、本来の理想的な教会の使徒的生活を取り戻すことが重要だった。その改革をドイツ国内においても貫徹《かんてつ》するためには、ドイツ王の協力が不可欠でもあったのである。

グレゴリウス7世の肖像
（サレルノ大聖堂蔵）　アフロ提供

ヒルデブラントからグレゴリウスへ

教皇グレゴリウス七世が歴史の舞台に現れるのは、まだヒルデブラント（イルデブランド）と名乗っていた時期、一〇四六年にハインリヒ三世の介入によって廃位《はいい》されたグレゴリウス六世（在位一〇四五―四六）が翌年ドイツへ亡命した際、それに付き従う姿としてである。当時二〇代後半であったと考えられている。

しかし、グレゴリウス七世が、いつ、どこで生まれたのかは、実は定かではない。生年は一〇二〇年から一〇二五年までのあいだのいずれかであると推定されている。サレルノの大聖堂に安置されている本人のものとされている遺骨の調査からは、推定身長一六〇センチメートル程度で、六五歳から七五歳までのあいだに死亡したことが判明しているので、一〇八五年に死去したグレゴリウス七世はおそくとも一〇二〇年までには生まれていたことになる。もっともこの遺骨は十六世紀末になって当時のサレルノ大司教が突如《とつじょ》として「発見」したもので、その真正性には疑問が残っている。十六世紀の対抗宗教改革を背景として、ドイツ王に対抗した人物としてグレゴリウス七世を列聖《れっせい》しようとする動きがあったため、その目的に合わせて用意されたものかもしれないのである。

生年が不明である一方、出身については、一般にローマの北、イタリア中部のトスカーナ地方であるとされている。歴代の教皇を記した『教皇の書《リベル・ポンティフィカリス》』には、次のように書かれている。

グレゴリウス七世、トスカーナの出、ソヴァナの町ロヴァコの生まれ、父ボニゾーの子、一二年と一月と三日のあいだ在位した。

(Blumenthal, S. 16)

しかし、グレゴリウス七世の在位中にこの『教皇の書』は作成が止まっていたため、この記述は同時代の記録ではない。のちに枢機卿《すうききょう》ボーソ(?—一一七八)が同書の作成を再開し、九世紀以降の記録を加えていった際に書かれたものなのである。つまり、グレゴリウス七世の出身地としてソヴァナという地名が具体的に登場するのは、十二世紀後半になってのことになる。したがってこちらも確実とはいえない。

いずれにしてもヒルデブラントを名乗っていた彼は、幼少時の早い段階でローマで過ごすようになっていたようである。一〇七三年四月二二日に教皇に選出された際の記録では「母なる教会の膝《ひざ》に抱かれて幼少より十分に気高く育まれ教育された」と述べられており、ローマの聖職者社会のなかで育ったことがうかがえる。ただし青年期までは分かっていることの方が少ない。数少ない事例としては、一〇七五年頃にモーリタニアの王に宛てた書簡のなかで、学友としてローマの貴族の子弟の名が挙げられており、彼が過ごした教育環境をうかがわせるものになっている。

その〔ローマの貴族たち〕なかで二人の友人アルベリクスとキンキウスは、幼少のころより余《よ》とともにローマの宮廷において教育されてきた。

(Caspar, Bd. 1, S. 281)

こうしてローマで育ち、聖職者としてのキャリアを歩んでいたヒルデブラントは、先に述べたように、一〇四七年、廃位された教皇グレゴリウス六世に付き添い、ローマを脱し、アルプス山脈を越えて北の地へと逃れることになった。当時まだ助祭《じょさい》の身分であった彼は、すでに教皇の個人的な信頼を勝ち得ていたとされており、亡命先のケルンでグレゴリウス六世が死去する前後の二年ほどのあいだ亡命生活を続けることになった。

その間、ローマ教皇座を占める人物は、めまぐるしく変わった。ドイツ人のクレメンス二世が九ヶ月、ダマスス二世がわずか三週間のあいだ在位し、その前後にベネディクト九世が一時的に復位した後、ふたたびドイツ人のレオ九世(在位一〇四九—五四)が教皇となった。ヒルデブラントはこのレオ九世の随員《ずいいん》としてふたたびローマの地に戻ることになる。

ローマの事情に精通していたヒルデブラントは、レオ九世と、それにつづくヴィクトル二世(在位一〇五五—五七)、ニコラウス二世(在位一〇五八—六一)というアルプス以北の出身である教皇のもとで頭角を現していった。そして、とりわけ一〇五六年に皇帝ハインリヒ三世が一〇五六年に死去し、レオ九世の随員の筆頭だったモワヤンムティエのフンベルトゥスが一〇六一年に亡くなると、次の教皇アレクサンデル二世(在位一〇六一—七三)の宮廷の中心人物となった。

こうして数代の教皇に仕えた後、ついにヒルデブラントは教皇グレゴリウス七世として登位する。彼の教皇選出はそれまでとは異なる経緯《けいい》をたどった。当時、教皇の選挙は一〇五九年の教令によって枢機卿のみが候補者を選定し、指名するものと定められていた。教皇選挙におけるローマ貴族層の影響力を排除し、対立教皇の濫立《らんりつ》を予防することを目的とした措置であった。しかしヒルデブラントはその選出記録と書簡によれば、先代の教皇アレクサンデル二世の埋葬の日にローマの民衆の歓呼《かんこ》によって教皇へと推され、それに続いて枢機卿たちの指名を受けたのであった。ここにはもちろん次代の教皇選出においてドイツ側の介入を防ごうとする思惑《おもわく》もあったが、そこで指名の対象となるという事実は、それだけにローマの教皇宮廷においてヒルデブラントの占める重要性が広く認識されていたことを示している。

教会改革

こうして教皇となったグレゴリウス七世は、教会改革を推し進めていく。それはしばしば「グレゴリウス改革」と呼ばれ、教皇権力のあり方を大きく変えたとされている。しかしローマ教会内部で改革を求める動きは、グレゴリウス七世が登位するよりも前から生じていたことには留意しなければならない。十世紀なかばからの修道院改革運動の影響を受け、さらに皇帝ハインリヒ三世による聖界への介入によって、すくなくともレオ九世の時代には意義のある改革が始められていた。

ハインリヒ3世とグレゴリウス7世
（フライジングのオットーの『年代記』〔12世紀半ばの写本〕、イエーナ大学図書館蔵。Wikimedia Commonsより）

ここで目標とされたのは、ニコライティズム（聖職者の妻帯）とシモニア（聖職売買）の根絶であった。世俗権力との結びつきが強まり、教会や修道院が土地や財産を蓄えるようになると、初期キリスト教会の使徒的生活の理想に立ち戻るべく、独身制を厳守し、聖職に関する権能《けんのう》と世俗の権能とを明確に切り離すことを求める声が強まっていったのである。

教皇グレゴリウス七世もまた、この二つの「罪」を教会から排除しようと努めた。一〇七五年の四旬節会議ではあらためてその原則が確認されている。会議の後でマインツ大司教に宛てられた書簡では次のような内容が通達されている。

> シモニアの異端、すなわち金銭の支払いによって、聖なる叙階を受けたり、聖職に就《つ》いたりした者は、今後聖なる教会においてその務めを果たすためのいかなる場所も持たず、またその職位を完全に失う。なんとなれば、今後はなんぴとも聖職を売買してはならないからである。くわえて、不品行の罪にとどまる者もまたミサを挙げることも祭壇に奉仕することも許されない。また余の布告を軽んじる者がいれば、民はその者のミサを決して受けるべきではない。なんとなれば、神への愛とその職務の誉れによって悔い改めない者は、世に対して恥じ入り、民の叱責《しっせき》によって分《ふん》別《べつ》を取り戻すべきだからである。
>
> （Weinrich, S. 136f.）

グレゴリウス七世下のこの決議において注目されるのは、妻帯するなどしていて教会の理念にふさわしくない司祭のミサを禁じるだけでなく、一般信徒に対してもそれを拒否するように主張している点である。教会のトップである教皇が下した裁定を教会組織の末端まで貫徹しようという態度がここに見られる。

教皇が神以外のなにものにも束縛されない至高《しこう》の権力をもつとするグレゴリウス七世の思想は、おなじく一〇七五年ごろに記されたとされる『教皇訓令書《ディクタトゥス・パパエ》』において端的に示されている。「ローマ教会はただ主のみによって礎《いしずえ》を置かれた」として、教皇権力が神に由来することの主張から始まるこの全二七の命題は、過去の教令集や教皇書簡、さらに九世紀ごろに作成された『偽イシドルス教令集』などを典拠として、教皇の首位権と普遍性を謳《うた》うものであった。文書登録簿のなかに記されているだけで、実際に教令などのかたちで発布されたものではないようであるが、ペトルス・ダミアーニ(一〇〇〇/〇七―七二)の伝えるところでは、グレゴリウス七世はすでにヒルデブラント時代に、教皇権力の首位性を根拠づける教令や記録を集め編纂《へんさん》することを望んでいたようである。

「私の聖なるサタン」

このように教皇権力の首位性を主張し、教会改革を断固として推し進めようとするグレゴリウス七世の意志の強さと厳しさは、周囲の人々にとってさえも皮肉や冗談の的になった。教会改革の理論的中心人物であったペトルス・ダミアーニが、まだ教皇位に就くまえのヒルデブラントを「私の聖なるサタン」と呼んだことはよく知られている。しばしば「聖なる悪魔《あくま》」と訳されることがあるが、この呼称はけっしてヒルデブラントのことを狡猾《こうかつ》で目的のために手段を選ばない悪魔的な人物であると非難しているわけではない。ヒルデブラントに対して宛てた手紙のなかで、あくまでも「私の」「サタン」と呼びかけているのである。

ペトルスが残した数多くの書簡のなかで、そうした呼びかけは二度登場する。ひとつめは、一〇五八年の後半、新たに教皇に選出されたニコラウス二世とヒルデブラントに宛ててしたためられたものであるが、実際には送付されていないと考えられている。前年に先代の教皇ステファヌス九世によって枢機卿およびオスティア司教に任じられていたペトルスが、その職務からの解放を願い出ようとしたもので、教会史上のさまざまな事例を列挙することで、そうした辞任が教会の戒律《かいりつ》に反しないことを論じようとしている。そのなかでペトルスは、ヒルデブラントからの批判を想定して、次のように書くのである。

> しかしここで私は私の聖なるサタンに応えましょう、ルベンとガドの人々は彼らの指導者モーセに応えたのだから。（Reindel, Bd. 2, S. 167）

旧約聖書の民数記三二章から、モーセに従いながら、最終的には自分たちの土地に戻ってきたいと主張するルベンとガドの人々のエピソードを引いて、教会改革への共闘を約しながらも自らの希望をも述べているのである。

もうひとつの手紙は、一〇六四年の四旬節に書かれ、教皇アレクサンデル二世とその大助祭となっていたヒルデブラントに宛てられたものである。当時、ローマの貴族と教会改革派とのあいだでそれぞれに教皇を擁立《ようりつ》するという分裂状態が生じていたなかで、教皇使節として教皇庁とドイツ宮廷のあいだを取りもとうとしていたペトルスは、ドイツ側の有力者であるケルン大司教アンノーに書簡を送り、会議の開催を提案していた。これに対して、教皇庁の有力者となっていたヒルデブラントが抗議したため、ペトルスが弁明を行っているというものだ。

そのほかのことについては、私は私の聖なるサタンに身をかがめてお願いします。どうぞ私に対してそれほどまでに腹を立てませんよう。

(Reindel, Bd. 3, S. 186)

こうした呼びかけに際して、ペトルスの念頭にあったのは、旧約聖書のヨブ記に登場するサタンであろう。ヨブ記のサタンは、篤信《とくしん》の人ヨブの信仰を試すために、神の許可を得てヨブの家族や財産を奪い、全身に重い皮膚病を負わせるなどの過酷《かこく》な試練を課す存在である。ペトルスにとって、この世のあるべき秩序を求め、神への恭順《きょうじゅん》のために厳しい要求をなすヒルデブラントは、信仰を試す役割を担ったサタンに比されるほどのものだったのである。そこには、ともに教会改革に取り組む友人に対する親愛の情と、一方でヒルデブラントの激しさに対する困惑とが入りまじったペトルスのユーモアを読み取ることができよう。

「偽りの修道士ヒルデブラント」

友人からは「サタン」と呼ばれる一方、グレゴリウス七世はカノッサ事件に代表されるハインリヒ四世との対立のなかで敵対陣営からしばしば「偽《いつわ》りの修道士」と呼ばれている。たとえば一〇七六年ハインリヒがグレゴリウスの退位を要求する手紙は、「もはや教皇ではなく、偽りの修道士《ファルスス・モナクス》であるヒルデブラント」に宛てられている。また一〇八〇年のブリクセン教会会議でふたたびグレゴリウスの廃位を決議した際にも、イタリアとドイツの司教たちは「教皇グレゴリウス七世と称する、にせ修道士《プセウドモナクス》ヒルデブラント」という表現を用いている。

つまり彼は修道誓願を立てたにもかかわらず、戒律を守らない俗物であるという貶《おとし》め言であった。このことからひるがえって、永らく研究者のあいだでは、グレゴリウス七世が教皇位に就く以前、ヒルデブラントと名乗っていた時代に修道誓願を立てていたのだと考えられてきた。

もっともグレゴリウス自身は、みずからに修道士としてのルーツがあるとは主張していない。一〇五九年の教皇選出布告に「ヒルデブラント、修道士にして副助祭」と副署があると言われてもいるが、後代の改竄《かいざん》である可能性が高いという。修道誓願を立てた時期についても定かではなく、すくなくとも三つの異なった説が唱えられている。ひとつめは一〇四七年から四九年にかけてグレゴリウス六世に付き従ってケルンで過ごした時、二つめは一〇四九年のグレゴリウス六世の死後にクリュニー修道院へと行ったという説、三つめは一〇四六年以前にローマで過ごしていた時期に聖マリア修道院の院長であった叔父《おじ》のもとで修道士となったというものである。しかしいずれも決定的な証拠に欠けており、最近では、U＝R・ブルーメンタールのように、ヒルデブラントはラテラノの聖堂参事会員だったのであって、修道生活に入ったことは一度もないと考える研究者もいる。

しかし、実際に修道士としてのルーツがあろうとなかろうと、グレゴリウス七世が修道士としての属性のイメージを帯びていたことはたしかである。そしてそれは敵対陣営が論難《ろんなん》のために利用するほどまでに強かった。つまり「偽り」「にせ」という表現でもってその要素を否定することが有効な攻撃であると考えられるほどに、グレゴリウス七世にとって修道士のイメージが重要であるとされていたのである。

このことはヒルデブラント時代から教会の改革に邁進《まいしん》していたグレゴリウス七世自身に、あたかも修道士のごとく、初期キリスト教会の使徒的生活の理想を志す側面があったことを示している。

そもそもヒルデブラントが教皇座に就くにあたって、「グレゴリウス」の名を選んだのは、彼が先代のグレゴリウス六世の礼拝堂付き司祭を務めていたという個人的な事情からだけではない。それはなによりも「大グレゴリウス」と呼ばれたグレゴリウス一世(在位五九〇―六〇四)を想起させんがためであった。J・ハラーによれば、この教会改革の時代、「一〇四六年以降、教皇にとってどの名前を選ぶのかは、ひとつの信仰告白であった」。グレゴリウス七世とそれに続く改革教皇と呼ばれた歴代の教皇の多くは、初期教会のローマ司教たちの名前を選んだという。

そしてこのグレゴリウス一世こそがはじめて修道士から教皇となったことで知られる人物であり、「神のしもべのなかのしもべ」を自認し、イタリアへ侵攻してきたランゴバルト人にも対処するなかで、中世の教皇権の土台を築いたことで知られていた。改革を推し進めようとするヒルデブラントにとって、教皇位に就くにあたり、大グレゴリウスに連なる名前を選択したのは当然のことだったのである。

カノッサ以後――「それゆえ私は流謫の地で死ぬ」

教会の自由と使徒的生活の理想を掲げ、教皇の至高権を謳って教会改革を厳格に推し進めたグレゴリウス七世は、しかし、それによって内外で多くの反発をも生じせしめることになった。またカノッサ事件においてドイツ王ハインリヒ四世を赦免《しゃめん》したことで、ドイツの反王派諸侯の支持を失うことも懸念《けねん》しなければならなくなっていた。

一方、破門を解かれたハインリヒはドイツへと戻り、国内を掌握《しょうあく》し始めることになった。そして反王派諸侯との争いのなかで、対立国王を支持した教皇とふたたび対立を深めた。一〇八〇年三月、グレゴリウスは再度ハインリヒを破門するが、前述のような反発もあり、期待された影響力をもち得なかったようである。反対にハインリヒ四世は、同年六月、ブリクセン教会会議においてグレゴリウス七世の廃位を決定させ、対立教皇クレメンス三世(在位一〇八〇―一一〇〇)を擁立すると、イタリア北部の司教たちはドイツ側を支持するようになった。そして翌八一年五月、アルプス山脈を越えてイタリアへと入ったハインリヒは幾度もローマに迫り、一〇八四年三月二一日、ついにクレメンス三世を連れてローマ市内に入ることになった。グレゴリウス七世はなすすべもなく、三月二四日に行われた自らの廃位決定とクレメンス三世の教皇就任、そしてそれに続く三月三一日の復活祭におけるハインリヒ四世の皇帝戴冠《たいかん》を黙認せざるを得なかった。

有力な支持者を失っていたグレゴリウスは、イタリア南部を征服していたノルマン人に救援を求めたが、ロベール・ギスカールの軍隊が遅れて到着したのは五月末のことであった。ハインリヒ側は武力衝突を避けてローマを退去したが、解放者となるはずだったノルマン人はそのままローマの街を略奪したため、六月にノルマン人たちが本国に帰還する際に、グレゴリウスもまたローマを退去せざるを得なかった。

そして翌一〇八五年五月二五日、グレゴリウス七世はふたたびローマへ戻ることなく、南イタリアのサレルノで客死《かくし》する。とはいえ、彼が思い描いた教会改革の理念はそこで潰《つい》えたわけではなかった。たしかに次代の教皇ヴィクトル三世が選出されたのはグレゴリウスの死から一年も経ってからのことで、さらにこのヴィクトルが実際に教皇位を継いだのはさらに一年後の一〇八七年五月九日のことであり、同年九月十六日にはすぐに死去してしまった。しかし、その次の教皇ウルバヌス二世(在位一〇八八―九九)に至り、グレゴリウス七世の改革理念は受け継がれていくことになるのである。

ベルンリートのパウルによる『グレゴリウス七世伝』によれば、グレゴリウス七世が死の床で発した最後の言葉は次のようであった。

＝私は正義《ユスティティア》を愛し、不正《イニクイタース》を憎んできた。それゆえ私は流謫《るたく》の地で死ぬ。

(Watterich, p. 540)

ここで念頭に置かれているのは、旧約聖書の詩篇である。

神に従うことを愛し、逆らうことを憎むあなたに／神、あなたの神は油を注がれた／喜びの油を、あなたに結ばれた人々の前で

（四五章八節）

教会人として「この世のあるべき秩序」を追求したグレゴリウスにとって「正義」とは神に従うことであり、「不正」とは神に逆らうことであった。したがって、「流謫の地で死ぬ」ことは、彼にとってはその正義を貫いた結果であり、正しき信仰をもつ者がそのために現世で甘受せねばならない苦しみであった。P・E・ヒュービンガーがいうように、そこには聖都ローマを追われ、ノルマン人の庇護《ひご》下で客死することになったことに対する怒りや絶望ではなく、正しき信仰によって永遠の救済に預かることへの確信がある。

もちろん、このとおりの言葉をグレゴリウスが実際に発したかどうかは定かではない。しかし、当人の言であると信じられるほどに、周囲の人々がグレゴリウス七世の信仰の篤《あつ》さを認めていたことはたしかであろう。ペトルス・ダミアーニをはじめとして、当人を直接知る同時代人の言によれば、グレゴリウス七世は非常に背の低い人物であったという。しかし、その小さな体躯《たいく》は、自らの信じる正義を貫く大いなる意志と知恵とに満ちていたのである。

⊙参考文献

井上みどり「ハインリヒ四世　帝国のために頭を下げた神聖ローマ帝国皇帝」（堀越孝一編『悪の歴史　西洋編（下）』清水書院、二〇一八年、七六―九一頁）

鈴木宣明『ローマ教皇史』（「ちくま学芸文庫」、二〇一九年〔初刊一九八〇年〕）

関口武彦『教皇改革の研究』（南窓社、二〇一三年）

野口洋二『グレゴリウス改革の研究』（創文社、一九七八年）

藤崎衛「教会改革」（金澤周作監修『論点・西洋史学』ミネルヴァ書房、二〇二〇年、八六―八七頁）

堀越孝一編『新書ヨーロッパ史　中世篇』（「講談社現代新書」、二〇〇三年）

G・バラクロウ（藤崎衛訳）『中世教皇史』（八坂書房、二〇一二年〔原著一九六八年〕）

M・D・ノウルズほか（上智大学中世思想研究所編訳）『キリスト教史三　中世キリスト教の成立』（「平凡社ライブラリー」、一九九六年〔原著一九六九年〕）

B・シンメルペニッヒ（甚野尚志・成川岳大・小林亜沙美訳）『ローマ教皇庁の歴史』（刀水書房、二〇一七年〔原著一九九六年〕）

Blumenthal, Uta-Renate, *Gregor VII., Papst zwischen Canossa und Kirchenreform*, Darmstadt 2001.

Caspar, Erich (Hg.), *Das Register Gregors VII.*, 2 Bde. (MGH, Epp.sel., 2.1, 2.2), Berlin 1920, 1923.

Cowdrey, H. E. J., *Pope Gregory VII, 1073-1085*, Oxford, 1998.

Erdmann Carl (Hg.), *Die Briefe Heinrichs IV.* (MGH, dt. MA, 1), Leipzig 1937.

Hübinger, Paul Egon, *Die letzten Worte Papst Gregors VII.*, Opladen 1973.

Reindel, Kurt (Hg.), *Die Briefe des Petrus Damiani*, 4 Bde. (MGH, Briefe d. dt. Kaiserzeit, 4.1-

4.4), München 1983-1993.

Schieffer, Rudolf, *Papst Gregor VII.: Kirchenreform und Inverstiturstreit*, München 2010.

Watterich, Johann Matthias (ed.), *Pontificum Romanorum qui fuerunt inde ab exeunte saeclo IX usque ad finem saeculi XIII vitae*, 1, Leipzig, 1862.

Weinrich, Lorenz (Hg.), *Quellen zur deutschen Verfassungs-, Wirtschafts-und Sozialgeschichte bis 1250*, Darmstadt 1977.

「教会の自由」のために闘った殉教者

トマス・ベケット

…Thomas Becket…

苑田亜矢

一一七〇年十二月二九日、イングランドの南東にあるカンタベリ大聖堂内で、カンタベリ大司教トマス・ベケット（在位一一六二―七〇）が、イングランド国王ヘンリ二世（在位一一五四―八九）の意を体したとされる四人の騎士《きし》によって殺害された。この衝撃的な事件を、イギリス史に興味がある人なら知らない人はいないかもしれない。そうでなくとも、T・S・エリオットの詩劇『大聖堂の殺人』（一九三五年）やリチャード・バートン主演の映画『ベケット』（一九六四年）で知っている人もいるかもしれない。イギリスに住んでいる人なら、近年のテレビドラマやドキュメンタリーなどでも知っていることだろう。

事件当時は、現在のような通信手段や交通手段は未だ発達していない時代だが、トマスが殺害されたという事件は、その後間もなくして西ヨーロッパの人々の知るところとなったといわれる。西ヨーロッパのキリスト教世界に衝撃をもたらしたこの事件は、どのような経緯《けいい》で生じたのだろうか。殺害されたトマスは、どのような人物だったのだろうか。トマスの経歴、国王ヘンリ二世との関係、当時の社会状況等を検討しながら、この問題に答えてみたい。

商人の息子から大助祭へ、そして大助祭から王国のチャンセラーへ

トマスは、一一二〇年頃にロンドンの商人であるギルバート・ベケットとその妻マティルダの息子として誕生した。貴族ではないが、教育を受ける余裕がある家柄で、トマスは、幼少期に、マートンにある聖オーガスティン派修道院で、次いでロンドンの文法学校で学んだとされる。

その後トマスは、父親の紹介を通じてカンタベリ大司教シオバルド（在位一一三九―六一）の家中の一員となる。シオバルドの家中には、将来、シャルトル司教となり、政治思想家としても知られることとなるジョン・オヴ・ソールズベリや、ヨーク大司教となるロジャー・オヴ・ポンレベックなど、錚々《そうそう》たる顔ぶれがいた。また、この頃トマスは、パリで神学を学び、ボローニャやオーセルで法を学ぶべく派遣されたとされているが、詳細は不明である。

前述のロジャー・オヴ・ポンレベックが大助祭からヨーク大司教（在位一一五四―八一）に昇任すると、トマスは、一一五四年十月、カンタベリの大助祭に指名される。そして、大助祭職兼務のまま、シオバルドの推薦により、同年十二月に王位に就いた国王ヘンリ二世によって、おそらく同年十二月のクリスマス、または翌一一五五年一月に、イングランド王国のチャンセラーに任ぜられる。当時のチャンセラー職は、王の令状や特許状等を発給する王国の尚書部であるチャンセリーの長であり、王国の統治を担う要職の一つだった。このチャンセラー職を、現在のイギリスにおいて、閣僚ポストの一つとして知っている人も多いかもしれない。いずれにせよ、トマスは、大助祭職とチャンセ

ラー職を兼ねることとなった。

王国のチャンセラーからカンタベリ大司教へ

トマスは、イングランド王国のチャンセラーとして王国の統治に力を発揮し、国王の信頼を得ることとなる。同時代人は、この頃のトマスを「王の分身」と表現している。宮廷生活や狩り等において、国王とトマスは親密な友でもあったようであり、十三歳程年上のトマスを、ヘンリ二世は兄のようにも思っていたのかもしれない。そのトマスを国王は、一一六二年五月、カンタベリ大司教に指名する。国王は、イングランド王国の統治の要であるチャンセラー職と、イングランドの教会の頂点にあると考えるカンタベリ大司教職とを、トマスに兼ねさせようとしたのである。

ここで、当時の西ヨーロッパにおける政治と宗教に関わる話をしておきたい。十二世紀の西ヨーロッパでは、十一世紀後半から展開する教会改革の結果として、ローマ教皇を西方キリスト教世界の頂点とする政治体としての教会が、形成されつつあった。その教会は、独自の法として教会法を整備し、「教会の自由」や聖職者身分の自律性を確保しようとする。他方、その西ヨーロッパには、例えば、神聖ローマ皇帝が統治する領域があり、フランス国王が統治する領域があり、そしてイングランド国王が統治する領域があった。皇帝や王等の世俗君主は、それぞれの領域に国を形成しようとしていたのである。西ヨーロッパで暮らす住民にとって、十二世紀とは、自らが従わねばならない二つの政治体が、換言するなら二つの頂点が出現してきた時代だったといえるだろう。そのような時代にあって、ヘンリ二世は、イングランド国王を頂点とする国の要職であるチャンセラー職にあるトマスに、西方キリスト教世界の中のイングランドの教会の頂点に位置するカンタベリ大司教職を兼ねさせることにより、イングランドの教会への支配を強化しようとしたものと思われる。

トマスは、大司教となることには不本意で、ヘンリ二世を思いとどまらせようとしたようである。教会への勤務と国王への勤務とが両立し得ないことを、トマスが認識したからかもしれない。トマスは、一一六二年六月三日にカンタベリ大司教として聖別されると、敬虔《けいけん》で禁欲的な生活を送るようになったという。一一六二年八月、ついに彼は、チャンセラーを辞する。教会のためだけに生きる態度を示されたヘンリ二世の怒りはいか程だったことだろう。ここからヘンリ二世とトマスとの対立が始まる。両者の信頼関係は失われたに違いない。

トマスとヘンリ二世との対立

トマスとヘンリ二世との対立が激化するのは、一一六三年十月に開催されたウェストミンスタ国王評議会においてである。この評議会においてヘンリ二世は、教会裁判所で有罪とされた聖職者は国王裁判所での処罰のために引き渡されるべきだという考えを示すとともに、「王国の慣習」を承認するよう迫った。この要求に対して、トマスをはじめとするイングランドの大司教や司教たちは、「〔聖職者身分としての〕我々の身分は留保して」という条件付きでなければ承認できないと答えている。しかし、ヘンリ二世は、一一六四年一月末に開催されたクラレンドン国王評議会において、今度は「王国の慣習」を「祖父（ヘンリ一世）の慣習」として文書化し、その承認を迫った。ここで両者の対立は決定的となる。なぜなら、この文書化により成立したクラレンドン法の全十六条では、上述の有罪とされた聖職者の扱いが明示され、国王の同意なくイングランドからローマ教皇へ上訴することが禁じられ、教会保護権や聖職者推挙権に関する紛争は国王裁判所で審理されるべきことなどが定められており、教会にとっては容認できない内容が含まれていたからである。また、このクラレンドン法は、その冒頭で「祖父（ヘンリ一世）の慣習」であると宣明《せんめい》しておきながら、祖父ヘンリ一世治世の慣習とはいえない内容も含んでいた。トマスが後にロンドン司教ギルバート及びカンタベリ大司教管区の全司教宛に送った「フラトレス・メイ」書簡（一一六六年）には、クラレンドン法のことが「慣習」ではなく「不正」だと表現されている。トマスは、一度は条件付きでクラレンドン法を認めたようだが、程なくそれを後悔し、その態度が国王の憤りを招いた。そのため、ヘンリ二世は、同年十月開催のノーサンプトン国王評議会に、トマスを召喚《しょうかん》する。それは、大司教の裁判所での審理を求めていた大司教の封臣《ほうしん》から、トマスが裁判を拒否したという国王への訴えがあったからである。ヘンリ二世は、この件以外にも、チャンセラー在職中の会計報告をトマスに求めるなど、さまざまな手段を用いてトマスを攻撃する。トマスは身の危険を感じ、変装してノーサンプトンを脱出する。そして海峡を渡り、大陸に亡命する。以後の彼の亡命生活は、六年にもわたる。

亡命者

大陸に渡ったトマスは、ポンティニのシトー派修道院に逗留《とうりゅう》することになる。そこに到る前、彼はサンスにいたローマ教皇アレクサンデル三世（在位一一五九―八一）を訪れ、クラレンドン法を提示する。クラレンドン法には容認できない内容が含まれており、アレクサンデル三世はトマスを擁護《ようご》する立場をとる。しかし、アレクサンデル三世の態度は明確で毅然《きぜん》としたものではなかったようである。なぜなら、当時のアレクサンデル三世は、自らを教皇として認めずに対立教皇ヴィクトル四世（在位一一五九―六四）及び対立教皇パスカリス三世（在位一一六四―六八年）を立てた神聖ローマ皇帝の影響下にあるイタリアのローマから逃れ、フランスに避難している身だったからである。一一五九年の教皇選挙以後、世俗君主がアレクサンデル三世と、ヴィクトル四世またはパスカリス三世との、いずれを支持するかにより、西方キリスト教世界は教会分裂（シスマ）の状態にあり、アレクサンデル三世は、一一六〇年夏にはイングランド王やフランス王からは正当な教皇として承認されていたものの、イングランド王の意を損ねることは避けたいという微妙な立場にあったのである。

このようななか、ヘンリ二世は、神聖ローマ皇帝フリードリヒ一世（在位一一五五―九〇）が一一六五年五月にヴュルツブルクにおいて開催した帝国会議に使節を派遣して、対立教皇パスカリス三世を支持する態度を表明した。また、ヘンリ二世は、それより前に、トマス配下の聖職者、支持者、そしてトマスの親族を追放したり、トマスとその聖職者から所領と収入を奪ったりもしていた。

これらの動きを受け、一一六六年六月十二日にトマスは、帝国会議に派遣された使節や大司教の所領を奪った者たち、そしてクラレンドン法を起草した者たちなどを破門すると宣告している。また同じ頃、トマスはヘンリ二世を脅迫する書簡を送っている。その国王宛書簡でトマスは、ヘンリ二世に、教会分裂を支持しないよう、カンタベリ教会の財産を奪おうとせずに返還するようなどと迫っており、それらをなさねば神の復讐《ふくしゅう》を受けることになると脅しているのである。これらに対し、ヘンリ二世は、ロンドン司教ギルバート・フォリオット(在位一一六三—八七)をはじめとするイングランドの司教たちを促してローマ教皇に上訴させる。ロンドン司教ギルバートとは、この時期には、トマスと対抗関係にあったイングランドの大司教や司教たちの代表的人物として国王側に立って行動した人物である。ローマ教皇へ上訴した後、ロンドン司教ギルバートが「カンタベリ大司教管区の全司教と全聖職者」の名の下に書いたトマス宛書簡では、この上訴をトマスに知らせるとともに、トマスによる破門等に異議を唱え、国王に対する脅しについても非難している。

トマスとヘンリ二世を和解させようという試みは何度もあったが、結実せず、むしろ対立は激化した。トマスは、一一六九年四月にカンタベリ大司教への不服従等の廉《かど》でロンドン司教ギルバート等に破門を宣告し、同年五月には大司教の所領を侵奪した者たちを破門すると脅している。他方、ヘンリ二世は、先のクラレンドン法を補う法を一一六九年秋に発し、ローマ教皇やカンタベリ大司教への上訴を禁ずるとともに両者との接触を禁じ、教皇や大司教を支持する者たちから財産を没収することなどを明示する。さらに一一七〇年六月には、ヘンリ二世が息子のヘンリを自らの共同統治者とすべく、ヨーク大司教に戴冠《たいかん》させる。ヨーク大司教が国王の戴冠式を執《と》り行うことは、カンタベリ大司教の伝統的権利を侵害する行為であった。

このように、トマスの亡命期間中も、トマスとヘンリ二世との対立が収束する気配はない。しかしついに両者の間に和解が成立する。これには、教皇特使によってヘンリ二世に発せられていた聖務停止の効果があったのかもしれない。ヘンリ二世は、一一七〇年七月二二日にフレトヴァルでトマスに会い、両者の間で、トマスのカンタベリへの帰還とカンタベリ教会の全財産の回復とが同意された。

殉教者、そして聖人へ

トマスは、海峡を渡って一一七〇年十二月一日にイングランドに上陸し、カンタベリに帰還した。しかしトマスは、イングランドへ帰還した後もヘンリ二世との対決姿勢を和らげなかった。

トマス・ベケットの殉教

上段は、騎士が到着したとの報を受けるトマス(左)とドアの前に立つ騎士、下段は、トマスの殉教(左)とトマスの墓前で改悛する騎士。(ジョン・オヴ・ソールズベリ『トマス伝』の写本〔大英図書館蔵、Cotton MS Claudius B II、f.341〕より)

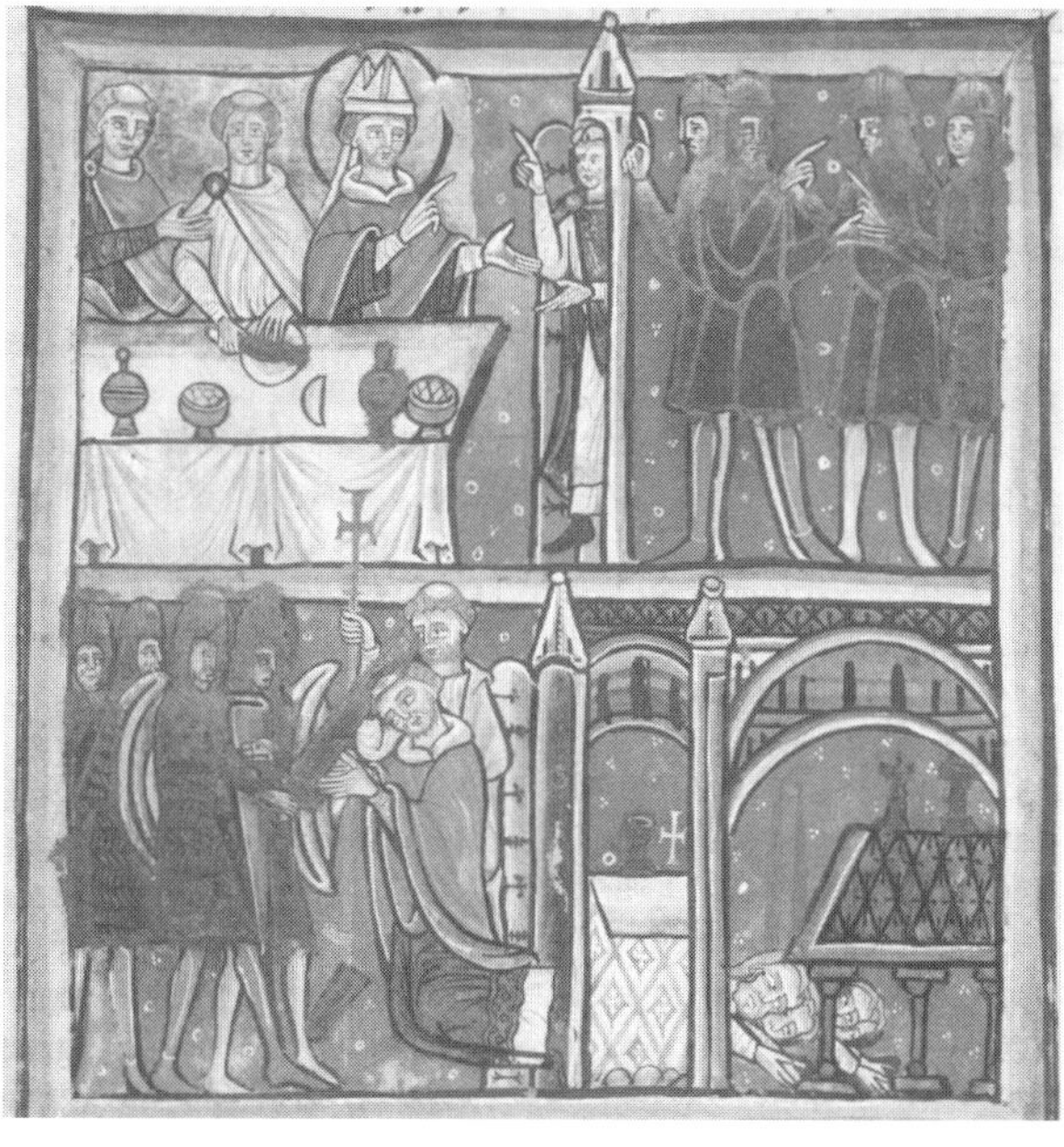

彼は、一一七〇年の戴冠式に関与したヨーク大司教ロジャーとロンドン司教ギルバートに対して教皇が宣告していた破門を解除することを拒否したり、大司教の所領の侵奪者たちを破門したりしたのである。

この報は、当時ノルマンディーにいたヘンリ二世を激怒させたという。そして、ヘンリが発した攻撃的な言葉を文字通りに受け取ったとされる四人の騎士が、十二月二九日に、カンタベリの大聖堂内で大司教トマスを殺害した。トマスがイングランドに帰還してから、一ヶ月も経たない日のことだった。

トマスの死後、数々の奇跡が目撃されたという。死後十年間で、七〇〇以上の奇跡が起こったともいわれている。そして異例の早さで、一一七三年、トマスは教皇アレクサンデル三世によって列聖され、聖人となった。他方、ヘンリ二世は、一一七二年にアヴランシュで教皇特使と会合し、教皇との和解に達した。この際、国王は、大司教トマスの死とは無関係であることを宣誓している。また、一一七四年七月十二日、彼はカンタベリを訪れ、トマスの墓前で改悛《かいしゅん》した。

カンタベリは急速に有名な巡礼地の一つとなり、多くの巡礼がカンタベリを訪れた。十四世紀にチョーサーが著した『カンタベリ物語』は、カンタベリに向かうさまざまな巡礼が語った物語で構成されている。その後、宗教改革においてイングランドの教会はローマ教会と決別し、イングランドの教会の首長となった国王ヘンリ八世（在位一五〇九―四七）によって、一五三八年九月、トマスの墓は破壊され、骨は焼かれた。しかし、聖トマスは今日までずっと崇拝の対象となっている。彼の名にちなんだ聖ベケット教会や聖ベケット礼拝堂は、イギリスだけをみても、かなりの数に及ぶ。二〇二〇年には、彼の殉教《じゅんきょう》から八五〇年を記念する企画が、カンタベリ大聖堂で行われる予定である。

トマスが殉教し、その後すぐに聖人とされたことで、トマスについては、数多くの伝記や聖人伝が著された。しかし、殉教者で後には聖人となったトマスの生前の事実を、その死後に書かれた伝記や聖人伝等の史料のみから描くことは難しい。近年、トマスが差出人または受取人となっている書簡を集めた書簡集が出版されたことで、トマスに関連する書簡が、ラテン語と対照できる形で英語でも読めるようになった。この状況により、トマスの行動や考え、トマスと国王、大司教及び司教との関係、そして教会と王権との関係等を十二世紀のヨーロッパ全体に位置づけて考察しようとする研究が深まっている。トマスに対する評価は、これまで、彼を英雄とするものから厄介者《やっかいもの》とするものまでさまざまであるが、彼が「教会の自由」のために闘った殉教者であったことに、異論はないだろう。

⦿参考文献

Frank Barlow, *Thomas Becket*, London, 1986.
Anne Duggan, *Thomas Becket*, London, 2004.
Anne Duggan, *The Correspondence of Thomas Becket : Archbishop of Canterbury 1162-1170*, 2 vols., Oxford, 2000.

Christpher Harper-Bill, *Saint Thomas Becket*, Italy, 1990.
エドマンド・キング（吉武憲司監訳）『中世のイギリス』（慶應義塾大学出版会、二〇〇六年）
佐藤伊久男「カンタベリー大司教トマス＝ベケットの闘い――十二世紀の国制と教会の一側面――」（『西洋史研究』新輯第十三号、一九八四年。佐藤伊久男『中世イングランドにおける諸社会の構造と展開』所収、創文社、二〇一二年）
佐藤伊久男「中世中期イングランドの『教会』と王権――転換期としての十二世紀――」（佐藤伊久男・松本宣郎編『歴史における宗教と国家――ローマ世界からヨーロッパ世界へ――』所収、南窓社、一九九〇年。佐藤伊久男『中世イングランドにおける諸社会の構造と展開』所収、創文社、二〇一二年）
苑田亜矢「一二世紀イングランドにおける教皇庁への上訴をめぐって――一一六四年のクラレンドン法第八条および一一七二年のアヴランシュの和約の再検討――」（『法制史研究』五〇号、二〇〇一年）
苑田亜矢「ベケット論争と二重処罰禁止原則」（『法制史研究』六一号、二〇一二年）
苑田亜矢「一二世紀後半イングランドにおける両剣論」（『熊本法学』一二七号、二〇一三年）

王国分裂の危機と闘ったイェルサレム国王

ボードゥアン四世癩王

…Baudouin IV…

櫻井康人

内部対立という「遺産」と発病

一一六一年の夏の初め頃、将来のイェルサレム国王ボードゥアン四世（在位一一七四—八五）となる子供が誕生した。彼の名は叔父にして時の国王ボードゥアン三世（在位一一四三—六二）から受け継いだものであるが、そのことがすでに戦いの始まりであった。

一〇九九年七月一四日、第一回十字軍の軍勢がイェルサレムを征服し、統治者には下ロレーヌ公ゴドフロワ・ド・ブイヨンが選出された。イエスが荊《いばら》の冠を被った地で金の冠（王冠）を頭に抱くことを拒絶した彼は、自らを「聖墳墓《せいふんぼ》の守護者」と称した。嗣子《しし》をもたなかったゴドフロワが翌一一〇〇年七月に没すると、弟であるエデッサ伯ボードゥアン・ド・ブーローニュが後を継いだ。兄とは異なり、一一〇〇年のクリスマス、ベツレヘムの聖誕教会においてボードゥアン一世（在位一一〇〇—一一八）は国王としての戴冠式《たいかんしき》を執《と》り行った。ここに、名実ともにイェルサレム王国（一〇九九～一二九一年）が誕生した。その彼もまた、エジプト遠征の最中の一一一八年、後継者を残すことなく没した。

ボードゥアン一世の後を継いでエデッサ伯となっていた親族のボードゥアン・ド・ブルクが、イェルサレム国王ボードゥアン二世(在位一一一八―三一)として即位した。彼は、アルメニア人貴族(マラティヤ侯ガヴリル)の娘モルフィアとの間に四人の娘を儲けており、一一三一年に死去すると、王位は長女のメリザンド(一一三一―五三)およびその婿《むこ》として迎えられたアンジュー伯フルク五世(イェルサレム国王フルク一世、在位一一三一―四三)へと移った。そして、一一四三年十一月にフルクが事故死すると、王位はメリザンドとの間に生まれた長男ボードゥアンへと移り、彼は同年のクリスマスの日にボードゥアン三世として即位した。ただし、当時彼はまだ十二歳であったため、実権は母親メリザンドがバイイ(摂政《せっしょう》)として握った。イェルサレム王国では十四歳で成人とみなされる。従って一一四六年九月には、もはやボードゥアン三世

十字軍国家とその周辺　(12世紀半ば頃)

に摂政は必要なかった。それでもメリザンドは実権を握り続け、それはやがて母子の間の軋轢《あつれき》を生み、さらには王国を二分する内紛へと発展した。イェルサレムを拠点としたメリザンドには、教会人たちや次男アモーリー(一一三六―七四)が支持を与えた。一方、アッコンを拠点としたボードゥアン三世側には、多くの俗人貴族たちが付いた。最終的には、ボードゥアン三世がイェルサレム入場を果たすことで勝利するものの、この時に顕在化した対立の構図は、その後も潜在的に存続した。

幼少期のボードゥアン四世の家庭教師を務めた年代記作者、ティール大司教ギヨーム(一一三〇頃―八六)は、体の弱かったボードゥアン四世は、イェルサレムではなく、より気候の良いアッコンで多くを過ごしたと記している。しかし、上記の状況を踏まえると、かつて謀反《むほん》を起こしたアモーリー(一一五三年以降はヤッファ＝アスカロン伯となっていた)を牽制《けんせい》するための、さらには彼を王位継承から遠ざけるための手段として、ボードゥアン四世は叔父の下で人質のような生活を送っていたと考えられる。

一一六三年二月一〇日、ボードゥアン三世が、三三歳という想定外の若さで死去した。赤痢《せきり》に苦しんだ彼に、トリポリ伯レーモン三世(在位一一五二―八七)の主治医バラクが処方した毒薬を飲んだためであった。暗殺の疑いもあるボードゥアン三世の後を継いだのは、養子のボードゥアン四世ではなく、弟のアモーリーであった。アモーリー治下では、後にキプロス兼イェルサレム国王となるエメリー・ド・リュジニャン(一一五〇―九四)をはじめとする、幾人かの「新参者」が重用されるようになった。このことは、ボードゥアン三世とメリザンドとの対立時に、多くの世俗諸侯が前者を支持したのに対して、アモーリーが後者を支持したことと無縁ではない。必ずしも明確な形をとったわけではないが、アモーリー統治期には、国王の側近的役割を果たす者たち、すなわち「国王サークル」の構成員になった者たちと、そうではなかった者たちとの間の溝が深まった。

アモーリーの手元にボードゥアン四世が戻った時、反アモーリー勢力の横槍《よこやり》があったのであろう、ボードゥアン四世の母アニュエス・ド・クールトネーと父アモーリーとの婚姻が近親婚に抵触《ていしょく》する、という問題がクローズ・アップされることとなった（彼らは曾々祖父としてモンレリー領主ギー一世を共有した）。近親婚と断定されると、ボードゥアン四世は庶子《しょし》となり、その王位継承権は失われてしまうこととなる。アモーリーはアニュエスと離婚するが、ボードゥアンの継承権の無効化を防ぐために教皇庁に掛け合い、その主張は認められた。

近親婚問題を片付けたアモーリーは、勢力基盤を安定させるべく五度にわたるエジプト遠征を敢《かん》行《こう》した。しかし、このことがシリアを支配下に収めるザンギー朝のヌールッディーン・マフムード（一一一八―七四）によるエジプトへの介入を導くこととなり、最終的には一一七一年、彼の派遣したシールクーフの甥サラーフッディーン（一一三七頃―九三）が、ファーティマ朝に代わってアイユーブ朝（一一六九～一二五〇年）を樹立することとなった。まさにこの頃、ボードゥアン四世に病の兆候が現れ始めた。

〓ある日、彼が貴族の子供たちとあそんでいる時のこと、いたずらっ子たちがするように、彼らはお互いの腕を爪で抓《つね》り始めた。他の少年たちは泣き叫んでその痛みを露《あら》わにするのに対し、ボードゥアンはあたかも何も感じないかのように痛みにじっと耐えていた。最初私は、それは感覚の欠如ではなく痛みに耐える彼の能力であると思った。しかし、彼を呼び問うてみると、彼の右腕が部分的に麻痺《まひ》しており、従って抓っても噛《か》んでもまったく痛みを感じないということが分かった。私は、賢者の「感覚のない者は大いに健康を害しているが、危機的な状態になるまで気づかない」という言葉を思い出し、不安に駆られた。

と、ギヨームは記している。それでもボードゥアン四世は、主治医の一人であるアラブ人アブー・スライマーン・ダウードの弟アブル・ハイルから、膝《ひざ》だけで馬を操る方法などを教わり、騎士《きし》としての鍛錬《たんれん》に励んだ。

抓り合う遊びで痛みを感じない幼少のボードゥアンを不思議に思うギヨーム・ド・ティール
（『ギヨーム・ド・ティール年代記』〔大英図書館蔵 MS Henry Yates Thompson 12 f.152v.〕より）

王位継承と初陣

一一七四年七月十一日、アモーリーが赤痢により死去した。ボードゥアンの発病に際して、姉シビーユの結婚相手が模索されたが上手くいかず、アモーリーの後はボードゥアンが継ぐこととなった。ただし、即位時は彼の病気がハンセン病であるかどうかは、まだ判然としなかった。当時の彼の状況を、ギヨームは次のように記している。

彼（ボードゥアン）は学問の分野でも大きな進歩を見せ、時とともに希望に満ち溢《あふ》れるように成長し、その資質をさらに大きなものにしていった。彼は、その年にしては見た目にも素晴らしく、馬の操作方法や早駆けにおいては年長者よりも長《た》けていた。記憶力も素晴らしく、人の話を聞くことを愛した。つましくもあり、他者からしてもらった良いことや悪いことを、常に心に留めていた。その容姿は、父親（アモーリー）と非常によく似ていた。歩き方やしゃべり方も同じであった。頭の回転は速かったが、吃音《きつおん》があった。父親と同様に歴史の話を聞くことに情熱を燃やし、他者から与えられた良き助言には細心の注意を払っていた。

成年に達していなかったボードゥアンを補佐したのは、セネシャル（政務官）のミロン・ド・プランシーであった。彼は、アモーリーが重用した「新参者」の一人であった。ボードゥアンが即位するや否や、サラーフッディーンはアモーリーとの間に結んでいた休戦協定を破棄し、エジプトにあったフランク人の駐屯地《ちゅうとんち》を襲撃した。ミロンがそれへの対処に失敗すると、トリポリ伯レーモン三世がイェルサレム国王のバイイ権を要求してきた。一一七四年一〇月、ミロンは暗殺され、レーモンがバイイとなった。そして翌年五月、レーモンとサラーフッディーンとの間で休戦協定が締結された。

アモーリーが死去する二ヶ月前のヌールッディーンの死は、シリア方面に混乱をもたらしていた。一〇月にダマスクスへの進軍を開始したサラーフッディーンは、一二月にホムスを制圧した。レーモンとの休戦協定締結は、サラーフッディーンにシリア方面の支配を固める余裕を与えた。しかし、一一七六年七月、ボードゥアンが成年に達すると、レーモンのバイイ権は消滅した。そして、サラーフッディーンとの戦いを主張する、エデッサ伯ジョスラン三世・ド・クールトネー（称号のみ、在位一一五九—九〇頃）がセネシャルに任命された。彼は、実母アニュエスの弟であった。ダマスクスに向けて進軍したイェルサレム王国軍を迎撃すべく、サラーフッディーンの甥シャムスッディーン・トゥーランシャーの軍勢がダマスクスを出発した。八月一日、ベッカー高原の戦いで、イェルサレム王国軍が勝利した。ボードゥアン四世は初陣を飾ったことになるが、その功績はコネタブル（軍務長官）のオンフロワ二世・ド・トロン（一一一七頃—七九）によるところ大であった。というのも、当時ボードゥアンは、完全に露わとなったハンセン病の症状に苦しめられていたからである。

シビーユの結婚相手を巡る闘争

「彼が危険なぐらいにハンセン病に苦しんでいるように見受けられた。日々それは深刻化し、特に手足と顔面に症状が出たので、臣下たちは彼を見る度に苦悩した」と、ギヨームは記す。それでも彼は国王であり続けた。サラーフッディーンの業績を記したイマードゥッディーンは、「フランク人たちは、彼を職務に留めておくことには関心があったが、どのようなものであれその病状に配慮することはなかった」と驚嘆《きょうたん》している。しかし、忘れてはならないのが、キリスト教世界において、概してハンセン病患者は隔離されたが、イエスによって蘇生《そせい》された聖ラザロの姿も投影されていた、ということである。この点において、ボードゥアン四世には常人以上の霊性《れいせい》が与えられていたのである。

ただし、病状の悪化という現実問題は、姉シビーユの結婚相手、すなわち将来のイェルサレム国王候補者の必要性をさらに強めた。そして一一七六年、シビーユはモンフェッラート辺境伯グィレルモ五世の長男である「長剣の」グィレルモと結婚した。グィレルモは、フランス国王ルイ七世のみならず、神聖ローマ皇帝フリードリヒ一世とも従兄弟の関係にあり、イェルサレム王国にとってはこれ以上にない人物であった。またこの結婚には、すぐさま後継ぎとなるべき子供が授けられた。すべてが最善に進んでいるようであった。しかし翌一一七七年四月、グィレルモはマラリアで没した。

同じ頃、元アンティオキア侯ルノー・ド・シャティヨン(一一二三頃—八七)がボードゥアン四世の使節としてビザンツ帝国の首府コンスタンティノープルを訪れていた。第二回十字軍の際に東方にやって来たルノーは、アンティオキア女侯コンスタンスと結婚した。一一六〇年のコンスタンスの死によりルノーは侯位を失い、翌一一六一年から十五年間は、イスラーム勢力の捕虜《ほりょ》としての生活を余儀なくされていた。保釈後すぐにビザンツ帝国への使節として抜擢《ばってき》された彼は、エジプト侵攻のための同盟の締結という成果を上げた。それに対する報償として、ルノーにはエティエンヌ・ド・ミイイと彼女が所有する広大な諸侯領モンレアル(トランスヨルダン)が与えられ、かつグィレルモの後任としてボードゥアン四世のバイイに任命された。

グィレルモの死から二ヶ月後、フランドル伯フィリップ一世が十字軍士としてやって来た。ボードゥアンはシビーユとの結婚を彼に懇願《こんがん》したが、彼は断った。その背後には、彼の抱く反ルノー・反ビザンツという感情があった。このような状況が、エジプト侵攻計画の妨げとなった。それに変わってフィリップが侵攻したのが、ハマであった。さらに、アンティオキア侯ボエモンド三世の要請により、ハマ攻略の最中に目的地がさらに北方のハレムに変更された。いずれにせよ、ルノーがさらに功績を重ねるのを防ぐための方策であった。フィリップ軍の北上を良い機会と捉えたサラーフッディーンもエジプトから北上し、一一七七年一一月にはアスカロンへと到着した。ボードゥアンも、サラーフッディーン軍を迎え撃つべく南に向かった。コネタブルのオンフロワが病に伏していたため、王国軍の統率者にはルノーが任命された。その結果、一一月二五日、イブラン近くのジザールの丘(テル・ジャザル)において、ボードゥアン軍は約三倍の数を有するサラーフッディーン軍を破った。サラーフッディーンは辛うじて逃れることができたが、その軍勢の被害は甚大であった。この勝利の報告はヨーロッパ世界にももたらされ、ボードゥアンの名声と霊性を大きく高めることとなった。一方、一二月にハレム攻略に失敗したフィリップ一世は帰郷した。

一一七八年七月、グィレルモの喪が明けて以降、ボードゥアンはシビーユを常にともなうようになり、国王としての職務を学ばせた。併せて、彼女の再婚相手を模索し、白羽の矢が立ったのが、ブルゴーニュ公ユーグ三世であった。フランス国王ルイ七世と衝突した彼であったが、ボードゥアンは次のような書簡をルイに送ることで、理解を求めた。「手足の自由を奪われ、統治活動に支障が生じております。もしナアマーンの病が癒《いや》されるならば、ヨルダン川の水で七度身を清めましょう。しかし目下の所、私の病を癒してくれるエリシャは現れておりません」と。ユーグ三世は、ボードゥアンの打診を受諾し、一一八〇年に東方に向かうことを約束した。

その間の一一七九年の春、ジザールでの勝利で勢いを得たボードゥアンは、ボードゥアン三世の時代に失われたバニヤースを奪還すべく進軍した。迎撃に出たのは小規模な軍勢であったが、その襲撃に驚いたボードゥアンの馬が彼を振り落とすと、形勢は一気に襲撃軍に傾いた。ボードゥアンを救おうとしたオンフロワは、その時に受けた傷が元で間もなく亡くなった。「その名は、戦闘における勇敢さと勇気にとっての決まり文句であった。彼は、ムスリムに対して神が解きはなった苦難の種であった」とイスラームの年代記作者イブン・アッラスィールが評するオンフロワの死は、ボードゥアンにとってこの上ない損失であった。このような情勢を見て、サラーフッディーンも六月にシドンに軍勢を派遣した。迎撃に出たボードゥアン軍は、マユジュ・アユーンでサラーフッディーン軍と衝突した。ボードゥアン軍は事を優位に進めていたが、またもや彼の落馬が原因となり、敗走を余儀なくされた。テンプル騎士修道会総長ウード・ド・サンタマン(在位一一七一―七九)をはじめとする多くの者が、囚《とら》われの身となった。八月二九日、ティベリア方面の拠点であるル・シャステレ城塞《じょうさい》も、サラーフッディーンの手中に落ちた。さらに一〇月には、エジプトからの艦隊がアッコン沖に現れ、ボードゥアンを威嚇《いかく》した。オンフロワの死後、コネタブルは空位のままであったが、それに準ずるマレシャル（厩舎長官《きゅうしゃ》）にルノー・ド・シャティヨンを任命することで、ボードゥアンは難局を乗り切ろうとした。

ギー・ド・リュジニャンとの対立

一一八〇年になってもユーグ三世は来なかった。フランスとイングランドとの関係悪化のあおりを受けたためであった。エメリー・ド・リュジニャンの進言に従う形で、シビーユはエメリーの弟ギーと結婚することとなった。レーモン三世とルノー・ド・シャティヨンとの対立を中心とした内紛状態を収めるためにも、第三者的な人物が必要であったためでもある。

一一六八年、ポワトゥー伯領内の領主家系にあったリュジニャン兄弟は、ポワトゥー伯リチャード（後のイングランド国王リチャード一世獅子心王）に対する反乱を起こし、その中で彼の家臣のソールズベリー伯パトリックを殺害した。逃亡を余儀なくされた彼らが向かったのが、第二回十字軍に参加した父ユーグ八世・ド・リュジニャンが所領を持つトリポリであった。その後、ヌールッディーンの捕虜となったエメリーの保釈金をイェルサレム国王アモーリーが負担したことが契機となり、エメリーはアモーリーの側近となった。そして、エメリーとアモーリーとの関係は、ボードゥアン四世にも受け継がれた。

一一八〇年の春、サラーフッディーンと二年間の休戦協定を締結したボードゥアンは、ヤッファ＝アスカロン伯となったギーの権力基盤を固めるために、ルノー・ド・シャティヨンをバイイから解任した。ただし、ルノーへの配慮も忘れなかった。アモーリーと、二度目の妻であるマリア・コムネナの間に生まれたイザベルを、ルノーの継子であるオンフロワ四世・ド・トロンと結婚させることが約束された（結婚自体は、イザベルが成人した一一八三年）。また、折しも空位であった、イェルサレム総大司教の座に、自身の家庭教師を務めたこともあるティール大司教ギヨームではなく、エメリーと密接な関係を築いていたカエサレア大司教エラクリウスを据えた。ギヨームが、イェルサレム国王位を狙っているとの噂もあったレーモン三世と親密な関係にあったからであった。一一八一年三月以降、ギーは国政に大きく関与するようになり、兄エメリーはコネタブルとなり、レーモン三世派はますます遠ざけられた。このような内部分裂の報はヨーロッパにも届き、教皇アレクサンデル三世は、フランス国王かイングランド国王にイェルサレムの統治を委ねようとしたほどであった。

一一八二年春、休戦協定の期間が終わった。折しも、ビザンツ帝国でクーデターが起こり、反ラテン人感情を強くもつアンドロニコス二世コムネノスが実権を握った。ビザンツ帝国とイェルサレム王国との連携が生じないことを見て取ったサラーフッディーンは、七月、イェルサレム王国領内の町ベイサン（ベト・シェアン）の包囲を開始した。そして、出陣してきたボードゥアン四世軍と、ル・フォルベレの戦いと呼ばれる灼熱《しゃくねつ》のなかでの戦いが始まった。圧倒的大多数であるサラーフッディーン軍の敗北に終わった七月十五日は、ボードゥアンの即位八周年記念日でもあった。翌月、サラーフッディーンは海上からはベイルートを、陸上からはアスカロンを攻め、イェルサレム王国軍の分断を図った。ボードゥアンはこの誘いに乗ることなく、ベイルートの防衛に全力を注いだ。計画通りに事が進まなかったサラーフッディーンは全軍をシリア方面に向かわせたが、ボードゥアンは、いち早くモースルと提携するなどしてシリア方面を収めることに成功していた。また、ルノー・ド・シャティヨンは、シナイ半島への侵攻を繰り返し行い、サラーフッディーンを悩ませていた。

一一八三年二月、より大規模な軍事遠征に備えて、イェルサレム王国では全住民に対して財産の一〇〇分の一を税として差し出す決定がなされた。そして、ギーがバイイに任命された。事を急ぐ必要があったのは、ボードゥアンの病状が悪化したためであった。「即位当初から彼を苦しめていたハンセン病が、非常に悪化した。視力を失い、手足は完全に麻痺《まひ》し、動かすこともできなくなった。退位し、王領からの収益で隠居生活するように彼に提案する者もいたが、彼は国王としての職務も王国の統治も放棄するのを拒んだ。というのも、確かにその肉体は弱まっていたが、その精神力は強かったからであった。彼は、病気の痛みを表に出さず、国王という重荷を肩に背負うために超人的な努力をなした」と、ギヨームは記している。一方でギーについては、「彼は、自身にのしかかる重荷に見合うだけの力強さも知恵もなかった」と記している。

六月一二日、ギーとサラーフッディーンとの間のアレッポ争奪戦は、後者に軍配が上がった。九月三〇日のラ・フェーヴ(メルハヴィア)の戦い、そのすぐ後にはトゥバニエ泉の戦いで、ギー軍はサラーフッディーンの軍勢を退けることに成功した。しかし、ギーはこれらの勝利を活かすことができなかった。というのも、多くの諸侯たちがさらなる従軍を拒否したからであった。十月二二日、サラーフッディーンは標的を変え、ルノーの拠点であるケラク（アル・カラク）に向けて進軍を開始し、そして包囲戦が始まった。ケラクの救援は急務であったが、従軍拒否事件を重く見たボードゥアンは、ギーをバイイ職から解いた上で、一一月二〇日、当時五歳であった甥ボードゥアンを共同統治者として国王に即位させた。ボードゥアン五世には、ギーを除くすべての者がオマージュをなした。さらに、シビーユとギーの離婚について、イェルサレム総大司教エラクリウスに相談した。後は新たなバイイの任命のみという段階で、ケラクは抜き差しならぬ状況に追い込まれた。レーモン三世が救援軍の指揮官に任命されたが、ボードゥアン四世も板きれの上に乗せられたままで進軍に加わった。王国軍が近づいていることを知ったサラーフッディーンは、十二月四日、ケラクの包囲を解いて撤退した。

ギーも救援軍に加わったが、途中で離脱してアスカロンへと退いた。エラクリウスから、ボードゥアンの離婚計画を耳にしていたからでもあった。一一八四年に入り、ボードゥアンは再三にわたってギーを召集しようとしたが、ギーは体調不良を理由に拒否し続けた。業を煮やしたボードゥアンが、自らアスカロンに向かった。国王の来訪にもかかわらず、アスカロンの門は閉ざされたままであった。ボードゥアンは、ギーのもう一つの拠点であるヤッファに向かい、そこを占拠した。そして、アスカロンの没収も宣言しようとした時、エラクリウスやテンプル・聖ヨハネ両騎士修道会長の取りなしにより、ギーの所領没収は回避された。ボードゥアンが妥協した一番の動機は、内戦の回避であった。しばらくはおとなしくしていたギーであったが、秋には王領ダルム(ディル・アルバラ)のベドウィンを襲撃するなど、挑発行為を繰り返した。しかし、王国の分裂を防ぐためにボードゥアンは堪えた。

一一八五年三月十六日(もしくは四月十五日)、病床でボードゥアン五世の国王位継承を承認し、レーモン三世のバイイ任命を済ませた後に、ボードゥアンは死去した。二四歳という若さであった。彼は、総合的・相対的に見て、最も優れたイェルサレム国王であった。騎士道を称賛するロマン主義の時代に描かれた、病と闘いながらもサラーフッディーンと戦う彼の姿は多くの人が知るところである。しかし、彼を「俠」と称するのであるならば、最もそれに値するのは、常に王国の分裂という危機に晒《さら》されつつも、最悪の事態を最後まで回避しようとし続けた為政者としての姿である。「俠」の死から一年後、ティール大司教ギヨームはエルサレム総大司教エラクリウスに毒殺され、病弱であった国王ボードゥアン五世も死去した。そして、さらにその一年後、イェルサレム王国は壊滅的な危機に陥った。

◉主要参考文献

〔一次史料〕

Mayer, H. (bearb.), *Die Urkunden der lateinischen Könige von Jerusalem*, 4 Bde., Hannover, 2010.

Richards, D. (ed. And tra.), *The Chronicle of Ibn al-Athir for the Crusading Period from al-Kamil fi'l-Ta'rikh*, 3 vols, Aldershot, 2006-2008.

Willermus Tyrensis Archiepiscopus, "Historia rerum in partibus transmarinis gestarum", *Recueil des historiens des croisades, occidentaux*, 1-1, 1-2, Paris, 1844.

（二次文献）

Cahen, C., "Indigènes et croisés: quelques mots à propos d'un médecin d'Amaury et de Saladîn", *Syria*, 15, 1934.

Edbury, P. and Rowe, J., *William of Tyre: Historian of the Latin East*, Cambridge University Press, 1988.

Hamilton, B., *The Leper King and his Heirs: Baldwin IV and the Crusader Kingdom of Jerusalem*, Cambridge, 2000.

Kedar, B. and Kohlberg, E., "A Melkite Physician in Frankish Jerusalem and Ayyubid Damascus: Muwaffaq al-Din Ya'qub b. Siqlab", *Asian and African Studies*, 22, 1988.

Kedar, B. (ed.), *The Horns of Hattin*, Jerusalem, 1992.

Mayer, H., "Zum Tode Wilhelms von Tyrus", *Archiv für Diplomatik*, V-VI, 1959 (1960).

Mitchell, P., *Medicine in the Crusades: Warfare, Wounds and the Medieval Surgeon*, Cambridge, 2004.

櫻井康人「前期エルサレム王国における国王戴冠と司教任命」（『西洋史学』二〇六号、二〇〇二年）

櫻井康人「十字軍国家の社会構造に関する一考察——医者——」（『ヨーロッパ文化史研究』十六号、二〇一五年）

櫻井康人『図説　十字軍「ふくろうの本／ヨーロッパの歴史」』（河出書房新社、二〇一九年）

ウィリアム・マーシャル
…William Marshall…

理想の騎士、揺るがぬ忠義の向かう先

林 亮

ウィリアム・マーシャル（一一四四頃―一二一九）が活躍したのは、十二世紀後半から十三世紀初頭にかけてのイングランドとフランスであり、生まれはブリテン島であるが、人生の概《おおむ》ね半分は大陸側で過ごしたと考えられる。そのため彼はフランスでも高名で、フランス語風に「ギョーム・ル・マレシャル」と呼ばれたりもする。そして、この時代のイングランド王国の騎士《きし》や貴族《きぞく》にとって、彼のように英仏を跨《また》いで活動することは、決して特異な事ではなかったのである。ウィリアムが仕えた主君のひとり、イングランド王ヘンリ二世（在位一一五四―八九）に至っては、成人後の生涯の六割強を大陸側で過ごしたと言われる。このことは、当時の英仏の複雑な関係性に由来《ゆらい》する事象なのである。まずはウィリアムの活躍の舞台背景として、この点を整理しておく。

はじめに

一一五四年に始まるアンジュー朝イングランド王家（あるいはプランタジネット朝）は、その名の通り、フランス王国のアンジュー伯アンリ・プランタジュネがイングランド王位を獲得したことで成立し

❖アンジュー朝系図

（青山吉信編『世界歴史大系　イギリス史』より、一部改）

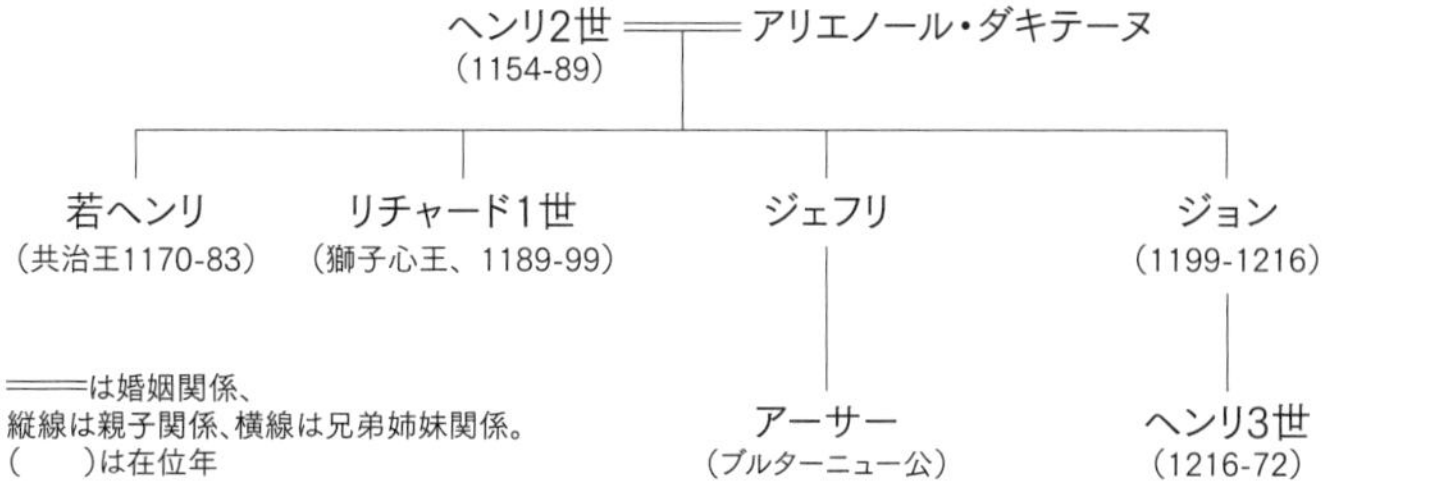

た。つまり、彼は英王である前に、フランス王国の諸侯のひとりだったのである。従って、アンジュー伯アンリ・プランタジュネは、イングランド王ヘンリ二世(「アンリ」の英語読み)であり、さらにはノルマンディ公位ももち、妻のアリエノール・ダキテーヌ(一一二二頃—一二〇四)を通じフランス南西部の広大なアキテーヌ公領も支配していた。こうして、フランス王国の西半分の大部分を領主として保有する強大な諸侯が、さらにノルマンディ地方からドーバー海峡を跨いだ先のイングランド王国まで領有する、という構図が生まれた。俗にいう「アンジュー帝国」(あるいは「プランタジネット帝国」)の誕生である。当時のカペー朝フランス王国の国王ルイ七世(在位一一三七—八〇)と次代のフィリップ二世(在位一一八〇—一二二三)が実効支配していたパリ周辺の地域と比較しても、はるかに広大な領域が、ヘンリ二世という一人の人物の手中に収まっていたのである。こうした情勢下で、ヘンリ二世の家臣はアンジュー帝国のさまざまな地域に領地をもつことになり、主君同様に、英仏を行き来して活動していたのである。

騎士になるまで

ウィリアム・マーシャルは、まさに中世ヨーロッパの騎士の理想像を体現したような人物である。

12世紀後半のイギリスとフランス
（ヨーロッパ中世史研究会編『西洋中世史料集』より、一部改）

騎士として輝かしく活躍する一方、主君に仕える家臣として、アンジュー朝のイングランド王家の歴代五人の王族に忠義を尽くした。晩年には王の側近にまで登り詰めたが、彼がアンジュー家に仕えるようになるまでには、紆余曲折《うよきょくせつ》があった。

実家のマーシャル家は、フランクの古い言葉で馬の意味に由来するその名の通り、王家の厩係《うまやがかり》の役職を務める家中役人の一族であった。決してその地位は高くなく、イングランド南西部のウィルトシャー地方に小さな土地をもつ地主に過ぎず、明確な貴族と言えるほどの家柄《いえがら》ではなかった。しかも、ウィリアムは四男であり、親から相続できるものは全くなく、自ら未来を切り開く必要があった。

ウィリアムは十二歳になると、親類の縁故《えんこ》を頼ってノルマンディ公領のウィリアム・オブ・タンカーヴィルの城に送られ、騎士となるべく修業《しゅぎょう》することになった。この時代、貴族や騎士の子弟は早ければ七歳ほどで家族のもとを離れ、城に送られ小姓《こしょう》として働いた。この時送られる先は、父親の主君あるいは友人や兄弟の場合が多かった。そこで城主の生活の雑用から、上流社会の基本的な素地を身につけ(食卓の準備から食事などの行儀作法《ぎょうぎさほう》)、また城の礼拝堂付き司祭から基礎教育を受けた。さらに、十四歳前後で騎士のもとに弟子入りして従者《じゅうしゃ》になり、主人の騎士の武具や身の回りの世話を通じて、武具について学んだ。戦闘訓練や乗馬の訓練を受け、ときには騎士について戦場に行くこともあった。こうして訓練を積み、騎士としての実力を身につけたのである。ウィリアムの場合は年齢が微妙だったので、小姓としての奉仕と従者としての訓練を並行して進めたのかもしれない。

騎士のもとで修業を積んだ従者は、主君が裕福であったり実家の家産を相続できるのであれば、一人前の騎士の装備を用意してもらい、概ね二〇歳頃に騎士叙任式《じょにんしき》を受けて一人前の騎士として世に出ることになる。騎士の装備は鎧兜《よろいかぶと》に剣や槍《やり》、馬やその馬具、その他諸々合わせて大変高価であった。なので、前述のように誰かに用意してもらえなければ、結局は騎士叙任式を受けられず、どれだけ年を重ねても従者の地位に留まるしかなかった。場合によっては、小地主の四男に過ぎないウィリアムもそうなっていたかもしれなかったが、彼の場合は、運が味方した。先に述べた正式な騎士叙任式には多額の費用がかかったが、裏道とも言える方法があった。それが戦時叙任である。つまり、戦場にあって戦士を増やす必要がある際に、その場で略式の騎士叙任式を行って従者を騎士に取り立てる慣行があったのである。ウィリアムが恐らく二〇歳の時(一一六四年頃)に、彼が修業していた地であるノルマンディ公領の主、すなわちノルマンディ公にしてイングランド王ヘンリ二世は、旧来の敵であるフランス王ルイ七世とこの地で戦争を行っており、ウィリアムもまた戦時叙任を受けて参戦することができたのである。

主従を越えた友情

幸運にも騎士になることには成功したものの、仕えるべき主君がいるわけでもなく(修業した城の主が必ずしも主君になるとは限らない)、しばらく無聊《ぶりょう》をかこつことになったが、やがて伯父《おじ》のソールズベリ伯に誘われて、ポワトゥ地方の反乱制圧の部隊に参加した。このポワトゥは大まかに言えばアキテーヌ公領に属する地域で、ヘンリ二世の妻アリエノール・ダキテーヌがソールズベリ伯とともに、反乱を鎮めるために訪れていた。しかしこの時、ソールズベリ伯の護衛《ごえい》する王妃一行が、反乱者の襲撃を受けた。ソールズベリ伯は討ち死にしてしまうが、伯の部隊に加わっていたウィリアム・マーシャルが襲撃を食い止めている間に、王妃は城に避難《ひなん》することができた。この時のウィリアムの戦いぶりは、年代記によれば「飢えたライオンのごとく」で、まさに獅子奮迅《ししふんじん》の活躍を見せたのである。彼は負傷して捕虜《ほりょ》となってしまうが、彼のお陰で助かった王妃により身代金《みのしろきん》が用意され、無事解放された。

このできごとを契機《きっかけ》としてイングランド王家に縁《えん》ができ、一一七〇年から彼は王妃の引き合いで彼女の息子、すなわちイングランド王ヘンリ二世の王太子である、同名のヘンリ（紛らわしいので本稿では以後「若ヘンリ」と表記する）に仕え、剣術指南のような役割でこの若者の側近となったのである。

この若ヘンリとの関係は、主従の間柄ではあったものの、ウィリアムが十歳ほど年長であり、騎士の先達《せんだつ》として、あるいは兄のように導いた。実際、一一七三年に若ヘンリが騎士叙任式を受ける際には、彼を叙任する騎士の役割をウィリアムが果たしたのである。当時の貴族の若者の多くがそうであったように、若ヘンリもまた騎士物語の登場人物のごとく活躍するウィリアムに憧《あこが》れを抱き、馬上槍試合の仲間として友情を築いていった。

ウィリアムとしては、将来のイングランド王の家臣となり先行きは安泰かと思えば、そうはいかなかった。一一七〇年時点で、ヘンリ二世は若ヘンリを共治王として戴冠《たいかん》させていたが（従って若ヘンリはまた若王とも呼ばれる）、実際的な部分では、若王は殆《ほとん》ど全く地位も権力も分け与えられなかったのである。そのために若ヘンリの不満は大いに溜まり、一一七三年にはついに弟たちとともに反乱を起こした。この反乱は父王の手により制圧され、若ヘンリの要求は殆ど退けられた。

統治に関わることのできない若ヘンリは、ウィリアムを含めた一党を引き連れて、遍歴《へんれき》騎士のごとく馬上槍試合を渡り歩く生活を送った。この馬上槍試合についてと、そこでいかにウィリアムが活躍したかについては後述するとして、やがてウィリアムは主の側を離れることになった。ウィリアムの活躍を妬《ねた》んだ若ヘンリの取り巻きが、若王の妃とウィリアムのただならぬ仲の噂《うわさ》を吹聴《ふいちょう》したのである。当然ウィリアムは身の潔白《けっぱく》を主張し、疑惑を言い立てる者との決闘裁判を要求した。しかし、疑心に捕らわれた若ヘンリにより退けられ、ウィリアムは失意のうちに主のもとから去ったのである。

それでも、一一八三年に若ヘンリが再び父王に対し反旗を翻《ひるがえ》した時、ウィリアムは主のもとに馳《は》せ参じともに戦った。しかし若ヘンリは、陣中で病を得て死に瀕《ひん》してしまう。ウィリアムは主君の臨終《りんじゅう》を見取《みと》り、彼の最後の願いを聞き届けることになった。それは、果たせなかった十字軍への参加であり、ウィリアムは主従を越えた友情の証として、代わりに聖地イェルサレムへの巡礼に向かったのである。彼の伝記によれば、ウィリアムは聖地に二年間留まり、「人が七年かけても太刀打ちできないほどの手柄《てがら》を立て」「その功績は今でも至るところで、正直者たちの間で語り草」になるほどの活躍をしたとのことである。

馬上槍試合のチャンピオン

ウィリアム・マーシャルが聖地巡礼から帰還した後の活動に移る前に、彼の人生の前半を華々しく彩った馬上槍試合について触れておこう。

中世騎士の活躍の花形のひとつが、馬上槍試合(トーナメント)と呼ばれる模擬《もぎ》戦闘競技で、中世末期には一種のスポーツとして貴族の間で大流行した。ただ、十二世紀後半においては、もっと実戦に近いもので、武装も真剣などをそのまま用いて行うことが多かった。騎士たちが二手に分かれ陣営を組み、野原で戦闘を行うのである。これは「メーレー」(集団戦)と呼ばれる形式で、現代に文学や映画などで描かれるような、槍を構えた騎士同士が向かい合い一対一で対決する「ジョウスト」(一騎打ち)は、時にメーレーの前後に行われる特別マッチのような位置付けだった。

ウィリアムは、この馬上槍試合で活躍しヨーロッパ各地で名を馳せた名手であった。当時の王侯貴族は自らの宮廷《きゅうてい》でこの馬上槍試合を度々開催し、年中どこかで大会が開かれているような状況であった。大抵《たいてい》の試合は参加の扉が広く開かれており、主催する貴族の家臣のみならず、各地の遍歴騎士たちが活躍の場を求めて集ったのである。馬上槍試合では、自らの陣営の勝利はもちろん重要で、活躍することで主宰者《しゅさいしゃ》から賞与(メダルなど)を得た。これは名を高めることに寄与した。さらに、相手を倒すとその身柄を拘束して身代金を要求したり、武装や馬を奪って自分のものにすることができた。つまり、試合で勝利することは、そのまま騎士の収入源でもあったのである。きちんとした主君をもたない遍歴騎士にとっては、重要な生活手段であったと言える。若き日のウィリアムもまた、そうした遍歴騎士のひとりであった。

騎士叙任式を戦時叙任で受けてすぐに参戦した初陣では、活躍は見せるものの勢い余ってなけなしの武具や馬を失ってしまった。ウィリアムは、従者時代に彼の面倒を見たウィリアム・オブ・タンカーヴィルの薦《すす》めで、馬上槍試合に参加した。馬上槍試合のデビュー戦となったこの大会で大活躍を見せ、何人もの相手方を捕虜に取って身代金を獲得し、また彼らの馬や装備も手に入れることに成功して、戦争の初陣での損失を十分に補填《ほてん》することができたのである。

そして、彼が馬上槍試合で連戦連勝を重ね、大いに注目を集めるようになったのが、若ヘンリとともに遍歴騎士の一団として渡り歩いた時期である。基本的に教会によって馬上槍試合が禁じられていたブリテン島を離れ、彼らは大陸側のアンジュー家領であるノルマンディ地方や、近隣のフランドルやパリ周辺まで足を延ばした。

この時期のウィリアムの活躍については、多くの評判が残されている。例えば、とある試合で、ウィリアムがマチュー・ド・ワランクールなるフランドル騎士と戦い、馬を奪った。マチューは、若ヘンリに馬の返却を申し立てた。貴族的な寛大さを示して、若王は馬を返却するようウィリアムに命じた。ところが、続行する試合中に、またもやウィリアムはマチューと戦うことになり、やはりウィリアムが勝って馬を獲得していた。試合の晩の宴会《えんかい》の席で、再びマチューに馬を返してくれるよう頼まれた若王は驚いて、ウィリアムに何故馬を返さなかったのかと問い質し、そこで初めて人々はウィリアムが一日に二度も同じ馬を得ていたことを知った。馬にまつわるエピソードは他にもあり、オーセール地方のジョワニーで開催された試合において、試合の待ち時間に騎士たちが観客の貴婦人などとダンスを踊っていた。そうした場ではしばしば即興詩《そっきょうし》が歌われるもので、ウィリアムもまた身につけた騎士の教養のひとつとして立派な即興詩を披露《ひろう》したのだが、観客の一人がそれに応えて対《つい》の詩を歌い、彼に対して「名馬が欲しい」と呼びかけたのである。するとウィリアムはさっと立ち上がり、すでに始まっていた試合に飛び込むと瞬く間に相手を打ち倒して馬を奪い、件《くだん》の観客へその馬を与えたのである。

ウィリアムが馬上槍試合で示したのは、武勇ばかりではなかった。味方の誰かが敗れて身代金の支払いに窮《きゅう》することがあれば、自分が勝利して得た捕虜を差し出して支払いに充てさせる気前の良さを見せた。また、相手方の一隊を追い詰めた時に彼らが降伏を申し出れば、捕虜にせずに解放してやる寛大さをもち合わせていた。こうした点はどれも、ただ勇ましいだけでない、キリスト教の徳目にも合致する高貴な身分たらんとする騎士として、理想的な振る舞いであったといえる。こうして、彼の名はまるで騎士物語の主人公のごとく人口に膾炙《かいしゃ》した。

騎士物語のごとき立身出世

ウィリアム・マーシャルがどれだけ馬上槍試合で勇名を轟《とどろ》かせようとも、この時代の貴族としては十分ではなかった。貴族とはすなわち領主なのであり、まともに領地をもたぬようでは所詮《しょせん》は若輩者《じゃくはいもの》で、一人前の大人とは言えなかった。

中世封建社会にあっては、他人の支配を受けずに自らの力で領地を守り、妻を娶《めと》って家族と家臣を養うことができて初めて貴族と認められた。ウィリアムの生きる十二世紀後半においては、まだ騎士であることは、そのまま貴族であることを意味しなかった。彼もまた、中世社会の支配者層の末席に加わる者として、やがては自分の領地を得て一国一城の主となって、正真正銘の貴族の仲間入りを目指していることに変わりはなかったであろう。

とはいえ、彼のような長子でない男が領地を得ることは並大抵のことではなかった。騎士叙任式を受けること自体が当たり前ではなく、騎士になれたとしても、仕えるべき主君が自動的に見つかるわけでもない。主君がいなければ遍歴騎士として、ウィリアムのように馬上槍試合で活躍したり、あるいは戦場でその場雇いの傭兵として働き、功績を上げ、とにかく注目を集めて貴族から声のかかることを期待するしかない。主君の下で奉仕していても、やはり領地を得るには多大な活躍が必要であった。一見輝かしく見える騎士の世界も、なかなか大変なのである。

さて、一一八七年に聖地からヨーロッパに戻ったウィリアムだが、これまでの状況から一転して、齢四〇代半ばにして目覚ましいまでの立身出世を遂げていくことになる。イングランド王ヘンリ二世は、嫡男《ちゃくなん》の遺言を全うしたウィリアムに報いて、イングランド北西部のランカシャー地方に領地を授けたのである。ついに領主の仲間入りを果たしたわけだが、これは彼の成り上がりのほんの一歩目に過ぎない。次代の国王リチャード一世獅子《しし》心王《しんおう》(在位一一八九―九九)からは、結婚相手として、ペンブルック伯女イサベル・ド・クレール(一一七二―一二二〇)を与えられた。この結婚により、ウィリアムは一気に上級貴族の階層に踏み入れることになった。妻のイサベルは相続財産として、ウェールズ地方のストリギル領とペンブルック伯領、アイルランドのレンスター地方の幾つかの所領、ノルマンディ地方のロングヴィル領、といった幾つもの領地を彼にもたらしたのである。一一九九年に正式に伯位《はくい》の叙任を受けて以降、彼はペンブルック伯ウィリアム一世と称することになる。

さらに一一九四年には、ウィリアムの実家であるマーシャル家で兄のジョンが亡くなり、この家産もまたウィリアムが相続したのである。既に大領主であった彼にとって、実家の土地は全く大したものではなかったが、家族が受け継いできた「マーシャル」の役職は、ウィリアムに更なる名誉を与えただろう。マーシャル職は、前段で述べたように王家の厩係というあくまで私的な召使いの仕事であったが、王の馬を管理することは王の騎士部隊を取り仕切ることを意味するため、次第に公の性格を帯びていき王軍の指揮官という重要な役職となっていった。

ウィリアムのような見事な立身出世というのは、流石《さすが》に現実としては滅多《めった》にない事例であったが、当時の多くの若き騎士たちが夢見た理想の姿であったのは間違いない。冒険で活躍し、主君の娘などとのロマンスの果てに、彼女を娶って領地の相続権を得る。それが、彼らの間で流行した多くの騎士物語で取り上げられた、人気の筋書きだった。ウィリアムは戦場や馬上槍試合での槍働きでも、そして成功物語としても、現実に現れた騎士物語の主人公そのものであったのである。

揺るがぬ忠義の向かう先

貴族のうちでも最上級の地位（ペンブルック伯）にまで登り詰めたウィリアム・マーシャルだが、彼は獲得した権力に溺《おぼ》れて変心することなく、主君に対する忠誠を全うした。その忠誠心は、最初の主であった若ヘンリの属する、アンジュー家の王達に捧げられ続けた。

若ヘンリの死後、一一八七年にウィリアムは、父王ヘンリ二世と主従関係を結び家臣となったわけだが、この時期、ヘンリ二世は息子のリチャード（後の獅子心王）との壮絶な親子喧嘩《おやこげんか》の最中だった。ウィリアムには、アンジュー家の領国全体を揺るがす大反乱にまで発展した、この問題に対する仲裁役が求められた。その理由のひとつは、ウィリアムとリチャードの関係性にある。かつて、ウィリアムが若ヘンリの指南役として召し抱えられた当初、若王とその弟の関係は良好で、兄とともにリチャードもウィリアムの指導を受けていた、いわば師弟の間柄であった。またこの反乱時には母親のアリエノール・ダキテーヌも溺愛《できあい》する息子リチャードの側に付いていたが、ウィリアムは王妃からの信頼も得ていた。そもそも彼のアンジュー家との関係は、身を挺《てい》して王妃を守った武勇譚《ぶゆうたん》に始まるのだから当然のことであろう。とはいえ、激情家のリチャードは容易に引き下がらず、両者の衝突は激化した。反乱を背後で扇動《せんどう》していたフランス王フィリップ二世の存在もあり、老年の父王には、既に戦う気力が残っていなかった。ヘンリ二世は劣勢に立たされ、家臣たちの多くが次々に寝返るなか、ウィリアムは最後まで主君の側を離れなかった。戦いの場でリチャードと対面すれば、彼は躊躇《ちゅうちょ》なくリチャードに槍を向けた。咄嗟《とっさ》の機転で命を奪うことは避けたが、馬を突き倒して王が退却する時間を稼いだ。最終的にヘンリ二世は追い詰められ、病に侵され死の淵で息子に降伏し、亡くなった。

王位を勝ち取った息子は、リチャード一世獅子心王として、一一八九年にウェストミンスター大聖堂にて盛大に戴冠した。この時、ウィリアムはリチャードに敵対した真意を尋ねられたが、彼は主君に従い戦ったことは騎士の習いとして当然の事であり、自分の手腕であえて殺さなかったのだとして、全く怯《ひる》むことがなかった。王はこの忠誠心と豪胆《ごうたん》さを高く評価し、側近として迎え入れた。実はウィリアムのペンブルック伯女との結婚の約束は、先王ヘンリ二世との間のものであり、リチャードはこれを反故《ほご》にすることもできたが、寛大にもその約束を果たした。この如何《いか》にも中世の騎士らしい両者の信頼関係は、ウィリアムが、戴冠式で王笏《おうしゃく》を持って王の傍らに立つ栄誉を賜ったことにも象徴的に表れている。その後、リチャード一世は十字軍に出立し、王が不在の間、ウィリアムはその他の側近たちとともに留守居役としてイングランドに残った。この時、王弟ジョンが陰謀《いんぼう》を巡らし騒乱が起きるのだが、リチャード一世の聖地からの帰還とともにこの陰謀は潰《つい》えた。兄弟の和解の場には、やはり母后アリエノール・ダキテーヌとともにウィリアムの姿があった。その後、リチャード一世の治世にあって、ウィリアムは外交使節として重要な役割を果たす一方、戦場でも先陣を切って活躍し、王を呆れさせたりもした(この時すでに五〇歳を超えている)。一一九九年に、獅子心王がアキテーヌ地方の反乱鎮圧の最中に矢傷が元で亡くなった後、ウィリアムは継嗣を残さなかったリチャード一世の後継問題において、反対意見を押さえて、リチャード自身の望みであった王弟のジョンを推挙した。

ジョン王（在位一一九九―一二一六）は自身の王位継承を支持したウィリアムに報い、正式にペンブルック伯に叙任し、また王軍の司令官に任命した。ただ、ジョンは即位の数年後にはフランス王フィリップ二世に敗れて、アキテーヌ地方を除くアンジュー家の大陸所領の大半を失ってしまう。そうした失策や、フィリップ二世との戦争の戦費調達を貴族に求めたため、イングランド貴族の多くは王に対する不満を募らせていった。この時期、ウィリアムは重臣としてジョン王を支持し続けたが、一方で自ら領主として広大な各所領の経営に忙殺され、宮廷を離れていた。ジョン王は、一二一四年にはフィリップ二世との決戦であるヴーヴィーヌの戦いに敗れ、イングランド貴族の信頼を完全に失った。そして遂に貴族達は反乱を起こし、ジョン王にさまざまな要求を突き付けた。この危機に際しても、ウィリアムは王を裏切ることなく、反乱貴族との交渉にあたった。この貴族の要求を受け入れ成立したのが有名な「マグナ・カルタ」（大憲章）であるが、取りまとめに尽力したウィリアムも署名している。しかしその後も貴族の反抗は収まらず、彼らはフランス国王フィリップ二世の王太子ルイ（後のルイ八世〔在位一二二三―一二二六〕）を、ジョン王に代わるイングランド王として招くに至った。軍勢を率いてブリテン島に上陸したルイは、反乱貴族とともにジョン王と戦い、一時はロンドンを占拠するほどの優勢にあった。そうしたなかで一二一六年にジョン王が没し、残されたのは九歳の息子ヘンリであった。このアンジュー家存続の危機にあって、それでもウィリアムの忠誠はなお揺るがず、残された幼い国王ヘンリ三世（一二一六―七二）に向けられた。既に七〇歳を超えてイングランド貴族の長老格となっていたウィリアムは、摂政《せっしょう》として幼王を支えて反乱に立ち向かった。彼が先頭に立ってリンカンの戦いに勝利した後、状況は逆転し侵入者たるルイは追い払われた。ウィリアムはイングランド貴族の融和《ゆうわ》を訴え、最古参の忠臣として貴族たちの尊敬を集めていた彼の働きかけもあり、「マグナ・カルタ」の改定とヘンリ三世の調印の後、反乱は終結した。ウィリアムは王国の安定を見届けたのち、一二一九年に騎士道と忠義に捧げたその生涯を終えた。

⦿参考文献

G. Duby, *William Marshal, the Flower of Chivalry*, New York, Pantheon, 1985.

レジーヌ・ペルヌー（福本秀子訳）『王妃アリエノール・ダキテーヌ』（パピルス、一九九六年）

レジーヌ・ペルヌー（福本秀子訳）『リチャード獅子心王』（白水社、二〇〇五年）

ジャン・フロリ（新倉俊一訳）『中世フランスの騎士』（白水社、一九九八年）

一人のカリスマとその「記憶」の物語

アッシジの聖フランチェスコ

…Francesco d'Assisi…

梶原洋一

アッシジのフランチェスコ（一一八一／八二―一二二六）は、イタリアを拠点に厳格な清貧を核とする福音的生活を実践、唱導《しょうどう》して「フランシスコ会」と呼ばれるカトリックの托鉢《たくはつ》修道会を創設した。だが、死後ただちにカトリックの聖人と認定されたこの人物の生涯については、残された証言がしばしば大きく食い違う。その背景には、偉大なカリスマの記憶を巡る、長く熾烈《しれつ》な闘いがあった。

はじめに

本稿を執筆した二〇一九年、世を賑《にぎ》わせたのはなんといっても天皇の代替わりだろう。存命中の天皇が位を後継者に譲るのは、およそ二〇〇年ぶりであった。ところで、六年前の二〇一三年、もう一つの「退位」が大きな話題となったことをご記憶だろうか。二月、ローマ・カトリック教会という世界最大の宗教団体の最高指導者にして、世界最小の国家・バチカン市国の元首である教皇ベネディクト十六世が、高齢を理由に教皇位を退いた。ローマ教皇が自発的に退位した直近の前例はなんと七世紀以上前の一二九四年、ケレスティヌス五世のそれで、しかも史上この一例しか知られていない。教皇職は世襲《せしゅう》ではないので、ベネディクトの後継者を決定すべく直ちに枢機卿《すうききょう》（教皇選挙権をもつ高位聖職者）たちがコンクラーベ（教皇選挙）を開き、アルゼンチン出身のベルゴリオ枢機卿が選ばれた。このできごとは、教皇位に初めて南半球の国を出自にもつ人物が就いたという点で画期的だったが、彼にまつわる「初めて」はこれだけではない。十六世紀に誕生し海外宣教などに活躍してきたイエズス会の出身者が教皇となるのも史上初であったし、さらにまた新教皇は自らの名として、それまでどの教皇も名乗ったことのない「フランシスコ」を選んだ。

「フランシスコ」という名乗りは中世、十三世紀のイタリアに生きた「アッシジの聖フランチェスコ」にあやかっている。自身質素な生活を好み、アルゼンチン時代にはスラム街に足繁く通って貧民、売春婦、麻薬中毒者など恵まれない境遇にある人々に寄り添ってきた新教皇が、清貧の理想を掲げ、弱い者・貧しい者たちとともに、否、自分自身がまさに「小さき者」として生きることをモットーとしたアッシジの聖人に、ひときわ親近感を覚えたとしても不思議はない。事実、聖フランチェスコはカトリックの歴史上最も高名な聖人（殉教《じゅんきょう》などの信仰の業や人格の高潔さなどのために、教皇が正式に崇敬の対象と認定する人物）の一人と言ってよい。だが、聖人として仰々《ぎょうぎょう》しく奉られた今日の姿をいったん脇に置き、歴史的な、生きた人間としてのフランチェスコを求めるとき、我々の前に現れるのは、幾度も壁にぶつかっては思い悩む、実に人間くさい一つの生涯である。飾ることのないこの人物は、十三世紀初めというヨーロッパ社会が大きく変わりつつあった時代と裸一貫で切り結び、新しい信仰のあり方を打ち立てた。貧富の差や身分制など、中世イタリアの人々を縛り付ける桎梏《しっこく》のなかで足掻《あが》き這いずり回りながら全くユニークな霊性《れいせい》を確立し、現代に至るまで巨大な影響を与え続けるこの「俠」の歩みを、以下で辿《たど》っていこう。

フランチェスコの生涯——食い違う証言

とはいえ、アッシジのフランチェスコの生涯と思想をたどる、という作業には実はかなりの困難がともなう。彼について書かれた同時代の文書がないわけではない。また決して多作とは言えないが、本人もさまざまな文章を遺している。しかしながら聖人についての証言、とりわけ彼の足取りを描いた「伝記」の類は、その取り扱いに最大限の注意を必要とする。フランチェスコの死後、いや存命中でさえ、彼の追随者たち、いわゆる「フランシスコ会」の中には創始者の意図・思想が本当はどのようなものか、またそれをどの程度まで尊重すべきかについて、無視できないほどの齟齬《そご》が存在した。フランチェスコが説く「絶対的な清貧」とはどんなものか、学問をして知識を得ることはどの程度まで許容されるか、などといった問題が深刻な見解の相違を生んだ。

一方で、フランチェスコのカリスマは絶対であったから、誰もがその権威を後ろ盾《だて》にしようとした。修道会で指導的な地位にある者たちは、聖人の生涯についての記憶を自分たちの主張に沿うように改変、とまでは言わなくとも「編集」しようとし、これをよしとしない側でも独自に創設者の人物像を示し、これを広めようとした。結果、我々が今日知っているフランチェスコ像は単一ではなく、ときに互いに別人と見紛《みまが》うほどに食い違う。一体どれが真実のフランチェスコなのか？最も賢明な態度は、一つの像を排他的に信ずることではなく、矛盾し合う証言を、他所から得られる状況証拠も加味しながら付き合わせ、個々の事実について合理的な推測を試みることである。それこそ、フランチェスコを研究する現代の歴史家が等しく従事するプロセスなのだ。

出生から回心まで

こうした批判的研究がさしあたり認めるところに従えば、聖人は一一八一年ないし一一八二年、イタリア中部の小都市アッシジの裕福な毛織物商ベルナルドーネ家に生を受けた。はじめジョバンニと名付けられたが、いつのことからかフランチェスコと呼ばれるようになった。これは当時としては奇抜《きばつ》な名前だったが、「フランス」がその語源であることは明らかである。反対に、呼び名が変わった理由は定かでない。その出生時、父親が商用でフランスを訪れていたからなのか、はたまた若き日の本人が自他ともに認めるフランス騎士道《きしどう》物語の大ファンだったからか。いずれにせよ、フランチェスコは「聖人」とは程遠い少年時代、そして青春時代を送ったようだ。気前の良い、そして羽振りの良い彼は、アッシジの悪童たちを引き連れて享楽《きょうらく》と浪費に明け暮れていた。

だが放蕩《ほうとう》息子には大それた夢があった。家業の商売を継ぐなんて真っ平御免、戦場で軍功を挙げて騎士、そして貴族になりたかったのだ。幸か不幸か、当時のアッシジは戦には事欠かなかった。イタリア各地で死闘を繰り広げる教皇派(ゲルフ)と皇帝派(ギベリン)の係争地であると同時に、古来の貴族である封建領主家系と新興のブルジョワジー平民層が主導権を奪い合っていたのである。これに乗じて、かねてからアッシジと睨《にら》み合う都市ペルージャが兵を挙げる。一二〇二年、両軍はテヴェレ川にかかるサン・ジョバンニ橋で激突した。アッシジ軍の中にはフランチェスコの姿があった。武人として世に出るチャンスがついに到来、と思いきや味方はあえなく敗れ、毛織物商の息子は捕虜《ほりょ》になった。一年ほど経ってやっと釈放されたのも束の間、今度は病に臥《ふ》せってしまう。

それでも、彼は諦《あきら》めない。一二〇五年、教皇軍に加勢せんと南イタリアに出立するアッシジ貴族の噂を聞きつけたフランチェスコは、早速出陣の準備に取り掛かる。遠征に付き従い、騎士に取り立ててもらうのだ。そんな折、自分の家が武具で満ち満ちるのを夢で見た。幸先《さいさき》よし。だが彼が呼ばれていたのは、もっと霊的、精神的な闘いであった。アッシジを発ってしばらく、また別の夢を見た。誰とも知れぬ声が問いかける。本当に大事なのは、主人であるか、しもべであるか。どうしてしもべのために主人を捨てようとするのか。故郷に戻りなさい。お前が何をなすべきなのか、知ることになるだろう。まことの主人、それは天なる神をおいてほかにあろうか。フランチェスコは馬にまたがると、昨日まで来た道を引き返していった。

かくしてアッシジに戻ったものの、「なすべきこと」はすぐには見えてこない。フランチェスコは家業を手伝いつつ、貧しい人々に施しをすることが増えた。人里離れた洞窟《どうくつ》へと瞑想《めいそう》に赴いたかと思えば、またぞろ悪友と宴会に興じることもあった。そんなある日のこと、町の外で一人のらい病者を目にした。当時、らい病(ハンセン病)は不治の業病として恐れられ、過酷な差別の対象であった。

フランチェスコは勇気を奮い起こして病人に近づき、金を与え、手に接吻《せっぷん》し、抱擁《ほうよう》を交わした。この瞬間こそ新しい人生の始まりだった、と彼は後年回顧《かいこ》している。「そうして、しばらく留まった後、私はこの世の外へ出た」。

とはいえ、本当に「世の外へ出る」前になすべきことがいろいろ残っていた。アッシジ郊外にサン・ダミアーノという荒れ果てた教会堂があった。そこでキリスト磔刑像《たっけいぞう》を前に一心不乱に祈っていたフランチェスコに、またもやお告げがあった。私の家を建て直せ、見ろ、崩れかかっているではないか。神の家とは、異端運動に脅《おびや》かされ聖職者の腐敗に苦しむカトリック教会全体を指していた。果たして、フランチェスコはその「建て直し」に生涯を捧《ささ》げることになるのだが、この時はまだ言葉を文字通りに受け取ることしかできなかった。サン・ダミアーノの貧しい司祭では工事費用を到底工面できなかったので、フランチェスコは家に帰り、店にあった高価な布地を余さず馬の背に積むと、隣町まで行って馬ごと売り払った。袋いっぱいの金を携え戻ってきた毛織物商の息子に司祭は仰天《ぎょうてん》し、そして恐ろしくなった。

司祭が案じた通り、怒り狂った父親は息子を家に監禁《かんきん》した。だが母親の助けでフランチェスコはなんとか家を逃げ出すと、アッシジの司教（地域の教会の最高責任者）を頼った。一触即発の父子を前に、司教はまず布地の代金を父親に返すよう息子に命じる。フランチェスコは金と、さらには自分が身に付けていた衣服をも手渡すと、人々の前に一糸まとわぬ裸で立った。今後、私はこの商人を父と呼びません、天にましますが神だけが我が父です。打ちひしがれた毛織物商は去っていき、司教は自分のマントで裸の男を覆《おお》った。かくしてフランチェスコは、肉親との絆《きずな》、地上における人間関係を自分で断ち切り、商売、金銭といった世俗的な価値を断固として拒絶した。「世の外に出て」、あらゆる所有を放棄し、ただ神とその教会に身を委《ゆだ》ねたのだ。

二、三年がらい病患者の世話、そしてサン・ダミアーノや他の小さな教会堂の修理で過ぎた。そんな教会の一つ、森の中にぽつんと佇《たたず》むポルツィウンコラの礼拝堂で、一二〇八年秋か一二〇九年冬のある日曜日、司祭が福音書を読み上げるのをフランチェスコはなにげなく聞いていた。「救い主は言われた。行って、そこかしこで『神の国は近づいた』と伝えなさい。帯の中に金貨も銀貨も入れていってはならない。旅のための袋も、替えの衣も、履物《はきもの》も杖《つえ》も持っていってはならない」(『マタイ福音書』第十章より)。この一節を耳にするなり、フランチェスコは歓喜で飛び上がった。これこそ私の望み、私が求めていたことだ!履物と杖を放り投げ、以後彼はひどく粗《あら》い生地の服と腰に締めた紐のほかには、何もまとわなかった。回心の季節は過ぎ、フランチェスコの、そしてフランシスコ会の伝道が始まろうとしていた。

世俗財産を放棄し、
父親と縁を切る聖フランチェスコ
(ジョット作、サン・フランチェスコ聖堂上堂〔アッシジ〕、1295-99年頃)

福音伝道と修道会の形成

フランチェスコと数名の同志は、まずアッシジ周辺で、ついでイタリア各地で説教行脚《あんぎゃ》を始めた。日々の生きる糧《かて》は人々の施しのみに拠《よ》った。汚らしく襤褸《ぼろ》を纏《まと》った説教者たちを初め人々は冷たく眺めていたが、次第に彼らの熱のこもった言葉に胸を打たれ、一人また一人と仲間が増えていった。ところで、「説教」とは聖書の章句を素材にキリスト者としての道徳を信徒たちに説く行為を指す。フランチェスコが生きた時代、説教は極めて重要な宗教的、社会的、文化的な意味を帯びていた。少し回り道だが、それを手短に確認しておこう。

フランチェスコが生を受けた十二世紀は、ヨーロッパ社会・文化の重大な転換点と考えられ、しばしば「十二世紀ルネサンス」とも呼ばれる。最も根本的な変化の一つは、都市の発展であろう。遠隔地を結ぶ商取引が活発化するなか、都市に多くの人々が流れ込んだ。急速に膨《ふく》れ上がった都市社会ではしかし、郷里での地縁・血縁関係から切り離された「根無し草」の細民《さいみん》が溢《あふ》れ、富者と貧者、雇う側と雇われる側、(アッシジでもそうであったように)伝統的エリートと成り上がり者など、さまざまな緊張が生まれ衝突《しょうとつ》を引き起こす。格差は拡大し、人心は不安定になっていく。

一方で、経済力だけでなく識字能力など文化水準をも向上させた都市の人々の内面では、新しい宗教的感性が育まれていた。素行が下劣なうえにまるで無教養な田舎の司祭が、意味も知らないまままただ義務的に日夜唱えているラテン語の祈りの文句では、もう満足できない。こんなもので我々の魂は本当に救われるのか? 聖職者も、そして一般信徒も、キリストの教えにもっと忠実に従い、彼の弟子、そう「使徒」たちのような厳格な生活を送るべきではないか？聖書の教えにならって自己を律《りっ》し、来るべき最後の審判に備えねばならない。民衆はそれまでよりずっと深く、そして積極的に宗教に関わるようになった。

そんななか一世を風靡《ふうび》したのが、遍歴《へんれき》する説教者たちだった。フランスのリヨンでは一一七三年頃、裕福な商人ピエール・ヴァルデス（一一四〇―一二一八？）が突如として全財産を貧者に分け与えると、聖書を学び、そして人々に悔悛《かいしゅん》を説き始めた。ヴァルデスは「裸のキリストに裸で従う」という理想を文字通り実践に移そうとした点で、紛れもなくフランチェスコの先駆者だった。その説教は人々の共感を集め、たちまち悔悛者の一団が生まれた。同じ頃南フランスでは、禁欲生活を重視する人々が、やがて「カタリ派」と呼ばれるグループを形成しつつあった。

だが教皇を頂点とする教会組織にとって、民衆説教のヒーローたちは実に悩ましい存在だった。彼らの説くメッセージ自体には、表立って反対すべき理由が見当たらない。福音書の教えを尊重しキリスト教徒として折り目正しい毎日を送ることに、どうして異議などあろうか。しかしながら、説教はそもそも教会に認定された聖職者の専売特許ではなかったか。その領分を俗人（聖職者でない一般信徒）が勝手に侵すのを許していいのか。なおかつ、禁欲を訴え奢侈《しゃし》を糾弾《きゅうだん》する連中の矛先《ほこさき》が、往々にして裕福な生活を送っている高位聖職者、とりわけ教皇に向けられた日には何が起こるか？一一八四年、つまりフランチェスコが生まれたのと同じ頃、カトリック教会は「ワルド派」すなわちヴァルデスを中心とする「リヨンの貧者たち」、さらに「カタリ派」、そして同様にヨーロッパ各地で福音を説いていた複数の集団を異端として断罪した。十三世紀に入ると、アルビジョワ十字軍（一二〇九～二九年）、さらにその後創設された異端審問制度などを通じ、異端者たちは過酷な迫害にさらされていく。

したがって、聖職者でもないのに福音を説くフランチェスコの行動は、実は大きな危険と隣り合わせだった。この窮地を脱すべく、彼は思い切った行動に出る。ローマにいる教皇に直接掛け合い、自身と「兄弟」たちの活動を認めてもらおうとしたのである。案の定、彼らを引見した教皇インノケンティウス三世（在位一一九八―一二一六）は、はじめ大いに懐疑的《かいぎてき》であった。敬虔《けいけん》でこそあれ、このみすぼらしいなりをした男たちは、教会を脅かしてきた民衆異端の新手なのではないか？だが卓越《たくえつ》した政治的センスのもち主だったインノケンティウスは、フランチェスコの「小さき兄弟団」が教会の組織秩序の中に取り込み可能なだけでなく、ゆくゆくは教皇権にとって大きな武器になることを見て取った。かくして一二一〇年、彼らは教皇の（渋々ながらの）認可を受け民衆説教に従事するお墨付きを得た。以後「小さき兄弟団」、別称フランシスコ会はカトリック教会の「托鉢修道会」（人々の施しに拠って生活しつつ、説教など民衆の司牧《しぼく》に従事する聖職者集団）として大きく繁栄していく。すんでのところで、フランチェスコはヴァルデスら先達《せんだつ》と同じ轍《てつ》を踏まずに済んだわけである。

反面、このできごとは、教会制度の論理の前に自らの理想が妥協を強いられるという、フランチェスコの後半生――あるいはその後も？――に絶えずにつきまとう一種の宿命の始まりでもあった。さしあたり、「小さき兄弟団」は順調に人数を増やしていった。一二一二年にはアッシジ貴族の娘キアーラたち幾人もの女性がフランチェスコとともに歩む決意をした。この「貧しき貴婦人たち」はのちにキアーラ会、すなわちフランシスコ会の女子修道会となっていく。フランチェスコの理想は、性別、身分、貧富といった違いを乗り越えて全ての人々を福音の下に結び付けることだった。

さらにフランチェスコは、海の向こうのイスラーム教徒にもキリストの教えを宣《の》べ伝えようと企てた。よしんば異教徒が耳を貸さなくとも、彼の地で殉教《じゅんきょう》したならば使徒の歩みをなぞることになるだろう、と。一二一九年、彼はわずかな供《とも》と一緒にエジプトのダミエッタに降り立つ。そこではかねてより十字軍とアイユーブ朝の軍隊が睨《にら》み合いを続けていた。フランチェスコたちは戦線を歩いて渡り、スルタン（イスラーム教徒の君主）との会見を求めた。スルタンは彼を丁重《ていちょう》に迎えたが、イスラーム教徒を改宗させることも、殉教を遂げることも叶わなかった。一方、同時期モロッコに伝道に出かけた兄弟たちは異教徒の手にかかり、惨《むご》たらしくも命を奪われた。

葛藤から最期の日々へ

相次ぐ挫折に動揺するフランチェスコに、イタリアからさらに衝撃的な知らせが届く。指導者の留守中、「小さき兄弟団」が分裂の危機に瀕《ひん》していたのだ。実際、できたばかりの修道会は、もともと雑多な身分や社会階層を背景にもつ「兄弟たち」を創設者の強力な個性のもとにかろうじて束《たば》ねていたに過ぎず、多様な理想、方針、思惑が混在することは避けられない。説教活動に重点を置く学識エリートもいれば、民衆主体の宗教運動として過激化を志向する声もあった。かたや、世俗と縁を切って隠遁《いんとん》し、禁欲と祈りに生きる隠修士の団体としてあるべき、という意見も根強かった。さらに、フランシスコ会がイタリアを越えてヨーロッパ各地に拡大した結果、創設者の理想についてほとんど知らない、そもそも彼と直接面識のない「兄弟」も多くなってきた。

つまるところ、組織整備が必要であることは明白だった。しかし、これはフランチェスコが得意としたタイプの仕事とは言い難い。一二二一年、彼は修道会の「会則」案を提示したが、これは厳しすぎると兄弟の一部からも教皇庁からも難色を示され、撤回せざるを得なかった。「小さき兄弟たちは増えすぎた」。組織の創設者はため息混じりに述べた、と伝記は伝えている。会則の手直しには二年を要した。新しい会則は教皇の公認を得て、今日なおフランシスコ会において有効である。しかし、それはフランチェスコの意図をどれだけ反映したものだったか。最初の案に含まれていた詩情豊かな福音書の引用は削られ、味気ない法律的な文面が残った。清貧の厳格な実践に関わる諸規定も取り除かれてしまった。

むしろここに、フランチェスコの諦念《ていねん》を読み取るべきなのかもしれない。自分の生き方と、自分が創設のきっかけになった修道会のそれとは別の事柄ではないか、と。事実ここから先、彼はあまり積極的に修道会運営に関わらなかった。孤独な隠遁生活に入ったフランチェスコは、日々体を蝕《むしば》んでいく病に苦しみながら、自らの精神を次第に昇華させていったかのようである。一二二四年の九月、山奥の隠所で瞑想《めいそう》に耽《ふけ》っていた彼を熾天使《じてんし》(セラフィム)が訪《おとな》う。恍惚《こうこつ》としていると、両手両足にみるみる穴があき、あばらには一筋の傷が現れた。キリストが十字架上で受けた傷、すなわち「聖痕」を受けた史上初めての人物に、フランチェスコはなった。森羅万象《しんらばんしょう》、あらゆる被造物への惜しみない愛を謳《うた》う『兄弟たる太陽の賛歌』が書かれたのもこの時期である。少しずつ天へと向かっていくフランチェスコの心は、病に苛《さいな》まれ弱っていく体とは裏腹に、穏やかであったのかもしれない。

聖人の死後の生？――フランチェスコ像の行方

一二二六年十月三日、アッシジのフランチェスコが息を引き取ると、周囲はにわかに騒がしくなった。多くの人がこの愛すべき男の喪失を嘆くかたわら、故人のカリスマを利用する算段が始まった。まずは遺骸《いがい》の確保こそ、アッシジの人々にとって喫緊《きっきん》の課題だった。なにしろ聖人の呼び声高い人物だ。この霊験《れいげん》あらたかな「聖遺物」を余所者《よそもの》、例えばペルージャの連中が奪いに来ないとも限らない。

それから二年も立たない一二二八年七月十六日、教皇庁はフランチェスコの列聖（聖人として教皇から承認を受けること）を宣言した。列聖を急いだ背景には、当時神聖ローマ皇帝との争いで劣勢だった教皇が権威強化にこのイベントを利用しようとした、という政治的事情も指摘される。実際、列聖と同時に聖人を埋葬し直す巨大で壮麗《そうれい》な聖堂の建立がアッシジで始まった（サン＝フランチェスコ聖堂）。こんなものはフランチェスコが掲げた清貧の理想におよそ似つかわしくない、という少なからぬ修道士の声は無視された。豪華絢爛《ごうかけんらん》で収容人員も大きい新しい霊廟《れいびょう》は、巡礼者の大群を呼び寄せるだろうから。

一方、フランシスコ会内部では創設者の死後も路線対立が絶えなかった。短期的には、エリート主義的で組織を重視する一派が勝利を収めつつあった。彼らは聖人の権威を利用するにつけても抜け目がなかった。一二五七年に修道会総長に選ばれたボナヴェントゥラ(一二二一?—七四)は、パリ大学神学部教授も務めた卓越した知識人だった。一二六〇年、彼は修道会からの委託により、聖フランチェスコの新しい伝記を執筆した。その筆になるフランチェスコは、初期の伝記に比べると、人間味の薄い完全無欠の聖人である。この時代、フランシスコ会士はすでに三万名を超え、その活動範囲はヨーロッパ全土を中心にはるかモンゴルの地まで広がっていた。これだけ巨大な組織の精神的核たるべき創設者のカリスマに、少しでも曖昧《あいまい》なところがあっては困るのだ。一二六六年、ボナヴェントゥラの作品は修道会公認のフランチェスコ伝とされ、おまけにそれ以前の全ての伝記は廃棄するよう命じられた。

ボナヴェントゥラの描く「公式版」フランチェスコは、何よりも数々の奇跡を行うスーパーマンである。その禁欲生活は美徳として称揚《しょうよう》されるが、普通の人間が現実に真似できるものとは考えられていない。聖フランチェスコは崇《あが》め奉る対象であって模倣すべきモデルとは言えない。こうした聖人の捉え方は、清貧を追求する一派から大きな反発を招き、彼らもまた自分たちのフランチェスコ像を描く。それによれば、聖人は特異な存在でこそあれ、彼が掲げた清貧の理想はすべての修道士が実践すべきものである。フランチェスコは正しき生活の模範なのだ。両派の対立は、十四世紀に入りますます抜き差しならないものとなる。突き詰めれば、フランチェスコの理念に則《のっと》った生き方とはいかなるものか、という問題がその焦点だった。結局、一五一七年に二つの潮流は袂《たもと》を分かち、別々の修道会として歩んでいく。

アッシジのフランチェスコの稀有《けう》な人生は、同時代人に感銘を与えると同時に、戸惑いも引き起こした。その死後も、彼の理想についてさまざまな解釈が提起され、多種多様な人物像が描かれた。こうした人間としての複雑さ、懐の深さこそ、何百年にもわたりこの「俠」が人々に愛されてきた理由なのかもしれない。

⊙参考文献
川下勝『アッシジのフランチェスコ』(「清水書院　人と思想」、二〇〇四年、新装版二〇一六年)
キアーラ・フルゴーニ(三森のぞみ訳)『アッシジのフランチェスコ——ひとりの人間の生涯』(白水社、二〇〇四年)
ジャック・ルゴフ(池上俊一・梶原洋一訳)『アッシジの聖フランチェスコ』(岩波書店、二〇一〇年)

シモン・ド・モンフォール

…Simon de Montfort…

英雄か? 国政改革運動の指導者

苑田亜矢

シモン・ド・モンフォール(一二〇八頃—六五)は、フランス出身のイングランドの貴族で、イングランド国王ヘンリ三世(在位一二一六—七二)に対して国政改革を求めた伯やバロンといった諸侯による反乱を指導し、一二六五年のパーラメントへ、従来通りの聖俗貴族に加え、州と都市の代表を召集したとされる人物である。かつては、このパーラメントを議会の起源とみなし、シモンの果たした役割を英雄視してきた。また、彼は、国王やその一族等の専制支配に対する民主主義的運動の先駆《せんく》ともみられてきた。しかし、このような見方は今日までに見直されている。どのように見直されているのだろうか。シモン・ド・モンフォールの人生を辿《たど》ってみたい。

シモン・ド・モンフォールとヘンリ三世

シモン・ド・モンフォールは、アルビジョワ十字軍で活躍したシモン・ド・モンフォールの三男として、一二〇八年頃にフランスで生まれ、一二三〇年頃にイングランドに渡ったとされる。シモンは、祖母アミキアがレスター伯ロバートの娘であることから伯位を請求し、一二三九年に正式にレスター伯位を与えられた。また、一二三八年には、国王ヘンリ三世の妹で、ペンブルック伯ウィリアム・マーシャル二世の未亡人だったイリナと結婚する。国王とシモンとの関係は一二三九年前半までは順調だったようだが、その後はそうではなくなり、国政改革運動のなかで国王と対決する関係となる。

ヘンリ三世は、父ジョン王の死後、九歳でイングランド王となり、一二三四年から親政を開始した。ヘンリ三世とイングランド諸侯との対立の背景の一つをなしていたのは、彼の対外政策だったといってよいだろう。ヘンリ三世は、ジョン王の時代に失った大陸側の領土の回復を試みたが、成果があがったとはいえず、その遠征費はかさむばかりであった。また、南フランスにおける政策的意図からかジョン王もヘンリ三世も中部及び南部フランスの貴族と縁組みしており、ヘンリ三世は、イングランドの貴族より、彼の親族や姻族《いんぞく》である南フランス系の貴族を重用する政治を行っていた。このようななか、一二三七年にヘンリ三世は、一二三〇年以降のフランスとの戦費その他の出費を埋め合わせるための援助金の徴収についてイングランドの諸侯に同意を求め、彼らの反発を生んだという。その後も国王は、戦費を理由とする援助金への同意を諸侯に求めたが、拒否されている。

国政改革運動

一二五八年春から始まる国政改革運動の直接のきっかけは、ヘンリ三世が行おうとしたシチリア遠征にあった。この遠征は、ローマ教皇がヘンリ三世の次子エドマンドにシチリア王位を与えるみかえりに、ヘンリ三世が、ホーエンシュタウフェン家の支配下に置かれていたシチリアをローマ教皇の封建的宗主権の下に回復すべく計画されたものだった。この遠征資金を得るため、ヘンリ三世は、ロンドンで援助金の徴収に対する同意を諸侯に求めた。これに対し、レスター伯シモン・ド・モンフォールやグロスター伯リチャード・ド・クレア(一二二二―六二)等の貴族を含む諸侯は国王に改革の要求を提出し、これに対する国王の合意に基づく協定が、一二五八年五月に、国王と貴族の間に成立した。その内容は、国王側十二名、貴族側十二名で構成される二四人委員会によって国政改革方針が立案され、六月に開催される予定のオクスフォードでのパーラメントでその決定がなされることなどを条件に、貴族はシチリア遠征のための援助金を徴収できるように努めるというものであった。なお、パーラメントは今日では議会と訳される語であるが、レスター伯シモンが生きた時代のパーラメントが、今日と同じ意味では捉えられないことについては、後述したい。

一二五八年六月に開催されたオクスフォードのパーラメントの決議の内容が記されているオクスフォード条款《じょうかん》では、国王が十五人の諸侯からなる評議会を置くこと、パーラメントは年に三回開かれるべきことなどが定められており、諸侯が、王の恣意《しい》的《てき》支配を制限するために貴族寡頭《かとう》政的な体制を構築しようとしたことがうかがえる。この十五人の中にはレスター伯シモンもいたといわれている。また、この条款では、地方行政の面でも大規模な改革が計画されていた。

一二五九年十月には、オクスフォード条款と基本的な方針を同じくし、総じて中小領主である騎士《きし》層を保護する規定を多く含むウェストミンスタ条款が公表される。しかし、ここが国政改革運動の頂点で、その後は急速にその力が失われていき、国王は権力を回復することになる。この十月までに、改革に取り組んできた諸侯の中で、レスタ伯シモンを中心とする改革派諸侯と、グロスター伯リチャードをはじめとする保守派諸侯とが対立するようになっており、一二六〇年後半には十五人評議会は実質的には機能しなくなる。レスター伯シモンは孤立していったとされ、一二六一年十月には彼はフランスへ去る。しかしレスター伯は、中小領主の騎士層の期待に応えて一二六三年にイングランドに帰還する。国王とレスター伯シモンの対立は続き、両者は、国王ヘンリ三世の義兄にあたるフランス国王ルイ九世(在位一二二六―七〇)を仲裁人とすることに同意した。しかし、一二六四年一月に出された仲裁判断の内容はヘンリ三世に有利なもので、オクスフォード条款と改革運動の結果すべてを無効とする内容だった。このため、レスター伯シモンは、武力を用いて改革を推進する道を選び、内乱となった。一二六四年五月十四日、レスター伯軍とグロスター伯軍の連合軍はリュイスの戦いで国王軍に勝利し、国王ヘンリ三世とその息子エドワード、そして王弟コンウォール伯リチャードを捕虜《ほりょ》とした。

その後の国政運営においては、グロスター伯に比して年長のレスター伯が、事実上、指導権を掌握しうる状況にあった。一二六二年に死去した父グロスター伯リチャードを、その子ギルバート(一二四三―九五)が継いでいたからである。いずれにせよ、一二六四年六月に開催されたパーラメントでは、新たな政府について議論され、レスター伯、グロスター伯、チチェスタ司教の三名が暫定《ざんてい》政府を指揮し、この三名によって選ばれる九人から成る会議が、王と王国のための統治を行うこと等が、六月二八日までに宣言された。この一二六四年六月のパーラメントには、従来通りの聖俗貴族に加え、各州から四人の騎士が初めて召集されている。また、十二月十四日の召集状等に基づいて開催された一二六五年一月のパーラメントには、聖俗貴族、各州から二名の騎士、そしてそれに加えて初めて、各都市から二名の都市民と五港都市それぞれから四人の都市民が召集された。目的は、「最近の王国での騒乱を解決するため」であった。これら一二六四年六月と一二六五年一月のパーラメントが、「シモン・ド・モンフォールの議会」ともいわれる。

この間も、イングランド内は不安定な状況が続いていた。四月には、レスター伯は、自らの政府への対抗勢力を鎮圧《ちんあつ》するため、ウェールズに近い町に入った。しかし、五月には軟禁状態に置かれていた王子エドワードが、グロスター伯の弟の助けによって逃亡に成功した上、エドワード、グロスター伯、ウェールズ辺境伯等が、レスター伯支持派を打ち負かし、レスター伯は劣勢に立たされることになる。この頃には、レスター伯は、グロスター伯の支えも失っていたことになる。レスター伯は守勢に立たされ、ついに、その息子ヘンリや彼を支持する諸侯とともに、イヴシャムで戦死した。一二六四年五月十四日にリュイスの戦いで勝利してから、一二六五年八月四日の死までは、十五ヶ月だった。他方、レスター伯とそれまでともにいた国王ヘンリ三世は、救出された。

シモン・ド・モンフォールのパーラメント

冒頭で触れたように、シモン・ド・モンフォールは、通説に従えば、一二六五年のパーラメントへ州の代表と都市の代表を召集した人物として、議会史上評価されてきた。一二六五年のパーラメントに、議会の庶民院の起源を見ているからである。しかし、このような評価は、今日では否定されている。なぜなら、ヴィクトリア女王（在位一八三七—一九〇一）の下でイギリス帝国が繁栄した時期の議会政治を高く評価した当時の研究者が、その議会の起源を十三世紀にまで遡《さかのぼ》らせることにより、イギリス国民の先進性を強調する意図から、このような評価が生まれたからである。以下では、朝治啓三『シモン・ド・モンフォールの乱』に基づきながら、従来の評価を見直してみたい。

　見直しを行う前に、確認しておきたいのは、上述の通り、一二六四年六月に開催されたパーラメントには、従来通りの聖俗諸侯に加えて、州の騎士が初めて参加していること、一二六五年一月のパーラメントには、州の騎士だけでなく、さらに、初めて都市民が参加しているということである。しかし、これらのパーラメントへの州と都市の代表の召集は、庶民院の起源と位置づけられうるのだろうか。以下では、一二六五年のパーラメントを中心に検討してみたい。

　まず、一二六五年一月のパーラメントへの都市民の召集に関していえば、全ての都市宛に召集状が出されたという証拠はないようである。レスター伯は、どの都市の都市民を召集するか、慎重に選んだのではないかと考えられている。また、都市民は、一二六五年以後、パーラメントに必ず召集されるようになったというわけでもない。

　次に、州からの騎士の召集についてみると、騎士が出席していない州もあったことが分かっている。パーラメントが閉会した後とみられる時期にそれらの州の幾つかに出された命令書では、騎士を送るよう命じており、従わない場合には罰すると書かれている。閉会し、他州の代表が帰郷したとみられる後に、それら幾つかの州の騎士の参加を求めているところからは、このパーラメントが、州代表の全員参加を制度化する意図をもって開かれたわけではないことが分かる。また、このパーラメントが開かれた頃のイングランドの政治状態はなお不安定であったから、レスター伯の政府に従順ではない州は、召集に応じなかったものとも考えられる。

さらに、上記の都市民とは別に、五港都市それぞれからは四人の都市民が召集されている。五港都市とは、イギリス海峡に面したイングランド南東部沿岸の特権的港湾都市である。他の都市に比べてこれらの五港都市が優遇されているのは、なぜだろうか。それは、五港都市が、レスター伯の強力な支持者であったことと無関係ではないことが指摘されている。

加えて、その前年の一二六四年六月のパーラメントに召集された騎士についても、レスター伯の政府によって新しく任命された治安官に、レスター伯の支持者の中から選ばせたことが、推察されている。

以上のように、シモン・ド・モンフォールのパーラメントに州や都市の代表が召集されたのは、国政を議論するためというより、レスタ伯の政府への支持者を集め、軍事的援助や経済的援助を得るためだったといえるのではないだろうか。シモン・ド・モンフォールのパーラメントには、今日のイギリス議会の特徴である貴族院と庶民院の区別も代議制的要素も、未だ見いだせない。

シモン・ド・モンフォールについての評価

シモン・ド・モンフォールについての評価は、長い研究史のなかで、どのように変化してきたのだろうか。シモンはイヴシャムでの戦死後に、数々の奇跡を起こしたとされており、彼の墓があるイヴシャムの修道院には多くの巡礼が訪れたといわれている。シモンは聖人視され、正義の英雄として神話化されていく。そして、十九世紀後半のヴィクトリア女王の時代に、前述したような、イギリスの議会制度の発展に貢献した人物としてのシモン像が形成される。シモンは、国王の直臣《じきしん》としての自らの特権を犠牲《ぎせい》にして、中小領主である騎士達や都市民等の期待に応えた利他主義者として英雄視されるのである。

しかし、現在に至るまでの新たな研究においては、こうした見方は否定されている。これは、シモン・ド・モンフォールのパーラメントを含む議会史研究が進展し、深化したこととも無関係ではないだろう。ただし、新たな研究が描くシモン像は一つではなく、実に多様である。そのなかの幾つかを紹介したい。

まず、シモンは、国政改革運動の最初からずっとその指導者だったのかという点についてみると、一二五八年に国政改革運動が開始して以降もシモンは度々フランスに渡っており、シモンが主導権を発揮するのは一二六三年にイングランドに戻って以降の二年余りに過ぎないとみる者もいる一方で、一二五八～六〇年の改革当初から、シモンはその運動の中心人物だったとみる者もいる。

次に、シモンは、利他主義者だったのかという点についてみると、新たな研究は、中小領主の騎士層や都市民等の利益を考慮した利他主義者としての側面よりも、自分自身やその家族等の利益を優先する利己主義者としての側面を強調するようになっている。それらの研究は、シモンが、シモンの妻イリナの前夫からの寡婦産《かふさん》をヘンリ三世に迫ってできるだけ多く設定させようとしたり、リュイスの戦いで負けた貴族の財産や官職をシモンの家族に与えたりしたという点等に、シモンの利己主義者としての姿をとらえている。

その他にも、シモンの軍事的才能、その支持者の多様性、ヘンリ三世の宮廷や顧問《こもん》からフランス人貴族を追放することへの拘泥《こうでい》、敬虔《けいけん》なキリスト教徒、理想主義者等の側面が指摘されている。新たな研究が指摘するこれら全ての性質のなかには両立しえないと思われるようなものも混在しているが、シモンがどのような性質の人物だったとしても、シモンが多くの研究者によって注目され続けているのは確かであり、ヘンリ三世治世後半の国政改革運動を、レスター伯シモン抜きで語ることはできないだろう。

レスター伯シモンが指導した国政改革運動のなかで成立したウェストミンスタ条款の内容をほぼ引き継いだモールバラ法（マールブリッジ法）が、一二六七年のパーラメントで定められた。中小領主を保護しようとする諸侯の要求は、そのままの形ではないものの、次のエドワード一世治世（在位一二七二―一三〇七）に立法化されたのである。

⦿**参考文献**

朝治啓三「シモン・ド・モンフォール研究の現在――アンジュー帝国の視点から」(『関西大学文学論集』六七-四、二〇一八年)

朝治啓三『シモン・ド・モンフォールの乱』(京都大学学術出版会、二〇〇三年)

朝治啓三「シモン・ド・モンフォール研究の動向」(『イギリス史研究』三六、一九八四年)

城戸毅「王権と諸侯――イングランド身分制国家の形成」(青山吉信編『世界歴史大系　イギリス史1――先史〜中世――』山川出版社、一九九一年)

城戸毅『マグナ・カルタの世紀　中世イギリスの政治と国制　一一九九―一三〇七』(東京大学出版会、一九八〇年)

佐藤伊久男「貴族による『政治的改革』運動の構造――『封建制確立』の歴史的把握のための一試論」(イギリス中世史研究会編『イギリス封建社会の研究』山川出版社、一九七〇年)

森岡敬一郎「The Provisions of Oxford(一二五八年)の一考察――第十三世紀中葉に於ける封建的叛抗の一性格――」(『史学』二七―四、一九五四年)

渡辺節夫「ルイ九世とヘンリ三世期の英仏関係〔一二〇四～一二五九年〕」(朝治啓三・渡辺節夫・加藤玄編著『中世英仏関係史　一〇六六―一五〇〇――ノルマン征服から百年戦争終結まで』創元社、二〇一二年)

エドマンド・キング(吉武憲司監訳)『中世のイギリス』(慶應義塾大学出版会、二〇〇六年)

「俠の歴史」

中東編

「正義」を貫いたシーア派イマームと、信徒が語り継いだその記憶

フサイン
…al-Ḥusayn b. ʻAlī…

杉山隆一

ウマイヤ朝（六六一〜七五〇年）の圧政を終焉《しゅうえん》させて「正義」を実現すべく、六八〇年に現在のイラク中部のカルバラーにてカリフ・ヤズィード（在位六八〇―八三）の送った大軍に一歩も引かず戦い抜き、非業《ひごう》の死を遂げたシーア派第三代イマーム・フサイン（六二六―六八〇）。彼の死は「カルバラーの悲劇」としてシーア派信徒のなかで語り継がれ、その記憶は今なお宗教儀礼や政権への抗議活動などの面で信徒に行動の規範を与えている。

はじめに

西暦六八〇年十月十日（ヒジュラ暦六一年ムハッラム月〔一月〕十日）。この日は、現在イスラームの信徒全体のうち約一割の少数派であるシーア派にとって、今もなお忘れ得ぬ日となっている。預言者《よげんしゃ》ムハンマド（五七〇?―六三二）の血を引き、同派の信徒共同体の指導者であるイマームと呼ばれる地位にあった人物のうち、第三代のフサインが、現在のイラクのカルバラーにてウマイヤ朝の第二代カリフ・ヤズィードとその軍勢によって非業の死を遂げた日である。

アリーとその支持者たちの戦い――「正しい」指導者は誰か

なぜ、このフサインがカルバラーにて殺害されねばならなかったか、その背景を知るためにムハンマドの時代から話をはじめてみよう。ムハンマドは存命中、有力部族クライシュ族の重鎮《じゅうちん》たちや自らの従弟であるアリー（六〇〇頃―六六一）ら教友の強い支援を受け、イスラームの布教と拡大に努めた。ムハンマドは六三二年に亡くなるが、その死後に彼の後を継いで信徒共同体を指導していく人物を誰にするかで混乱が生じる。

有力候補のひとりであったアリーは、最初期にイスラームに入信し、さらに数々の戦《いくさ》で戦功を上げたこともあり、ムハンマドの娘ファーティマを娶《めと》るほど彼からの高い信頼を得ていた。また、ムハンマドは自身が亡くなる直前に行った最後のメッカ巡礼《じゅんれい》である「別れの巡礼」にて、「私を主人とする者は皆、アリーをも主人とする」という言葉を述べたとされる。

しかし、実際にムハンマドの後継としてカリフの位についたのは、教友のひとりで、共同体の中でも長老的な立場にあったアブー・バクル（在位六三二―六三四）であった。以後、カリフ位はアブー・バクルからウマル（在位六三四―六四四）、ウスマーン（在位六四四―六五六）へと継承されていく。他方、アリーの支持者たちは、先述の通りアリーがムハンマドの近親で、彼から大きな信頼を寄せられていたことや、ムハンマドの「別れの巡礼」での発言を根拠に、アリーこそがムハンマドの後継者で、信徒を指導すべき地位に就くべきだと主張した。このアリーの支持者たちはシーア・アリー（アリーの党派）と呼ばれ、後にアリーの語が省略されるようになり、シーア（派）と呼ばれるようになる。彼らはアリーとその血統を受け継ぐ者こそ信徒共同体の指導者(イマーム)にふさわしいとも考え、のちにアリー以前のカリフは「簒奪者《さんだつしゃ》」であるとも主張するようになる。アリーは六五六年になりようやくカリフに就任したが、すぐに当時シリア総督であったウマイヤ家のムアーウィヤ(六八〇年没)との抗争を余儀《よぎ》なくされ、六五七年にはスィッフィーンの戦いが起きる。両者の抗争は雌雄《しゆう》決することなく和議《わぎ》が結ばれるが、徹底抗戦を唱え袂《たもと》を分かったハワーリージュ派と呼ばれる一派に六六一年に殺害される。

アリーを失ったシーア派では、イマームの位にその息子ハサン(六二五―六七〇)が就任する。ムアーウィヤはアリー支持者の分裂を尻目に同年ウマイヤ朝(六六一～七五〇年)を創始し、カリフ位に就任するが、ムハンマドの血を引くアリーの一派を政敵として疎《うと》ましく思っていた。ハサンはムアーウィヤに妥協的な姿勢を示しつつも、最終的に六七〇年に亡くなる。その死は毒を盛られてのものだったと言われる。

若き日のフサイン――ウマイヤ朝への怒り

フサインはハサンの弟で、幼少期においてムハンマドの家族とともに養育された。祖父であるムハンマドが自身の幼いうちに亡くなったこともあり、若き頃からアリーを手本としていたと言われ、彼の戦う姿勢や預言者一族の血統のもつ誇りを受け継いだと伝えられる。こうした自らを取り巻く環境の影響を受けたためか、第三代正統カリフ・ウスマーン(在位六四四―六五六)の存在、ウマイヤ朝の敵対的な姿勢、さらにはハサンの宥和的《ゆうわてき》な施策に対して批判的であった。彼は、先述のカリフ・ウスマーンのメディナの家屋がエジプトからの反乱軍により包囲された事件の際に、ウスマーン側への加勢を拒んでいる。また、後のウマイヤ朝第四代カリフ・マルワーン（在位六八四―六八五）が最初のメディナ知事時代（六六一～六六八年）に行っていたアリーへの呪詛《じゅそ》に対抗して、マルワーン自身と預言者に罰せられたその父ハカムへの呪詛も行っている。但し、ハサンの存命中はおしなべて彼の意向に従わざるを得ず、彼が結んだウマイヤ朝との和睦《わぼく》を仕方なく受け入れていた。この和睦を受け、彼はムアーウィヤの存命中にウマイヤ朝に対してあからさまな敵対の姿勢を示すことはなかった。ムアーウィヤが勧めた有力部族の女性との婚姻も行っているが、この結婚は長続きせず、長期的な視点ではムアーウィヤとの関係改善に裨益《ひえき》するものでなかった。ハサンの示した方向性に従いながらも、預言者の一族がもつべき共同体の指導権を「簒奪」したウマイヤ朝への敵意を胸に秘めていたのである。

ハサンが六七〇年に亡くなった後、フサインは第三代のイマームとしてシーア派共同体の指導を行うことになる。ハサンの死没後、ムアーウィヤはシーア派に対する圧力を強め、信徒の処刑も行ったが、フサインは先述の和睦を理由として彼の存命中に直接的な行動を取らなかった。だが、六八〇年に彼が死去した後、息子のヤズィード（六八三年没）がカリフ位を世襲すると、態度を変えてゆく。ヤズィードはフサインに対して自らへの「臣従の誓い（バイア）」を迫るも、フサインは預言者の後裔《こうえい》が共同体の指導権を有するのが正しいとして、その要求を拒否する。こうした状況の下、アリーが拠点としていたイラク中部の都市クーファから支援の要請が届く。フサインの支持者の間では、スィッフィーンの戦いで消極的であったクーファの民に信用を置くか否かについて意見が分かれたものの、六八〇年九月十日(十二日という説もあり)、彼はメッカからクーファを目指すことを決断し、出立する。しかし、やはりクーファの民の一部の内通者がフサインの出立をウマイヤ朝側に知らせてしまう。フサインの動向を知ったヤズィード側はクーファを制圧した上で、彼らがクーファに至る途上に大軍を派遣する。この際にカルバラーなる場所で起きた六八〇年十月十日のウマイヤ朝側による包囲戦、ならびのその結末となったフサインおよび彼の軍勢の悲劇的な死が、現在にまで語り継がれる「カルバラーの悲劇」である。

「カルバラーの悲劇」——フサイン殺害の一部始終

フサインが死に至るまでのあらましについて、初期の史料に伝えられる点に依拠しながら説明していこう。フサインは一族の成年男子や彼の支持者、さらには自らの妹ザイナブをはじめとした女性と子供らを率いて、メッカを出立する。クーファに近づいた際、まずはヤズィード側の武将フッルとその配下がその行く手を阻む。この時、フッルは戦わずしてフサインのカルバラー行きを止めることを望んでいたため、双方が戦火を交えることはなかった。だが、フサイン側はフッルの軍勢に迫られ、十月二日に砂漠の中のカルバラーなる場所で宿営を張ることを余儀なくされる。その翌日、クーファから四〇〇〇名とも言われるウマイヤ朝の大軍が到着し、フサイン一行がユーフラテス川に近寄れない形で戦陣を組む。フサイン側は長期間の戦闘を耐え凌ぐだけの水を持ち合わせておらず、地域一帯特有の乾燥した気候もあって、徐々に渇きに苦しんでいくことになる。フサインの兄弟、アッバースらが水の確保のために決死の覚悟で川に向かうも、得られた水はいくつかの革の水筒を満たす程度であった。十月九日の午後になり、戦局が動く。フサイン側は自らの宿営に向けて接近を開始した敵軍の動きを察知し、アッバースをウマイヤ朝軍に送り、交渉の上一晩の休戦の約束を取り付ける。多勢に無勢であったフサイン側は、防御を固めるべく天幕を一か所にまとめるとともに、背後からの攻撃を防ぐために側溝に木や葦《あし》を積み上げ、火を放つ準備を進める。

翌十日の日の出の時、フサインは一説によれば三二名の騎士、四〇名の歩兵、合計七二名とも伝えられる軍勢とともに、天幕の前にて左翼・右翼に戦陣を張り、迎撃態勢に入る。この時、先述のフッルも預言者の孫に敵対することに怒りを覚え、フサイン軍に加勢する。フサイン自らは馬にまたがり、その後積み上げていた木や葦に火を放つよう命じる。そして自身の正しさを説いた後、彼は自身の馬に足枷《あしかせ》をつけ、不退転の決意を示す。そして、戦闘が開始される。フサイン軍は

カルバラーの戦いの様子
（デヴィッドコレクション蔵）　Alamy提供

勇猛に抵抗し、敵の左翼・右翼からの攻撃を食い止め、逆に犠牲を生じさせる。その後、敵軍はフサイン側の天幕に火を放つことに成功する。しかし、逆に炎によって敵軍は進軍できなくなり、さらに敵兵のためらいもあって、フサイン側はこの時点で大きな損失を出すことなく耐え忍ぶ。

昼に礼拝を済ませたフサイン側の一行は、午後になり戦陣を小さくして戦いを挑む。しかし、これ以降抵抗もむなしく敵軍は自陣へと分け入っていく。フサイン側は次第に劣勢を強いられ、彼の長子アリー・アクバルを皮切りに、ハサンの息子カースィム、先述のフッル、さらにはアッバースなど多くが犠牲となっていく。いよいよ戦闘が可能な者はフサインを残すのみとなる。フサインは敵の兵により包囲される。この時、彼は自らの子供であった乳呑児《ちのみご》(アリー・アスガル)を膝《ひざ》の上に抱えていた。この乳呑児も、敵の矢で首を射抜かれて死に至る。この子の死後、少数の敵兵がフサインとの距離を徐々に詰めるが、ムハンマドの孫に致命傷を負わすことを大いにためらう。その様子を見たフサインは敵兵に果敢にも攻撃を仕掛け、一説によれば多数の敵を倒したとも言われる。しかし、反撃むなしくフサインも手、肩に傷を負い、崩れ落ちる。倒れたフサインは再び斬りつけられた後、その首を斬り落とされ、壮絶な最期を迎える。フサインの死後、ウマイヤ朝軍は、彼の首、そして天幕に残されていたゼイナブら女子供を王朝の本拠があったダマスカスへと運んでゆき、この悲劇は幕を閉じる。

フサイン殺害の記憶の継承
――シーア派における「カルバラーの悲劇」の語りと哀悼儀礼の発展

以上が「カルバラーの悲劇」の大要である。預言者の孫でありシーア派のイマーム位にある人物が無残にも殺害されたこの事件は、当時のイスラームの信徒共同体全体に大きな衝撃を与えたと言われる。特に残されたシーア派の信徒は、フサインとその一行がウマイヤ朝に立ち向かって遂げた非業の死に対して、被抑圧者、少数派としての思いを強くしたのみならず、悔悟《かいご》の情を抱き、自らを責めたてた。中でもクーファの民は、フサインの救援に駆け付けなかったことを恥じ、六八四年にウマイヤ朝に対して蜂起し(タウワーブーン〔悔悟者たち〕の乱)、フサインの血の復讐《ふくしゅう》を目指したが、このような直接的な行動は失敗に終わる。

こうしたなか、シーア派信徒の間では、フサインの死の記憶を留め、哀悼《あいとう》の意を捧げるために独自の宗教慣行や儀礼の発展が促されていく。そして、フサインの死とその悲劇の語り・記憶は、信徒の間で時を経るごとに加筆され、さらには信徒集団にとっての「正義」の実現や彼らの結束の強化のためのシンボルとして利用されるようになっていく。

フサインの死への弔いとしては、まずクーファの悔悟者たちにより哀悼集会が彼の死の直後から開始されたと言われる。そのなかで、さまざまな哀悼行為が行われるようになっていく。伝えられるところの初期の哀悼行為としては、フサインが死に至るまでに体験した痛みを追体験するために胸などを叩く自傷行為、彼の死を弔い号泣する行為、などがある。ウマイヤ朝治下では、支配権力側からのシーア派に対する干渉を避けるために、こうした行為は大々的に行われることはなかった。しかし、七四九年に成立するアッバース朝から九三二年誕生のブワイフ朝期にかけて、親アリー勢力やシーア派への支持が高まりを見せたことを背景に、こうした儀礼は公衆の面前で行われるようになったと言われる。

そして、哀悼集会の中では、自傷行為や号泣はもちろんのこと、「殉教語り」と呼ばれる語り部によるフサインの殉教譚《じゅんきょうたん》の朗誦《ろうしょう》も行われるようになった。このフサインの殉教譚は、八世紀にはすでにアブー・ミフナフ(七七四年没)によりテクスト化されていたと言われる。そして先述のような地域の政治・宗教事情の変化を受けながら、時代を経るにつれて多くの知識人が取り上げるテーマとなって多数の作品が登場し、イマームの「殉教」を主題とするマクタル文学というひとつのジャンルが確立されるにまで至る。語り部による「殉教語り」は、通常このマクタル文学にもとづいて、フサインの死の悲劇の一部始終を語る形で行われる。先にこの悲劇の一部始終についての大要を述べたが、歴史上多くの知識人が扱ってきたテーマであるため、その描写は作品ごとに異同がみられる。埋葬地などが異なりを見せ、脚色も加えられていくことになる。その例として、先述のハサンの息後代に語り継がれていくなかで、カルバラーでの死者の数や彼らの死に至る状況、さらには死者の子カースィムとフサインの兄弟アッバースの死の過程の話が挙げられよう。前者は、フサインの娘との結婚を予定していたが、最期が近いと悟ったフサインの導きで戦いの最中に結婚するも、敵との戦闘で殺害される話に、後者は十日の午後に女性・子供のために決死の覚悟でユーフラテス川に水を汲みに向かい、敵に惨殺《ざんさつ》されてしまう逸話《いつわ》へと書き改められていく。シーア派信徒の間ではこの殉教譚の朗誦が、こうした後代に付加された内容も加えながら独特のリズムに乗せて繰り返し行われ、多くの信徒のフサインへの哀悼の意を掻き立ててきた。前近代においては、特に文盲の信徒を強く惹きつけた行為であったことは想像に難くない。さらにこれらの悲劇的な逸話は、読み手、聞き手、哀悼儀礼への参加者となるシーア派の信徒にとって、先述のような自らが少数派であり、抑圧の対象となっているという意識をさらに強める役割を果たしたことであろう。

哀悼集会の開催は時を問わず行われるものとなるが、最も盛大なものはフサインの命日であるヒジュラ暦ムハッラム月十日に執り行われるアーシューラーと呼ばれる集会である。九六三年、ブワイフ朝の君主ムイッズ・アッダウラ（九六七年没）は、バグダードでのアーシューラーの催行を公式に認可する。その日のバグダードの街中では、人々が哀悼の意を表して行列を成して練り歩き、店舗は黒い布で飾られ、アーシューラー専用の建物も建てられた。女性たちの参加も伝えられ、フサインを偲《しの》んで顔を叩く自傷行為を行い、髪を振り乱し、泣き叫んでいたと言われる。おそらくはその際に殉教語りも行われていたのかもしれない。こうしたフサインの哀悼儀礼は、

現在のアーシューラーの様子　（アフガニスタン、2013年）

ロイター／アフロ提供

シーア派信徒が暮らす各地で行われるようになり、特にアーシューラーの日には盛大に挙行され、場合によってはスンナ派との激しい対立をもたらすことにもなった。

さらに最初期から行われていた哀悼の儀礼として、フサイン廟《びょう》への参詣《さんけい》がある。イスラームでは墓廟への参詣は偶像崇拝につながるとして忌避《きひ》されるものであったが、彼の死没地であるカルバラーに建てられた廟への参詣は、この悲劇を生き延びた人々や先述の悔悟者たちによって彼の死直後から行われるようになったとも言われる。のちに、フサインをはじめ、全員が「殉教」したとされる各イマームの墓廟への参詣は、シーア派信徒の間で現世・来世における利益を獲得する救済の手段のひとつとして慣行化され、時を経るごとに広まりを見せた。十世紀頃には同派の知識人がその他のイマームたちの墓廟も対象とした形で廟参詣の理論や作法を編み出して、公的に推奨される宗教慣行となる。なかでもフサイン廟参詣は同派の信徒にとっての義務とされている。この廟参詣に加え、これまでに述べてきたフサインに対する哀悼の意を表するための自傷・号泣、「殉教語り」などの行為の実践も、信徒を救済に導くものとして考えられるようになり、信徒の間への哀悼行為の浸透を促すものとなる。

中近世における哀悼儀礼の拡大と変容

以上のような哀悼の儀礼は、初期においては主にイラクを中心としたアラブ地域が発展の舞台となった。他方、イラン地域一帯においては十一世紀頃には詩人がペルシア語でフサイン哀悼の詩作を開始し、十四世紀以降の地域一帯でのムハンマド一門への崇敬の高まりを経て、ティムール朝最末期の十六世紀初頭のヘラートではペルシア語で著されたマクタル文学の記念碑的な作品『殉教者の園』も登場する。こうしたペルシア語による「殉教語り」の著作の登場に加え、十六世紀成立のサファヴィー朝によるシーア派化政策の推進もあり、イラン地域にも哀悼儀礼が本格的に定着しはじめる。さらには、ペルシア語文化の影響を受け、イラン地域からの移民も多く見られた南アジアのシーア派地域、特にインド南部方面にもフサイン殉教譚、哀悼儀礼が広まりを見せていく。

そして、イラン地域においては、フサインへの哀悼儀礼がシーア化の進行にともなって盛んになるとともに、新たな展開を見せていく。サファヴィー朝期には君主が臨席するなかで、行進や哀悼行為が壮麗《そうれい》な形で行われ、十七世紀末にはワクフ(宗教寄進)の収益を原資とした儀礼の挙行が確認できるようになる。また、今日でも南アジアなどで見られるような流血をともなう激しい自傷行為は、トルコ系の人々、特にグラートと呼ばれる逸脱的なシーア派を信仰し、サファヴィー朝に臣従してその軍事力となったキズィルバーシュ諸部族がイラン地域北部からコーカサス一帯においてはじめたとも言われている。

ガージャール朝(一七九四〜一九二五年)期になると、現在のイラクに位置するフサイン廟にも、イランから国境を越えて多数の信徒が参詣するようになり、十九世紀半ば以降には活況を呈していく。さらに大きな変化としては、「殉教語り」が演劇として盛んに上演されるようになる点が挙げられよう。タアズィーエとも呼ばれるフサインの哀悼劇だが、なぜこの時期以降、哀悼劇が多数上演されるようになったのか不明な点は多い。ガージャール朝期には各地で哀悼劇専用の舞台が設置され、その上演は多数の観衆を集め、涙を誘うものとなった。哀悼劇に対しては、君主自身をはじめ、女性の王族、支配エリートが積極的に支援を行うようになる。王族や支配エリートによるタアズィーエ上演への支援は、宗教の庇護者としての印象を人々に与える効果を狙ったものともいわれる。なかでもナーセロッディーン・シャー（在位一八四八―九六）は、一八七〇年代に直径約二〇〇フィート、高さ約八〇フィートとも言われる大きさをもつ壮麗な王立劇場、タキィーエイェ・ドウラトを首都テヘランに建設する。この劇場では国王列席の下、外交使節らをも招いて、哀悼劇の上演が盛大に行われた。また、女性だけのタアズィーエも行われていたと言う。現代でもこの哀悼劇はアーシューラーの日などに盛大に行われ、会場に赴くと演者による熱のこもった演技と、多くの観劇者、特に女性たちが嗚咽、号泣している様子を窺うことができる。

カルバラー・パラダイム――フサインの死が与えたシーア派信徒の「正義」意識

さらに、カルバラーでの悲劇の説話は、シーア派信徒の共同体の中で修辞的な装置と化し、信徒の行動規範を提供する「カルバラー・パラダイム」として機能していると指摘される。同派の信徒は、カルバラーにおいて非業の死を遂げたフサインを、カリフ位の「簒奪者」であるウマイヤ朝に対して、「正義」を貫いて大軍を前にしても臆《おく》せず勇猛に戦った人物と評するのみならず、フサインは自らの最期を抗うことなく受け入れた受動的な人物などとも解釈している。「カルバラーの悲劇」の説話の記憶は、信徒が生きる時代や社会的状況によって多様な形で解釈され、信徒の行動や生活に影響を与えているのが特徴である。

この枠組みを用いた事例としては、社会の中で「不正」「不義」をはたらく一団に対して抵抗を試みる勢力が、フサインに倣って「正義」を掲げていると主張し、集団の結束力の強化、自身の行為の正当性の喧伝《けんでん》、さらには大衆動員を図るというものがある。この枠組みは、特にイランの近現代以降の政治運動のなかで、同国のナショナリズムと深く関わり合いながら機能していったと言われている。一九七九年のイラン・イスラーム革命に至る過程においては、革命のイデオローグであるアリー・シャリーアティー(一九三三―七七)が唱えた「すべての日がアーシューラー、すべての地がカルバラー」をはじめとしたフサイン及びカルバラーの悲劇にまつわるさまざまなスローガンが掲げられ、パフラヴィー朝(一九二五~七九年)の打倒を目指して、革命後に最高指導者となるホメイニー(一九〇二―八九)を中心とした反王政勢力の結束と動員が図られた。また、イラン・イラク戦争(一九八〇~八八年)では、同じくホメイニーがイラク大統領サッダーム・フセイン(一九三七―二〇〇六)をヤズィードになぞらえ、「不正」をはたらく「圧政者」サッダームの打倒を掲げて自国の国民を鼓舞した。革命後ならびに戦時の社会においては、宗教的な熱意が極めて高かったこともあり、この呼びかけを受けて多くの若者が戦地に赴いた。カルバラーの悲劇の説話が伝えるフサインの記憶は、それぞれの時代のシーア派信徒にとっての「正義」を実現するための行動規範を与えるものとして、なおも参照され続けているのである。

おわりに

現在でも、シーア派信徒はフサインの死を偲び、我が国も含め各地で哀悼儀礼を行っている。男女を問わず多くの信徒が、アーシューラーをはじめとした彼の哀悼儀礼に参加し、主に男性は自らを傷つけ、街を練り歩き、劇を演じる。女性は号泣し、哀悼の意を表する。そして、信徒たちはイラクにある彼の墓廟に参詣し、その死を悼む。その数は年間約三〇〇〇万人を超えるとの報道もある。多数の敬虔《けいけん》な信徒が、フサインのカルバラーでの死に至るまでの過程をその説話にもとづいて「正義」を守るための死などと解し、生きていく上での範としている。約一四〇〇年前にカルバラーで死したフサイン、彼の記憶はシーア派信徒の中でその死の悲劇性と彼の示した「正義」を新たに書き加えながら受け継がれ、信徒の共同体における結束や信仰生活から、政治的な抗議行動に至るまで、生活・行動の多くの面において今なおリズムと規範を与え続けているのである。

◉参考文献

Aghaie, K., "Religious rituals, social identities and political relationships in Tehran under Qajar rule, 1850s-1920s," in R. Gleave (ed.), *Religion and Society in Qajar Iran*, London and New York: Routledge, 2005, pp. 373-392.

Fischer, Michael M. J., *Iran from religious dispute to revolution*, Cambridge, Mass.: Harvard University Press, 1980.

Madelung, W., "Ḥosayn b. ʿAlī: i. Life and significance in Shiism," in E. Yarshater (ed.),

Encyclopeadia Iranica, London and Boston: Routledge and Kegan Paul, vol.7, 2005, pp. 493-498.

Calmard, J., "Ḥosayn b. ʻAlī: ii. In popular Shiism," in E. Yarshater (ed.), *Encyclopeadia Iranica*, London and Boston: Routledge and Kegan Paul, vol.7, 2005, pp. 498-502.

Nakash, Y., "An attempt to trace the origin of the rituals ʻĀshūrā," *Die Welt des Islams*, 33, 1993, pp.161-181.

Veccia Vaglieri, L., "(al-)Ḥusayn b. ʻAlī b. Abī Ṭālib," in B. Lewis et al (eds.), *Encyclopedia of Islam*, 2nd edition, Leiden: Brill, 1979, vol.3, pp. 607-615.

上岡弘二「イランの民衆のイスラムと社会意識」（加納弘勝編『中東の民衆と社会意識』アジア経済研究所、一九九一年）

山岸智子「史書・教書・殉教語り　―イラン人にとってのカルバラーの悲劇」（義江彰夫・山内昌之・本村凌二編『歴史の文法』東京大学出版会、一九九七年）

山岸智子「カルバラーの悲劇の多義性」（池澤優・アンヌ・ブッシィ編『非業の死の記憶――大量の死者をめぐる表象のポリティックス』秋山書店、二〇一〇年）

「暗殺教団」を創り上げた伝説的指導者

ハサン・サッバーフ

…Ḥasan b. Ṣabbāḥ…

菊地達也

はじめに

シーア派の一派であるイスマーイール派を信奉するファーティマ朝(九〇九～一一七一年)がシリアや北アフリカを支配し、同じくシーア派に属する十二イマーム派のブワイフ朝(九三二～一〇六二年)がイラクを支配しアッバース朝カリフを傀儡化《かいらいか》した西暦十世紀は、「シーア派の世紀」と言うにふさわしい時代であった。しかし、ファーティマ朝が衰亡に向かいつつある一方で、スンナ派主義/反シーア派主義を掲げるセルジューク朝(一〇三八～一一九四年)が、一〇五五年にアッバース朝(七五〇～一二五八年)の首都バグダードに入城し広大な地域を支配するようになった十一世紀は、スンナ派にとっては反撃の時代となった。

このような時代の趨勢《すうせい》に抗《あらが》い、セルジューク朝の拠点であるイランにおいてイスマーイール派の政治的、軍事的プレゼンスを急速に拡大させた人物がハサン・サッバーフ(?―一一二四)である。強大な軍事力を誇るセルジューク朝に対し少数派である彼らが用いた戦術が、要塞の確保と暗殺であった。その類まれな能力とセルジューク朝の支配者たちを恐れ慄《おのの》かせた戦術ゆえに、スンナ派世界においてハサンは、イスラーム共同体を内側から破壊しようとする背教者として描かれることがほとんどであったが、マルコ・ポーロを経由してその人物像が伝えられた西欧の文学や日本のサブカルチャーにおいては、その純粋さや献身が評価され「暗殺教団」とその首領が肯定的に描写されることもあった。たとえば人気ゲーム「Fate/Grand Order」のキャラクター、「山の翁」ハサン・サッバーハの原型にもなっており、イスラーム圏の歴史上の偉人としては、著名な君主以上に日本の若者には耳馴染《なじ》みの人物である。

しかし、ハサンの生涯は早い時期から伝説化され、数々の逸話《いつわ》が生み出される一方で、信頼できる同時代資料は極めて少なく、その実像は見えにくい。本稿では、最新の研究成果とある程度は信用できそうな資料に基づいて、ハサンの生涯と思想を追ってみたい。

ハサンの前半生——改宗からエジプト滞在まで

ハサン・サッバーフは通常、アラビア語ではハサン・イブン・サッバーフ、ペルシア語ではハサネ・サッバーフと表記される。ハサンが創始したイスマーイール派分派、ニザール派においては「我らが主」(サイイドナー)と呼ばれることも多い。ハサンの生涯に関する主要な情報源は、ニザール派内で編纂《へんさん》されたニザール派指導者たちの伝記(ハサンの自伝に依拠したとされる)であり、ジュヴァイニー、ラシードッディーンなど派外の歴史家によるハサンに関する記述はこの伝記に依拠することが多い。この文献自体はすでに失われているが、ジュヴァイニーらイル・ハーン朝期のペルシア人歴史家によってその断片が伝えられている。また、アラブ人歴史家のイブン・アスィール、マクリーズィーらは、ニザール派の内部文書に触れているわけではないが、ハサンのエジプト滞在などについて貴重な情報を与えてくれる。

それらの情報によれば、ハサンは一〇五〇年代中頃にイランのゴムで十二イマーム派の家庭に生まれたようである。父であるアリー・イブン・ムハンマド・サッバーフ（生没年不詳）は、イエメンにルーツがあるアラブ部族、ヒムヤル族の血筋であり、イラクのクーファからゴムに移住してきたという。イラクのクーファは初期シーア派諸勢力の原点のような場所であり、十一世紀のゴムはシーア派諸勢力の中でも十二イマーム派のイランにおける拠点に

なっており、現在ではイランの十二イマーム派の学問センター、聖地として機能している都市である。レイ近郊で十二イマーム派の宗教教育を受けたハサンであったが、十七歳以降にイスマーイール派教宣員に勧誘され、その後レイでイスマーイール派の教えを伝授され入信することになったという。十二イマーム派とイスマーイール派はシーア派諸勢力のなかでも同系統に属しており教義上の類似点も多いが、十一世紀の両派はイマーム論とメシア論において決定的に意見を異にしていた。十二イマーム派が、八七四年に第十二代イマームが幽隠《ゆういん》（ガイバ、信徒の前から姿を隠した状態であり、九四〇年以降は一切の連絡が不可能になったとされる）に入り、この第十二代イマームが将来救世主（マフディー）として再臨することを待望していた。一方のイスマーイール派は、イマーム位継承は連綿と続いているとし、カイロにいるファーティマ朝カリフがイマームであり、同朝のイマーム＝カリフの中から救世主が現れるまでは現時点のイマームに服従することが肝要《かんよう》であると説いていた。したがって、ハサンは入信をもって第十二代イマームの再臨への希望を捨て、当時のファーティマ朝イマーム、ムスタンスィル（在位一〇三六―九四）に忠誠を誓ったことになる。

ハサン・サッバーフ関係地図

その後ハサンはイランにおけるイスマーイール派教宣組織の一員としてレイやイスファハーン

で活動していたが、一〇七六／七七年に上位の教宣員の指示により同派の教育を受けるためにカイロに行くように命じられたという。ハサンがカイロに到着したのは一〇七八年であったが、この時期のファーティマ朝はシリアを失うなど軍事上の退潮局面にあり、軍事力を掌握《しょうあく》した宰相《さいしょう》兼首席教宣員バドル・ジャマーリー(?—一〇九四)の専横が進み、政治的には混迷に陥りつつあった。エジプトにおけるハサンの活動に関する確実な情報はほとんどない。イマーム＝カリフであるムスタンスィルがハサンに対して自らの後継イマームはニザール(一〇四五—九五)であると打ち明けた、ニザールのイマーム位継承を主張したためバドル・ジャマーリーと対立した、などといった伝承もあるが信憑性《しんぴょうせい》は高くなく、ムスタンスィルに謁見《えっけん》した可能性も低い。いずれにせよ、背景や原因については不明であるものの、一〇八一年にバドル・ジャマーリーの命を受けてハサンはエジプトから追放され、イランの宣教拠点イスファハーンに戻ったようである。

ハサンの後半生——ニザール派の樹立と伸長

イランに戻ったハサンはイスファハーンの教宣組織指導者にとどまらず、独自の活動を展開する。九年間イラン各地の教宣組織を訪ね歩いたハサンは、一〇八〇年代末からカスピ海南西部のダイラム地方に注目するようになった。ダイラム地方は山岳地帯であるため防衛に適しており、セルジューク朝の中心地から遠く、親シーア派的な伝統があったためであろう。ハサンは一〇九〇年にダイラム地方の中でもエルブルズ山脈にあるアラムート周辺に教宣員を送り込むとともに、自らも学校教師を装い現地に赴いたという。周到に準備をおこなったハサンは同年アラムートを攻略し、この地に堅牢《けんろう》な要塞《ようさい》を築いた。秘密裏の宣教にとどまらず要衝《ようしょう》の奪取という軍事的作戦をともなうハサンの新たな活動に対して、イスマーイール派の中心地であるカイロからの指示があった可能性は、バドル・ジャマーリーとの関係が良好でなかったことから考えにくく、それを示す証拠もない。一〇九〇年のハサンの活動は、カイロのファーティマ朝中央司令部から自立する第一歩であると同時に、スンナ派の擁護者を自認する巨大王朝、セルジューク朝への挑戦でもあった。

アラムートを確保したハサンは、ルードバールなどイラン北部に次々と要塞を獲得し、ホラーサーン地方南部のクヒスターンでもいくつかの町を手に入れた。ハサンの勢力が急速に拡大しつつあることを危惧《きぐ》したセルジューク朝では、宰相ニザームルムルクがルードバールとクヒスターンへの大規模な軍事遠征を決定するが、一〇九二年ニザームルムルクは暗殺され遠征は中止された。同年には、ニザームルムルクとともにセルジューク朝の全盛期を実現した君主マリクシャーも没し、君主の座をめぐって激しい争いが起こり、セルジューク朝は衰退に向かうことになる。このような混乱期の中でハサンたちはセルジューク朝の攻撃を退けるだけでなく、ダイラム地方とクヒスターン以外にも勢力を拡張する。

信徒の絶対数が少ないイスマーイール派が、セルジューク朝の強大な軍に対して堅牢な要塞に立て籠《こ》もることで対抗するというのは軍事上の戦術として妥当なところであろうが、そのような作戦を長期的に実行できるように、農業用灌漑《かんがい》や水利を整備し地域内での自給自足を可能にするなど、ハサンは政治的、経済的施策にも怠りがなかったようである。また、ハサンの軍事的成功については、要塞の確保と並んで政治的手段としての暗殺がしばしば強調される。ハサンが政治的、軍事的手段としての暗殺を発明したわけではなく、暗殺という行為は、初期イスラーム共同体以来しばしば起こってきたことであり、セルジューク朝の治世でも例外ではなかった。しかし、一つの組織が政治的、軍事的目的を達成するための主要な手段の一つとして暗殺を採用し、政治的効果のためにあえて暗殺という行為を隠し立てしなかったという点において、ハサンの手法は独特であったと言える。地方勢力に権力や軍事力がある程度分散しているセルジューク朝のような国家に抗う場合、暗殺は有効な手段であったとも考えられるが、反シーア派主義が強まったセルジューク朝以後のスンナ派世界では、暗殺という忌《い》み嫌われる手法の採用は、イスマーイール派に対する異端視と迫害を促進するものにもなった。

一方、エジプトではイスマーイール派の大分裂を決定づける事件が発生した。一〇九四年にはムスタンスィルが没しその長い治世が終わった。後継イマーム=カリフとして指名されていたとされるニザールが即位するはずであったのだが、宰相の地位に就いていたバドル・ジャマーリーの息子アフダルはクーデタを起こし、ニザールの弟ムスタアリー(在位一〇九四—一一〇一)を即位させた。ニザールはアレクサンドリアで挙兵するが、アフダルの軍に敗れ一〇九五年に処刑された。王朝にはしばしば起こり得る事態ではあるが、イスマーイール派イマーム論では、イマームは無謬《むびゅう》でありその地位は父による息子の指名という形で継承されるとされていたため、基本教義に明確に反する事態がファーティマ朝で起きてしまったことになる。この事態は宗派の分裂を引き起こし、ファーティマ朝の判断を支持しムスタアリーをイマームとして認めた集団はムスタアリー派と呼ばれ、ムスタアリーの即位を受け入れずニザールのイマーム位を主張する集団がニザール派と呼称されることになった。この頃にはイランのイスマーイール派組織を完全に掌握していたハサンは、ニザールのイマーム位を支持し、ファーティマ朝と彼らが仰ぐイマーム＝カリフの権威を否定した。イラクの教宣組織とシリアの一部の教宣組織も同様の立場を採り、ハサンは東方のイスマーイール派を代表する人物になった。

これ以降ハサンは、イランでスンナ派のセルジューク朝と争うだけでなく、より広い領域で他のイスマーイール派組織をニザール派に引き込むための活動をも展開せざるを得なくなる。特にムスタアリー支持派とニザール支持派に割れていたシリアについては積極的な政策を実施し、一一〇五年頃までにはシリアへの教宣員の派遣と工作活動が始まっていたようである。その後数十年の間に北シリアにはニザール派が浸透し、イランと同様、要塞の確保と暗殺という手法が採用され、イランにおける拠点アラムートとの間に緊密なネットワークが構築された。十字軍を恐怖せしめ「暗殺教団」の「山の老人」像に多くの素材を提供したラシードゥッディーン・スィナーン（?—一一九三）は、シリアのニザール派を代表する人物である。

他方、イランではセルジューク朝内の不和が解消されると、同朝はニザール派への攻勢に転じ、いくつかの要塞は陥落してしまった。しかし、本拠地であるアラムートなど主要な要塞は持ちこたえ、一一一八年にセルジューク朝軍は撤退した。その後、都市部ではニザール派信徒への虐殺《ぎゃくさつ》事件も起きたが、ニザール派とセルジューク朝の軍事的バランスは一進一退を繰り返す。このような状況下でハサンは、一一二四年、アラムート要塞で後継者を指名した後病死した。ハサンの亡骸《なきがら》は同地に葬られ、その墓はニザール派信徒にとっての参詣対象になったようである。

ニザール派信徒にとってのハサンは崇敬すべき「我らが主」であったが、スンナ派や十二イマーム派の信徒にとっては、ニザール派を拡大させようとするその活動は自分たちの共同体を脅かすものであった。暗殺という手法が彼らの嫌悪と恐怖を喚起するものであったことも想像に難くない。そのためにジュヴァイニーのように罵倒《ばとう》の言葉を交えながらハサンとニザール派の歴史を記述する学者もおり、捏造《ねつぞう》や不確かな情報に基づく逸話が数々作り出された。ハサンとニザームルムルクとの間の若き日々における因縁話や、自らの主張を信徒たちに信じさせるためにトリックに基づく奇蹟《きせき》を披露《ひろう》したというエピソードなどはこの類である。そして、イスラーム圏におけるこの種の記述が、十字軍やマルコ・ポーロがもたらした「暗殺教団」伝承と混じり合い、麻薬物質を用いて若者に楽園を垣間見《かいまみ》させ暗殺者へと仕立て上げる「山の老人」伝説が形成された。だが、ハサンが麻薬物質を使って洗脳していたことを示す証拠は残っていないし、伝説の多くは実態を反映していない。ニザール派の悪名ゆえに実際には彼らが実行したわけではない暗殺が彼らの仕業と主張されることもあったようである。ニザームルムルク暗殺はニザール派によるものであると長らく考えられてきたが、近年ではこれを疑問視する向きもある。しかし、もしニザームルムルク暗殺がニザール派によるものではなかったとしても、ハサンが自らの潔白を声高に唱えたという記録もない。実際にニザームルムルクを暗殺したにせよしなかったにせよ、ハサンは、暗殺という行為がもたらす恐怖を利用したのであり、すべてがニザール派の犯行ではなかったにせよ、ニザームルムルクの死後彼らの仕業とされる暗殺は増加していく。ハサンとニザール派が他者の偏見《へんけん》の犠牲者であったのは確かであろうが、ハサンらにはそのような偏見を自分たちの利益のために利用していたとも言える。

イスマーイール派思想家としてのハサン

ファーティマ朝下のイスマーイール派が、王朝の支援もありギリシア哲学などを取り入れた深遠な教義書を数々著しているのに対して、アラムート期のニザール派が残した著作の数は少ない。これは、イル・ハーン朝初代君主フラグ(在位一二五六―六五)が一二五六年にアラムートを攻略した後、ニザール派関連文献が大量に処分されたという事情もあるが、ニザール派が置かれている状況のなせる業でもあった。彼らに対して敵意を抱くセルジューク朝が支配する領域で宣教活動や軍事作戦を遂行する際に分厚い教義書を持ち歩くことは困難であるし、教義をより深遠なものにする能力よりも政治や軍事に関わる能力の方を優先せざるを得ない状況だったからである。

ハサンの著作として知られる教義書はペルシア語の著作一冊だけであり、この書は残存していないものの、シャフラスターニーによるアラビア語への意訳は伝わっている。この訳書に見られるハサンの教義は、しばしば「新教宣」「教示理論」という術語でまとめられる。すなわち、自分たちの教義はファーティマ朝期までの古い教え、「旧教宣」を超克《ちょうこく》したものであり、人類社会には神によって導かれた無謬の指導者が必ず一人おり、そのような人物による教示に服従することが人類にとっての義務であるとされるのである。セルジューク朝下で活躍したスンナ派思想史上最大の思想家ガザーリーは、ニザール派を教示（タアリーム）派と呼び、教示理論をイスラーム哲学などと並ぶ脅威と見なしいくつかの著書で厳しく批判している。

だが、イマームの教示を絶対視しイマームへの服従を要請する主張はファーティマ朝麾下《きか》のイスマーイール派思想家によっても度々なされており、ハサンの教示理論は決して独創的なものではない。また、大部な著作を持ち歩かずに済ませ非インテリ層にもメッセージを伝えやすくするために、数秘術と天文学を宣教に利用した点に、ハサンの独自性を見出す研究者もいる。とは言え、これは思想上の独創性というよりは宣教手段の独創性と評価するべきだろう。

ハサンの思想を特徴づけるものは、革新性ではなく保守性なのかもしれない。たとえば、ファーティマ朝期のイスマーイール派本流から離脱する者は救世主の再臨《さいりん》を宣言したり自らを救世主であると言いがちであったが、この傾向はハサンには当てはまらない。彼は自らを、姿を隠しているイマーム、ニザールの代理人（フッジャ）と位置づけていた。ニザールの救世主としての再臨を主張したという証拠はない。ニザールがいずれアラムートに来ることを約束していたかもしれないが、それにともなうイスラーム法の廃棄など現行秩序の転倒を明示してもいないようである。

ファーティマ朝と決別したのは、同朝が最高権力者であるアフダルの利益を優先したのに対し、ハサンが、イマーム位の根拠は無謬のイマームによる指名のみという伝統的な教義に固執《こしつ》したからだったとも考えられる。ハサンはセルジューク朝と闘うための軍事上の拠点を「ヒジュラの家」と呼んでいたようであるが、「ヒジュラの家」とは、ファーティマ朝樹立以前のイスマーイール派が姿を隠したイマーム（この場合はムハンマド・イブン・イスマーイール）の再臨に備えアッバース朝に対抗するために樹立した軍事拠点を意味していた。ハサンが、姿を隠しているイマームのためにその代理人（フッジャ）として「ヒジュラの家」を拠点にセルジューク朝と闘う様は、後にファーティマ朝初代カリフとなるアブドゥッラーがイマーム位を宣言する八九九年以前に代理人として教宣組織を指揮していた姿と重なりあう。イスマーイール派教義の観点から見た場合、ハサンの主張は「新教宣」というよりはファーティマ朝樹立以前に遡《さかのぼ》る「旧教宣」と考える方が適切だろう。

おわりに

ハサン・サッバーフは、宗教上の少数派であるイスマーイール派信徒を守り、教線を拡大するために強大なセルジューク朝と戦った指導者であり、目的のためには暗殺とそれによる恐怖をも利用する現実主義者でもあった。イスラーム過激派によるテロが起きると、彼らの起源をニザール派「暗殺教団」に求める識者がたまに現れるが、そのような主張は、時代錯誤である上にイスラーム思想史としての連続性という観点が抜け落ちている。近現代への影響はともかく、要塞確保、暗殺と宣教活動を結合したハサンは、政治家、軍事指揮官として稀有《けう》な才能をもつ、独創的な人物であったと言える。

しかし、残存する情報源からうかがう限り、ハサンの教義はイスマーイール派思想としてはオーソドックスであり、イスラーム法を厳しく守り禁欲主義的な日々を送っていたと伝えられるハサンには、イスラーム法の廃棄やイマーム位を宣言した、後代のアラムートの指導者たちに顕著な思想上の奇矯性《ききょうせい》は見られない。そして、その思想はファーティマ朝樹立以前の古い時代のイスマーイール派に遡る要素をいくつか有している。イスマーイール派思想史の観点から見たハサンは、伝統的教義よりも政治上の権益が優先されるようになったファーティマ朝を見限り、他宗派が支配する地域で自らの理想を実現したようにも映る。ハサンに見られる保守的な理想主義は、その手段の革新性、現実主義とは実に好対照である。

⦿参考文献

Daftary, Farhad. *The Assassin Legends: Myth of the Isma'ilis,* London: I. B. Tauris. 1994.

Daftary, F. "Ḥasan-i Ṣabbāḥ and the Origins of the Nizārī Isma'ili Movement," in F. Daftary (ed.), *Mediaeval Isma'ili History and Thought,* Cambridge: Cambridge University Press, pp.181-204. 1996.

Daftary, F. "Ḥasan Ṣabbāḥ," in Ehsan Yarshater (ed.), *Encyclopaedia Iranica,* vol.12, New York: Encyclopaedia Iranica Foundation, pp. 34-37. 2004.

Hillenbrand, Carole. "1092: A Murderous Year," in *Proceedings of the 14th Congress of the Union Européene des Arabisants et Islamisants 2,* Budapest, pp. 281-29. 1995.

Hillenbrand, C. "A Neglected Source on the Life of Hasan-i Sabbah, the Founder of the Nizari Assassin Sect," *Journal of the British Institute of Persian Studies 55,* pp. 3-10. 2017.

Hodgson, Marshall G. S. *The Secret Order of Assassins: The Struggle of the Early Nizari Isma'ilis Against the Islamic World,* repr. of the first edition 1955, Philadelphia: University of Pennsylvania Press. 2009.

Mitha, Farouk. *Al-Ghazālī and the Ismailis: A Debate on Reason and Authority in Medieval Islam,* London: I. B. Tauris. 2001.

Shahrastānī, Abū al-Fatḥ al. *al-Milal wa al-niḥal,* ed. by Ṣidqī Jamīl al-'Aṭṭār (Beirut: Dār al-Fikr). 1997.

十四世紀の世界を踏破した偉大な旅人

イブン・バットゥータ

…Ibn Baṭṭūṭa…

家島彦一

コロンブスは、まだアメリカ大陸に到達していない。ヴァスコ・ダ・ガマは、喜望峰をまだ越えていない。そんな十四世紀という時代に、アフリカ北西端のモロッコからひとりの男が旅に出た。その名は、ベルベル系のイスラーム教徒(ムスリム)イブン・バットゥータ(一三〇四—六八/六九)である。彼の旅の目的は、アラビア半島にある聖地メッカを訪れ、宗教的義務である巡礼(ハッジ)を果たすことだった。念願の巡礼をめでたく果たしたのちも、彼の旅は果てしなく続いた。あるところでは奴隷《どれい》を購入し、数人の妻を娶《めと》り、子供をつくり、家族と一緒にラクダに乗って急峻《きゅうしゅん》な山々を越え、波濤《はとう》渦巻く危険な大海を渡った。また、あるところではスルタン・国家などに忠義を尽くして数年間を過ごした。こうして西欧を除くユーラシアとアフリカの既知の世界のほぼ全域を踏破《とうは》する旅は、三〇年の長きにおよんだ。では、旅を可能にした当時のイスラーム・ネットワークとはいかなるものであったのか。彼の全人生を賭《か》けた旅の情熱の源泉は何であったのか。また自ら信じる旅の思想・哲学や目的があったのか。

イスラーム世界を行き交う人びと

イスラーム世界の特殊性のひとつは、メッカ巡礼に代表されるように、人と人の情報ネットワークが躍動する壮大な旅の世界をかたちづくっていたことである。イスラーム教では、旅人は神によって数々の御利益《ごりやく》・恩寵《おんちょう》が与えられ、貧窮者・病人・孤児とともに保護されるべき対象であった。旅そのものは、学問探求の旅、商売の旅、巡礼の旅、神の道を求める道筋、精神・修行の旅であり、ときには聖者《ワリー》の霊験《れいげん》を求める旅でもあった。

とくに、十三、十四世紀という時代は七世紀以来、拡大と発展を続けてきた「イスラーム世界」に加えて、パクス・モンゴリカ(「モンゴルの平和」もしくは「タタールの平和」とも呼ばれ、モンゴル帝国の軍事・政治・経済によって直接・間接に緩やかにつなぎ止められ、ひとつの全体としてまとまった世界)の二つの世界が相互に交流を深めて、ユーラシア・アフリカの諸地域を広く覆う国際的な交易ネットワークが成立していた。そして、西欧におけるルネサンスの本格化、地中海交易と航海技術の進展は、やがてポルトガルとスペインを先頭に海洋進出する条件を用意することにもなったのである。

イブン・バットゥータは、まさにそうした時代のイスラーム世界を旅した多くの商人・知識人・修行者・冒険者などの代弁者であって、彼の伝える地理的情報と史実の一部に記憶違いや誤解があったとしても、イタリアのヴェネツィア生まれのマルコ・ポーロ(一二五四―一三二四)と並ぶ貴重な記録者であったといえる。イブン・バットゥータの語る数奇な旅の知見と経験は、現スペインのグラナダ出身の若い文学者イブン・ジュザイイによって筆記され、『都会の新奇さと旅路の異聞をもつ人びとへの贈り物』(通称『三大陸周遊記』ないし『大旅行記』)の題名のもとに編纂《へんさん》された。幸いなことに、一三五六年の二/三月の日付を記したイブン・ジュザイイ直筆の写本の一部(『大旅行記』全二巻のうちの後編の一部)がフランスのパリ国立図書館に現存している。

極西マグリブの港町タンジャを取り巻く情勢

一三〇四年二月二四日、イブン・バットゥータは大西洋と地中海の出会うジブラルタル海峡に面した北部モロッコの港町タンジャ(タンジール)に生まれた。そのころのタンジャは、マリーン朝(一二六九~一四六五年)というベルベル系のイスラーム王朝の統治下にあったが、狭い海峡を挟んで北側のアンダルス地方、現在のイベリア半島のほぼ全域では熱狂的なキリスト教軍によるレコンキスタ運動、いわゆる「国土回復運動」の火が燃え盛り、今にも半島全土を征服・支配せんとし、まさに海峡の岸辺まで迫っていた。そこで彼らに対抗するために、マリーン朝の軍隊がたびたび派遣されて、両軍の間で激しい戦闘が繰り返されていた。イブン・バットゥータ自身も、マシュリク(イスラーム世界の東方およびインド、中国の一部を含む)の旅から帰国後にジブラルタル海峡を渡り、迫り来るキリスト教軍と戦うためにイベリア半島南部のマラガ付近まで出撃した経験があった。当時のタンジャの港は、戦火を逃れた多くのムスリムやユダヤ系の避難民たちでごった返していた。

このように、イブン・バットゥータはイスラーム世界の中心、アラビア半島の両聖地メッカ・メディナから遠く隔たった、西の外れの地、極西マグリブ地方に生まれ、キリスト教世界と激しく対峙する政治的・文化的なフロンティア、境域（スグール）の地で育ったということ、そうしたことは他ならぬ彼が自然・人種・生活・文化・習慣などが大きく異なるインド、中国や北方のトルコ・モンゴル世界の情勢を広く知ろうとする鋭いまなざしや興味の対象を理解するうえでも重要であると考えられる。

家系・家族・生い立ち

イブン・バットゥータのイブンは「息子」「子孫」を意味し、バットゥータ（バトゥータと読む説もある）は、いわば姓であり、家系の名として現在でもモロッコに残されている。彼の実名《イスム》はムハンマド、またアブー・アブド・アッラーはいわば父系をあらわす添え名《クンヤ》であって、父も同じアブド・アッラーという人である。なお、マシュリクの各地を旅しているとき、人びとは彼のことをシャムス・ウッ＝ディーン、またはバドル・ウッ＝ディーンと呼んだ。これは宗教的な尊称《ラカブ》で、「真の信仰（導き）の太陽」「導きの満月」の意味である。イブン・バットゥータの家族や家系については、『大旅行記』のなかで彼自身が伝えていることと、同時代の若干の歴史家や伝記学者たちによる断片的な記録を除いて、詳らかでない。

彼がイスラーム教スンナ派の四大法学派のひとつ、マーリク派の法官《カーディー》であったと同様に、彼の父と父方の従兄弟もまた法官を務めたことから判断すると、彼の家系は法官職やマドラサ（高等教育施設）の教授職《マシュヤハ》などを務める教養の高い学者を輩出し、ほかの学者との交遊も多くあったと思われる。

彼は聖都メッカに滞在中、おなじ故郷のタンジャ出身の献身的な信心家、法学者のアブー・アル＝ハサン・アリーなる人物と出会った。この人について、イブン・バットゥータは、父と旧知の親しい間柄で、「わが町タンジャに来たときはいつも、われわれのもとに滞在するのが常であった」と述べている。また、父方の従兄弟は、現在の南スペインのロンダ（ルンダ）の町の法官を務めた。

イブン・バットゥータが旅に出る以前の若いころのことはあきらかでないが、伝記学者イブン・アル＝ハティーブによれば、一三二五年六月十四日に故郷を離れる前から父親のもとで、スンナ派四大法学派のひとつ、マーリク・イブン・アナス（七〇八・一六―九五）を名祖とするマーリク学派の法学を学び、二一歳で旅立ちする時にはすでにかなり高い学識があった。それは、タンジャを離れてわずか三ヵ月後のチュニス滞在中にメッカ巡礼隊（ラクブ）が組織され、その公認の法官として任命され、巡礼隊の旗を持って先頭に立ち、隊列を指揮《しき》するほど十分な統率力と判断力を備えていたと推測されるからである。さらに、彼はアレクサンドリア、カイロ、上エジプトのクース、シリアのダマスカスなどの学術都市を訪れて、おおくのウラマー（イスラームの諸学、とくに法学・神学・クルアーン学などの専門家）やスーフィズム（イスラーム神秘主義）のシャイフまたはイマームと呼ばれる導師・聖者たちと出会い、学問と修行を深めていった。

したがって、彼がイスラーム世界を自由に旅することができた理由のひとつには、マーリク派法学についての高度な知識をもち、また豊富な旅の体験とすぐれた判断力をそなえていたことがある。それが彼の旅の安全と生計の助けとなったのである。とくに、マシュリクにおいて、マーリク派法学を専門とする法官が少なかったことは、彼の旅を容易にした重要な条件であったと思われる。こうして、インドのデリーには八年間、インド洋に浮かぶマルディヴ(モルジヴ)諸島のマーレ島には一年近く滞在し、国家や地域社会で厚遇され、人びとから高い尊敬をうけていたのである。

イスラーム世界の境域をめぐる旅

二一歳のとき、「あたかも[雛《ひな》]鳥たちが巣立ちするが如く」両親や知人を残して、不安と期待が交《こう》錯《さく》するなか、故郷をあとにした。そのときの旅の目的は、若いころから念願としていたイスラーム信仰をささえる「五つの柱」(宗教的義務)のひとつ、メッカ巡礼を果たすこと、加えてメディナの聖モスク内にある預言者ムハンマドの聖廟《せいびょう》を参拝《ズィヤーラ》することにあった。しかし、彼自身の言葉を借りるならば、「私はこの目でみて、その真実を知ることに無情の喜びを感じた」「何でもこの目で実際に見届けたい」とする願望を抱き、「できる限り一度通った途《みち》をもとに戻らぬ」というのが彼の一貫した旅の哲学であり、他人からも遠行漫遊を好む遍歴の人《ラッハール》、放浪者《ジャウワール》であるとみなされていた。

かくして、イブン・バットゥータの旅は人生のもっとも多感な二一歳から五〇歳までのほぼ三〇年間におよび、聖地メッカで開催される巡礼大祭《マウスィム》に参加したのちも、西アジアの各地、東アフリカ海岸、バルカン半島、南ロシア、中央アジア、インド、東南アジア、中国などを遍歴《へんれき》し、いったんモロッコに帰国してからも、イベリア半島南部、さらにはサハラ砂漠を縦断してニジェール河畔の黒人王国マーッリー(マリー・タクルール)まで足を延ばした。旅の全行程は、現在のほぼ五〇ヵ国にまたがり、一一万七〇〇〇キロメートルにも達した。

下の図は、イブン・バットゥータのみたイスラーム世界と異域世界を図式化したものである。彼が他者をみる眼は、彼が生まれ育った故郷のタンジャでの二〇年の間に培《つちか》われたマグリブ・ベルベル人としての意識であった。その意識は、長い異世界の旅をつづける過程で、故郷を思い出し、再発見された自己アイデンティティでもあった。そして、彼が好んで旅した世界は、イスラーム世界と異世界との境にある「境域《スグール》イスラーム世界」であった。彼にとって、イスラーム世界のなかのマシュ

イブン・バットゥータの見たイスラーム世界と異域世界

（家島彦一『イブン・バットゥータの世界大旅行』平凡社、2003年、p.279より）

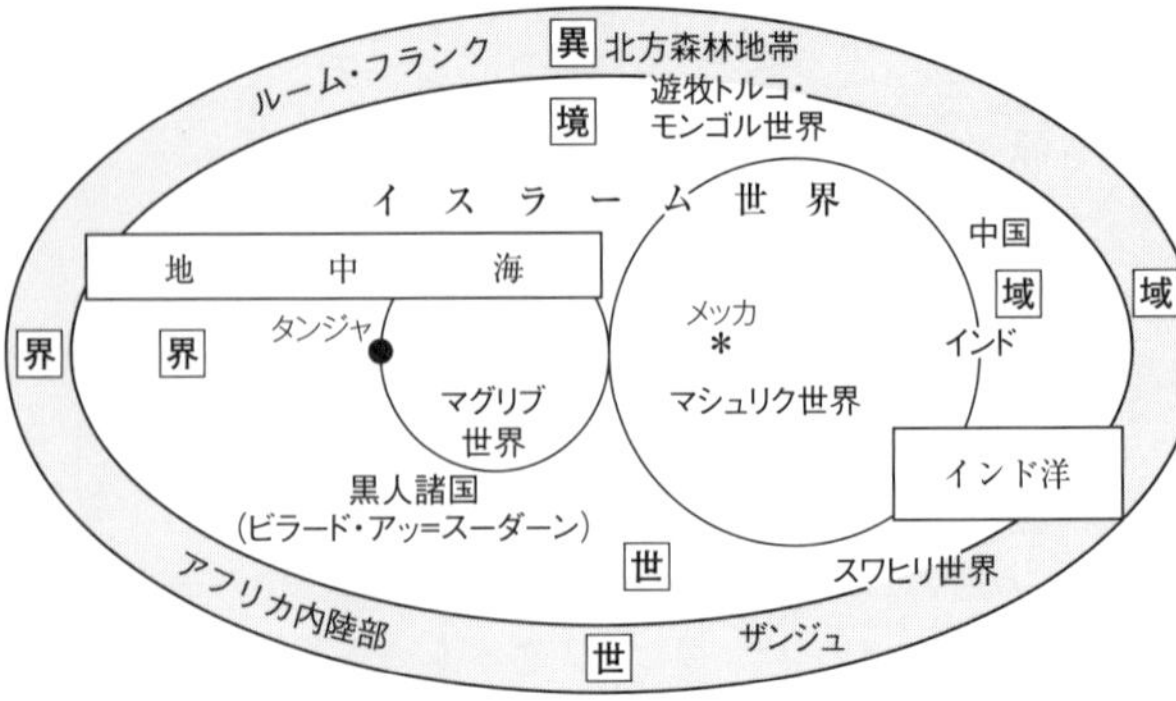

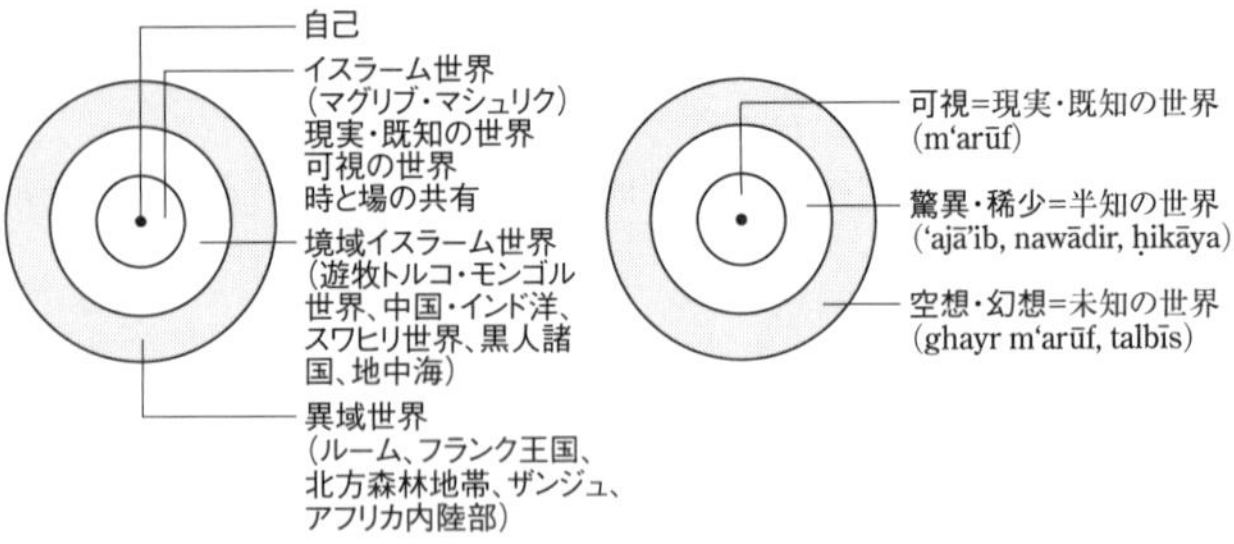

驚異の世界で共通に語られる逸話（ヒカーヤ）

アマゾン伝説、女護島、黄金の国、急水、澱みの海、暗黒の国、ゴグ・マゴグの周壁とアレクサンドロス伝説、巨鳥（ルフ鳥）、食人国、ワークワーク国、真珠や竜涎香の沸く海、ダイヤモンドの山、磁石山、大魚など。

リクとマグリブは、いずれも既知の世界、現実・可視の世界であり、イスラーム的な「時《とき》」（イスラーム暦、祭礼日、巡礼月や礼拝の時間など）と「場《ば》」（メッカ、メディナという両聖地、巡礼儀式所作や礼拝の方向性など）が共有され、「世界法」としてのイスラーム法による秩序が整い、アラビア語による文化・情報のコミュニケーションが可能な世界であった。いっぽう、東南アジア、中国、インド、中央アジア、東・西アフリカなどの境域イスラーム世界は、イスラーム世界と非イスラーム世界（異域世界）との中間の境域に位置しているため、イスラーム的に正しい教えから逸脱した行為・考え方・モノがひろがる「半未開なイスラーム世界」であった。したがって、そこは現実・可視と幻想・空想の世界との狭間《はざま》にある「驚異・驚嘆《きょうたん》（アジャーイブ）の世界」であって、「大文明としてのイスラーム」「文字レベルでのイスラーム」と、「小文明としてのイスラーム」「地方文明・文化との接触・融合のなかで生まれた土着化したイスラーム」「多様化イスラーム」との葛藤と緊張の場でもあった。

境域イスラーム世界は、同時にまた、神に近づこうとして努力する多くの聖者や修行者たちが遊行《ゆぎょう》する世界でもあった。そこには奇跡《カラーマ》を起こすおおくの聖者や修行者たちが住み、墓・墓廟、聖山や古代遺跡が点在しているので、聖者との出会いや聖跡・霊地の参拝《ズィヤーラ》によって、旅人は神からの数々のバラカ（御利益・霊験《れいげん》）を得ることができた。イブン・バットゥータが境域イスラーム世界を遍歴することに無上の喜びを感じていたのは、ひとつには、そうした聖者や聖跡・霊地を訪れることでさまざまなバラカを得ようとしたこと、もうひとつは、境域世界は他ならぬ驚異・驚嘆の世界であり、

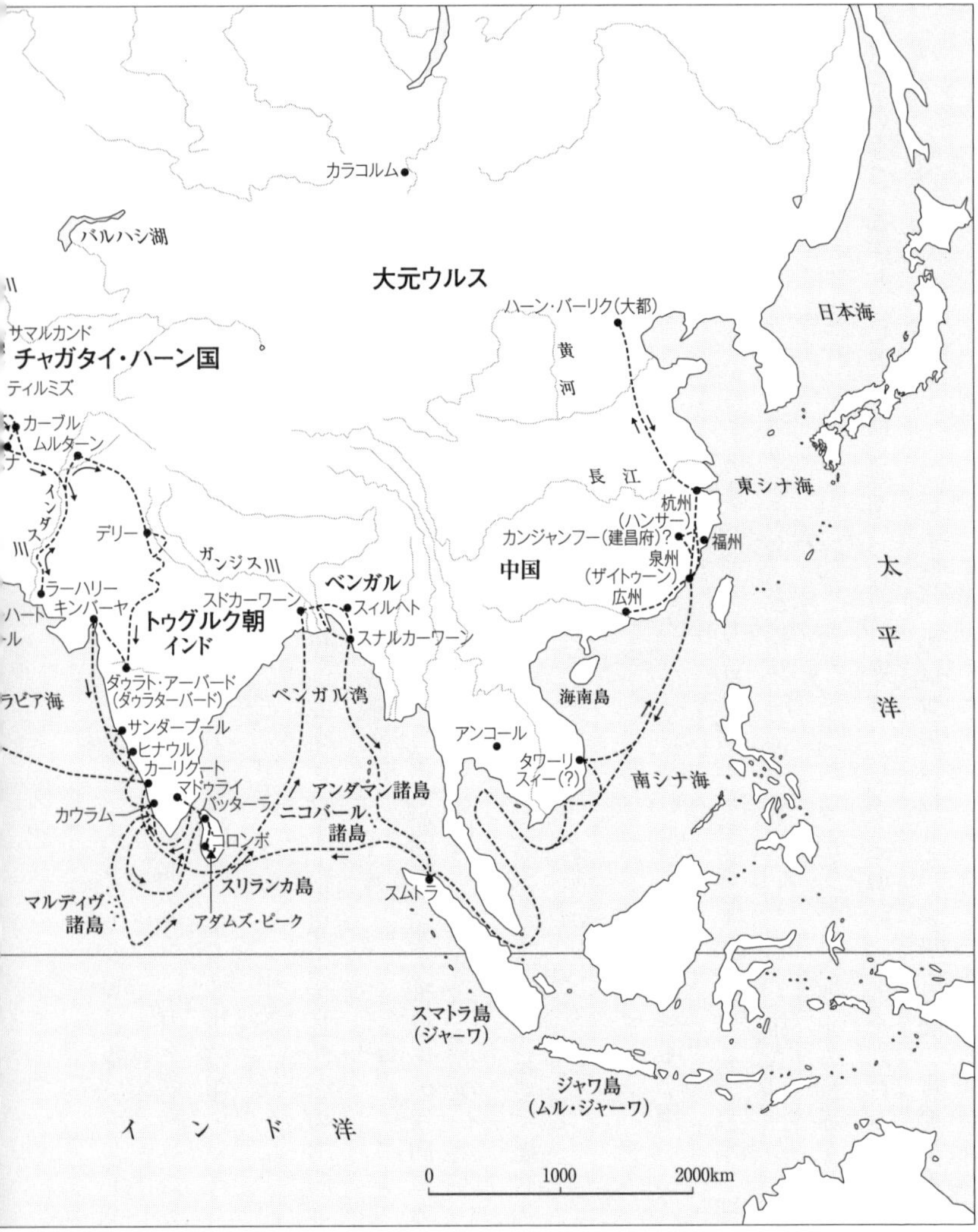
カラコルム
バルハシ湖
大元ウルス
ハーン・バーリク(大都)
日本海
サマルカンド
チャガタイ・ハーン国
黄
河
ティルミズ
カーブル
ムルターン
インダス川
長江
東シナ海
杭州
(ハンサー)
カンジャンフー(建昌府)?
福州
デリー
ガンジス川
中国
泉州
(ザイトゥーン)
太平洋
ベンガル
ラーハリー
キンバーヤ
スドカーワーン
スィルヘト
広州
トゥグルク朝
インド
スナルカーワーン
ダウラト・アーバード
(ダウラターバード)
ベンガル湾
海南島
ラビア海
サンダープール
アンコール
ヒナウル
カーリクート
タワーリスィー(?)
南シナ海
マドゥライ
アンダマン諸島
カウラム
バッターラ
ニコバール諸島
コロンボ
スリランカ島
スムトラ
マルディヴ諸島
アダムズ・ピーク
スマトラ島
(ジャーワ)
ジャワ島
(ムル・ジャーワ)
インド洋
0
1000
2000km

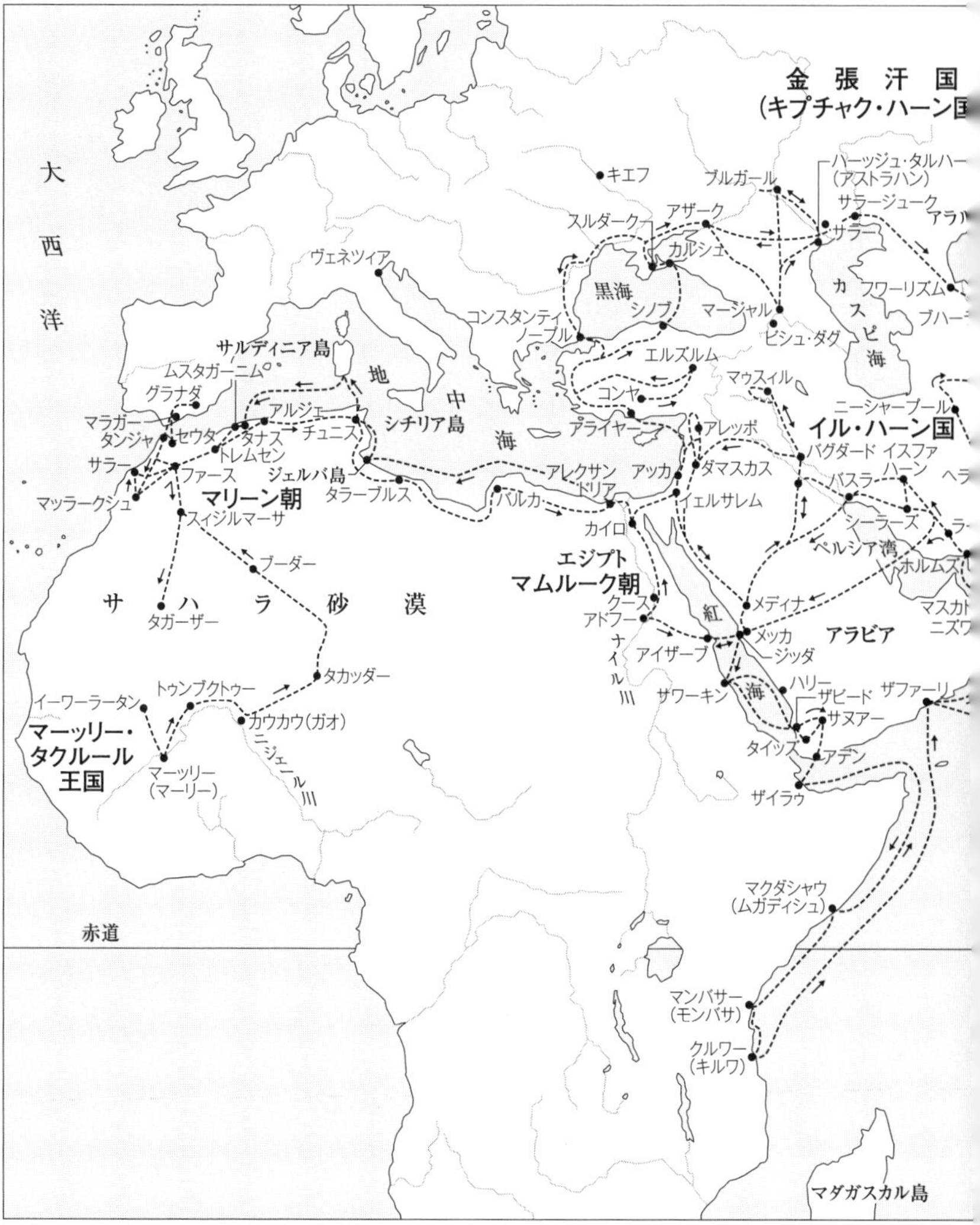

イブン・バットゥータの全旅程　(家島彦一『イブン・バットゥータの世界大旅行』平凡社、2003年、巻末付図より)

その世界こそ神の創造した多様な姿・モノ・現象、すなわち「アッラーのマフルーカート」が顕在化する場であったことである。

したがって、伝記学者が伝えるように粗末な羊毛の外套《がいとう》を羽織《はお》り、水壺と杖を携え、神との直接体験と合一《ごういつ》をめざして旅を続ける、まさにスーフィー的な生き方をしたイブン・バットゥータにとって、境域世界の旅は神の存在、神の本質に近づくための道筋（タリーク）、神の道（サビール・アッラー）であったと考えられる。

『大旅行記』成立の事情

イブン・バットゥータにとっての人生最後の大旅行は、サハラ砂漠の奥地、ニジェール川流域にあったマーッリーの黒人王国への往復の旅であり、一三五四年の一月十日前後にはマリーン朝の王都ファース（フェズ）に帰着した。その後、彼が語る奇談に興味をかき立てられ、数奇な旅の記録を書き残そうとしたのは、他ならぬ時のスルタン＝アブー・イナーン・ファーリス（在位一三四八―五九）であった。これに先立つ五三年のはじめのころ、グラナダ出身の著名な文学者イブン・ジュザイイがマリーン朝のもとに亡命し、ファースの宮廷に仕官していた。そこで、スルタンはイブン・ジュザイイにイブン・バットゥータの記録をまとめるよう命じた。あるいは、イブン・ジュザイイ自身がスルタンにこの編纂《へんさん》事業を進言したとも考えられる。なぜならば、イブン・ジュザイイはファースに亡命する二年前の一三五一年、イブン・バットゥータのグラナダ訪問のおりに知り合い、彼から東方旅行の話を聞き、高い関心を寄せていた。そこで、スルタンのもとでの初仕事として、イブン・ジュザイイ自らの意思で『大旅行記』の編纂を計画・実行したのではないだろうか。

イブン・バットゥータの語る旅の記録は、まず宮廷書記らによって書き取られ、その草案をもとに、イブン・ジュザイイは文学者としての才覚を大いに発揮《はっき》して、序文を書き加えたり、詩句の引用とスルタンを賛辞する美文調の文章を随所に挿入するなどの整理・編集を加えて、『大旅行記』を編纂した。

『大旅行記』の記載内容は、当時、とくにマグリブ・アンダルス地方で形式化されていた「メッカ巡礼記(リフラ)」のジャンルを超えて、聖都メッカへの往復の旅の記録だけでなく、イスラーム世界全体にまたがり、しかもイスラームの一般的な規範から逸脱した奇異な風俗・習慣・生活などに関する生き生きとした叙述を含んでいる。文体は簡潔であるが、ところどころに韻文調《いんぶんちょう》の難解な文章と詩、マグリブ方言の独特な言いまわしがみられる。全体は「第一の旅」と「第二の旅」の二部で構成され、日本語にすると四〇〇字詰め原稿用紙三〇〇〇枚に近い大部な内容である。

その後のイブン・バットゥータがどのような人生を歩んだかは、詳らかでない。伝記学者たちが伝えるところによると、彼はヒジュラ暦七七〇年(一三六八/六九)、すなわち六五、六六歳まで生き、現在のモロッコの首都ラバトに近いターマスナーという町(地方)で法官たちの代表者(ムタワッリー・アル＝クダート)として在任中に没したという。したがって、ふたたび遠くに旅立つことなく、二〇年近くを法官として静かな生活を送ったものと考えられる。

なお、編纂者のイブン・ジュザイイは『大旅行記』を完成してから、わずか九ヵ月後の一三五六年十二月、満三六歳の若さで、ファースにおいて、この世を去った。イブン・アル＝ハティーブによる別説では、同年の十月二五日に没したという。

⊙**参考文献**

イブン・バットゥータ口述、イブン・ジュザイイ編（家島彦一訳註）『大旅行記』（全八巻）（平凡社、一九九六－二〇〇二年）

家島彦一『イスラム世界の成立と国際商業――国際商業ネットワークの変動を中心に』（岩波書店、一九九一年）

家島彦一『イブン・バットゥータの世界大旅行――十四世紀のイスラームの時空に生きる』（平凡社、二〇〇三年）

Gibb,H.A.R.The *Travels of Ibn Baṭṭūṭa A.D.1325-1354.* Translated with revisions and notes from the Arabic text edited by C.Defrémery and B.R.Sanguinetti.The Hakluyt Society:London,3 vols.1958,1959,1971.

Gibb,H.A.R. & Beckingham,C.E.The *Travels of Ibn Baṭṭūṭa A.D.1325-1354.* Translated with annotations,The Hakluyt Society:London,vol.4,1994.

純粋なイスラームを目指して既存の価値観に挑戦

ムハンマド・ブン・アブドゥルワッハーブ

…Muḥammad b, 'Add gl-Wahhāb…

保坂修司

ワッハーブ派の誕生

ムハンマド・ブン・アブドゥルワッハーブ(一七〇三—九〇頃)は、サウジアラビアを中心とするアラビア半島諸国に広がる「ワッハーブ派」の祖として知られている。彼の名前は、現代アラビア語ではムハンマド・ビン・アブドゥルワッハーブと呼ぶのが一般的だが、いずれにせよ、アブドゥルワッハーブの息子ムハンマドという意味になる。ワッハーブ派というのは、もちろん、「ムハンマド・ブン・ワッハーブやその思想に従うもの」を意味するが、ワッハーブ派という語自体は父の名前であるアブドゥルワッハーブの一部から取られている。ムハンマド・ブン・アブドゥルワッハーブはいかにも長すぎるし、ムハンマドという名は預言者ムハンマドと紛らわしいので、本稿では彼のことをイブン・アブドゥルワッハーブと呼ぶこととする。

ワッハーブ派は、その厳格な教義の解釈と実践、そして時に攻撃的ともされる他者への態度で知られる。ワッハーブ派の影響を受けた現代のイスラーム主義者、さらにアルカイダや「イスラーム国」などの過激主義者は、しばしばイブン・アブドゥルワッハーブや彼の後継者の言葉を引用し、彼らの行動の指針としている。一方、反ワッハーブ派勢力は、イブン・アブドゥルワッハーブの思想がテロのイデオロギーを生み出したと激しく非難する。この相反するイメージが、イブン・アブドゥルワッハーブ自身やその思想の実像を大きく歪《ゆが》めてしまったことはまちがいないだろう。

忘れてならないのは、今日、ワッハーブ派とされるイデオロギーとイブン・アブドゥルワッハーブの思想が同一のものであるわけではない点だ。実際、ワッハーブ派という語は俗称にすぎず、一部地域ではテロリストと同義語に用いられることもある。ワッハーブ派の信徒は自分たちのことをワッハーブ派とは呼ばず、唯一神信仰《ゆいいつしん》の徒《と》を意味する「ムワッヒドゥーン」と呼ぶ。また、イブン・アブドゥルワッハーブの生まれた十八世紀と現在では、ワッハーブ派をめぐる社会情勢も大きく異なっており、その評価は、どの視点から見るかで、偉大な宗教改革者、テロのイデオローグというように、両極端に分裂してしまう。

十八世紀アラビア半島のイスラーム

イブン・アブドゥルワッハーブは一七〇三年、アラビア半島中央部ナジュド地方のオアシス都市ウヤイナに生まれた。彼の一族は代々イスラーム法学者をつとめた名家で、父のアブドゥルワッハーブもスンナ派四公認法学派の一つ、ハンバル派の法官であった。息子のムハンマドは、父のもとでまずクルアーン(コーラン)やハディースを学び、十歳になる前に、クルアーンすべてを暗記したとされる。イスラーム諸学の基礎を修めたのちには、マッカ（メッカ）とマディーナ（ともに現在のサウジアラビア）、バスラとバグダード（現在のイラク）、ハマダーンとエスファハーン（現在のイラン）、シリアのダマスカス、エジプトのカイロなどを遍歴《へんれき》、碩学《せきがく》たちにクルアーン註釈学、イスラーム法学などを学び、イスラームへの理解をさらに深めていった。

とくに彼が強い影響を受けたのは、彼と同じハンバル派の法学者であるイブン・タイミーヤ（一二五八―一三二八）であり、その弟子のイブン・カイイム・ジャウジーヤ（一二九二―一三五〇）であった。だが、ハンバル派だけでなく、他の法学派の学者からも真摯《しんし》に学んでおり、たとえば、ハナフィー学派のインド人法学者、ムハンマド・ハヤート・シンディーからも熱心に教えを請うていた。さらに彼の属するハンバル派、そして彼の教えを受け継ぐワッハーブ派は一般にきわめて強い反シーア派的傾向をもつとされるが、イブン・アブドゥルワッハーブ自身、バスラ、エスファハーンなどシーア派信徒の多いところでわざわざ研究をつづけていた点も指摘しておいていいだろう。

イブン・アブドゥルワッハーブは一七四〇年ごろ生まれ故郷のアラビア半島ナジュド地方に戻り、父が法官をつとめていたフレイミラーという町でみずからの信念に基づく宗教改革運動を開始する。彼の考えかたの基本は、純粋なイスラームに立ち返れ、というものであった。ここでいう純粋なイスラームとは、預言者ムハンマドと同時代、あるいはその直後の世代である「敬虔《けいけん》なる先達《せんだつ》（サラフ・サーリフ）」たちの時代のイスラームを指す。

なかでも、とくに彼が重視したのは「神の唯一性」（タウヒード）という概念であった。イスラーム第一の義務である信仰告白（シャハーダ）にはいみじくも「アッラーのほかに神はいない。ムハンマドはその使徒である」の句が含まれている。アッラーは、並ぶものすらない、人間の唯一絶対の崇拝・礼拝対象であり、預言者ムハンマドですら、完全な人間として尊敬の対象とはなるものの、アッラーと並べることはできない。これは、イスラームでは信仰の根本であり、自明中の自明であった。

しかし、七世紀のアラビア半島を理想の社会とするならば、イブン・アブドゥルワッハーブの生きた十八世紀のアラビア半島は、大きく様相を異にしていた。当時のアラビア半島では住民の大半がムスリムであったが、彼らが実践するイスラームは、イブン・アブドゥルワッハーブが理想とするイスラームとはかけ離れたものであり、異質な、異教的な要素に汚された不純な宗教であった。

当時のアラビア半島のイスラームでもっとも特徴的なのは、聖者崇拝であった。人びとは、聖者の廟《びょう》とされるものに参詣し、聖者、あるいはその廟に対し祈りや供物《くもつ》を捧《ささ》げ、また、聖者が自分たちに祝福を与え、奇跡《きせき》を行うと信じていた。ナジュド地方には、預言者ムハンマドと同時代に活躍した「教友」たちの墓がいくつもあり、彼らは聖者と見なされ、その廟は霊験《れいげん》あらたかとされていた。

また、聖者のみならず、石や樹なども崇拝の対象になった。たとえば、ナジュドのフィダーという村にはご利益のあるナツメヤシの樹があり、未婚の女性がその樹を強く抱きしめて、呪文《じゅもん》を唱えると、結婚相手が見つかると信じられていた。あるいは、トゥルフィーヤというところにある樹に、男児を出産したときに、布切れをつけておくと、その子は元気に成長するという迷信もあった。そのほか、ある洞穴に食べ物を備えると、赦《ゆる》しが与えられるとか、悪魔を払うためと称して、護符《ごふ》を身につけたり、病気になれば、呪術医《じゅじゅつい》に頼ったりするというのも一般的であった。

こうした考えかた、あるいは行為は、イブン・アブドゥルワッハーブが強調してやまない神の唯一性＝タウヒードの概念と著しく矛盾しており、イスラームとは対極に位置する多神教(シルク)にほかならなかった。したがって、彼は、人びとが信じ、実践する行為がいかにまちがっているか、イスラームに反しているか、それらがクルアーンやハディースに根拠をもたない異質なもの(これをアラビア語で「ビドア」という)であるかを、人びとに諭《さと》し、それらの行為をやめ、正しいイスラームに回帰せよと呼びかけたのである。

イブン・アブドゥルワッハーブにとっては、信者たちが単にタウヒードを信じるだけでは不十分であった。彼は、信者たちがタウヒードを信じ、実践し、それを他者に対し示す必要があると考えたのである。したがって、彼は、彼がタウヒードに反すると考えた、アラビア半島の風習を廃すべく、みずから行動を開始、住民や有力者たちに対しそれらの異端性を説きはじめたのだ。

彼の教えは、すぐに一部のナジュドの人たちから歓迎され、財政的な支援も受けるようになった。彼の教えを受け入れたもののなかには、沙漠の遊牧部族の長老や町の有力者も含まれていたが、彼の教えを快く思わない人も少なくなかった。彼の教えが、伝統的な慣習だけでなく、政治権力や宗教権威と衝突《しょうとつ》することもあったからである。

とくにやっかいなのは、ウラマーと呼ばれる宗教知識人であった。彼らの権威は、一般の信徒が信じる現状の宗教的環境に裏打ちされており、それを否定するイブン・アブドゥルワッハーブの教説は、彼らの権威そのものに対する挑戦《ちょうせん》とも映《うつ》ったのである。ウラマーはしばしばその宗教的権威を背景に一般の信者たちをたきつけ、イブン・アブドゥルワッハーブの宣教活動を妨害させることもあった。

たとえば、彼が宣教を開始したフレイミラーでは、彼の評価は二分されていた。解放奴隷《かいほうどれい》からなる、ある集団は、彼らの非道徳的な行為に対しイブン・アブドゥルワッハーブが厳格なイスラーム法(シャリーア)❖註を適用して処罰することを要求したため、彼を襲撃しようとしたが、彼の支持者からの通報で、間一髪《かんいっぱつ》で難を逃れたという逸話《いつわ》もある。

聖廟の破壊

この話の真偽《しんぎ》は不明だが、いずれにせよ、イブン・アブドゥルワッハーブは一七四二年ごろフレイミラーを離れ、生まれ故郷のウヤイナの町に移動した。ウヤイナの支配者であったウスマーン・ビン・ムアンマル(一七二九―五〇)が彼の教えを受け入れ、彼を呼び寄せたとされている。イブン・アブドゥルワッハーブはあるときウスマーンに対し「あなたが神の唯一性を支持するために立ち上がれば、アッラーはあなたがナジュドとその地のアラブを支配するためにお助けになろう」と述べたと伝えられている。

ここで、彼は、ウスマーンの叔母であるジャウハラと結婚する。そして、ウヤイナの支配者の権威も借りて、積極的な宣教を進めるようになった。住民の多神教的な行動を改めさせるために実力行使に出て、彼らの崇拝の対象を理論的にのみならず、物理的にも破壊しはじめたのである。主たる標的になったのは、彼らの礼拝・崇拝の対象になっていた廟であり、墓であり、また樹木や石であった。

イブン・アブドゥルワッハーブが最初に破壊したのは、ウヤイナ近郊のジュベイラにある樹であった。ジュベイラにはゼイド・ビン・ハッタービのほか、何人かの預言者の教友が埋葬されていると信じられていた。そこには彼の廟や墓とされるものがあり、多くの人がそこに参拝し、供物を捧げていた。イブン・アブドゥルワッハーブは、ウヤイナの支配者ウスマーン・ビン・ムアンマルとその手勢を含む支持者たちとともに、そこに赴き、「ジーブの樹」や「カルユーワの樹」として知られる樹々を根こそぎにし、ついにはゼイド・ビン・ハッタービの廟も破壊してしまったのである。しかも、廟を壊す際には、ウスマーンが、住民の反発を恐れて躊躇《ちゅうちょ》するなか、イブン・アブドゥルワッハーブみずからが最初の一撃を加えたとされる。

むろん、住民は、自分たちの伝統や習慣を全否定されたわけだから、イブン・アブドゥルワッハーブらの行動に反発したはずである。しかし、支配者のお墨つきがあり、そして何より支配者の多数の部下たちが囲んでいたこともあって、人びとはイブン・アブドゥルワッハーブの大胆な行動に恐れおののき、何もできなかったとされる。しかし、彼らが、彼の主張する、正しいイスラームとはどういうものかを有無をいわせず理解させられたのはまちがいない。墓を礼拝の対象とすることは、至高至大《しこうしだい》のアッラーにそれらを並び立てる行為であり、イスラームの本質であるタウヒードに抵《てい》触《しょく》する行為として、断固拒否しなければならない。タウヒードを絶対視するイブン・アブドゥルワッハーブのこの強い決意を目の当たりにして、人びとは、当たり前のように行ってきた人や樹や墓の崇拝、そしてさまざまな迷信めいた慣習を放棄せざるをえなくなったといわれている。

ワッハーブ派側資料では、イブン・アブドゥルワッハーブがすでに言葉による宣教を開始していたにもかかわらず、彼のこの行動をもって、ワッハーブ派の運動開始宣言だとする見かたもある。実際、彼が、ゼイド・ビン・ハッタープ廟という多くの信者を集める場所を選んで実力行使に出たのは、住民に対するインパクトの強さを考慮したものであろう。また、軍事力を含む政治権力を背景に強硬手段に出たのが、住民の怒りを封じ込めながら、同時に彼の本気度を示すという戦術であったとすれば、きわめて周到《しゅうとう》に準備された計画といえる。

姦通罪

もう一つ、イブン・アブドゥルワッハーブが直面した問題がある。これは、ある意味、廟や樹木を破壊することよりも深刻であった。あるとき、一人の女性が彼のもとにやってきて、自分が姦通《かんつう》の罪を犯したと告白したのである。姦通は、既婚の男女が夫、あるいは妻以外の者と性交渉を行うことを指し、アラビア語では「ジナー」という。イスラーム法(シャリーア)では姦通はもっとも重い罪の一つであり、有罪となれば、石打ちの刑に処せられる。石打ち刑とは、罪を犯したものを下半身まで地面に埋め、集団で彼、彼女に死ぬまで石を投げつけるというきわめて残虐《ざんぎゃく》な刑罰である。

このケースで重要なのは、女性がみずからイブン・アブドゥルワッハーブのもとにやってきて、自分の意志で罪を告白したとされることだ。彼女が夫から訴えられたり、姦通の現場を押さえられたりして、裁判の場に引きずり出されたわけではない。結論だけいうと、女性は実際に石打ちの刑で処刑された。反ワッハーブ派の言説では、これはイブン・アブドゥルワッハーブの過激性や女性蔑視《べっし》の表われだとされる。

しかし、このときの状況を詳細にみると、イブン・アブドゥルワッハーブの別の側面が垣間《かいま》見えてくる。たとえば、彼が、女性が罪を告白した時点でいきなり死刑判決を下したのではなかった点である。彼からみれば、わざわざ死刑になるのがわかりきっているのに、女性が罪を告白しにくること自体、驚きであった。自分を試すために、誰かにそそのかされたのではないかとか、あるいは女性が精神的に病んでいるのではないかと、疑ったのは当然であろう。実際、彼は、たとえば、強《ごう》姦《かん》されたと主張したほうがいいなどといって、女性に対し告白を撤回するよう何度も説得を行っている。しかも、彼は、彼女に直接語りかけ、行動を改める機会さえ与えたのだ。このとき、彼は何度も女性と議論する場を設け、女性の状況に関して何度も調査を行い、行動を悔い改めるよう説得している。つまり、彼女が告白を撤回すれば、死刑を免れるはずであった。しかし、そのたびに、女性は、姦通を犯したと繰り返すばかりで、しかも、精神的にも正常のように、彼には見えた。さらに、地元のウラマーからも女性を死刑にせよとの強い圧力が加わり、そこで、彼はやむなく彼女に死刑判決を下し、その判決に則って、女性は石打ちの刑に処せられたのである。

この事件は、イブン・アブドゥルワッハーブ自身の宗教改革運動の重要な側面を反映しているといえる。一つは、彼がけっして女性に対し非人道的に接しているわけではない点である。彼は何度もみずから直接、彼女と話をし、説得を試み、その命を救おうとしていた。現代のサウジアラビアでは、家族・親族以外の男女が同じ空間にいることすら許されず、女性は一人で外出することもできないというステレオタイプ的な見かたがある。近年こそ、女性の解放が少しずつ進んではいるが、実際、こうした女性差別がサウジアラビアに存在していたことは事実である。だが、それは、けっしてイブン・アブドゥルワッハーブが意図したものではなかったといえよう。

ワッハーブ派側の史料では、この事件は、彼がいかにイスラーム法を遵守《じゅんしゅ》し、その施行を重視しているかを示したものだと評価されており、これでナジュド地方における彼の名声が一気に高まったとしている。だが、十八世紀の宗教知識人たち(ウラマー)の、この事件に対する反応は、もちろんまったく別のかたちで現れていた。地元ウラマーたちがイブン・アブドゥルワッハーブに女性を死刑にするよう圧力をかけたことは前述のとおりだが、一方で彼らは、イブン・アブドゥルワッハーブが既存の権威に対し地元住民に反乱を起こすようけしかけていると政治的指導者たちに告げ口をしていたのである。そして、それによって、政治的指導者たちの一部のあいだには、彼に対する敵意が高まっていった。

既存の価値観や慣習を力の源泉とするウラマーからみれば、それを変えたり、壊したりしようとするイブン・アブドゥルワッハーブは自分たちの権威に対する深刻な脅威であった。ウラマーの権威は、彼らの宗教テキストに関する暗記的な知識にあった。彼らは、過去の権威たちの聖典やイスラーム法の解釈を引用し、信徒たちをそれに随従《ついじゅう》させることで、宗教的な威光《いこう》を独占していた。こうした過去の確立した権威に無批判にしたがうことをアラビア語で「タクリード」と呼ぶ。十世紀前後に預言者ムハンマドの言行（ハディース）の収集がほぼ完了し、それにともないクルアーンとハディースを法源とするイスラーム法の体系も確立した。そこから、信徒たちはこの確立した解釈にしたがうべきであり、新たな解釈（イジュティハード）は不要であるという考えかたが生まれた。これを「イジュティハードの門は閉ざされた」と表現する。

しかし、イブン・アブドゥルワッハーブや彼の属するハンバル派はそれとは逆の立場に立つ。ハンバル派は一般にクルアーンとハディースにもとづくイスラーム法の不断の解釈が重要であると考える。イブン・アブドゥルワッハーブも同様で、個々の事象にあたって、過去の法解釈をそのまま適用するのではなく、もう一度、クルアーンとハディースに立ち返って、再解釈（イジュティハード）を行うべきだと説いた。それゆえ、イブン・アブドゥルワッハーブのイジュティハードはしばしば過去の権威たちの解釈と衝突することになった。

今日、ワッハーブ派は伝統墨守的《ぼくしゅてき》、保守的であると称されるが、少なくともイブン・アブドゥルワッハーブの思想はけっして保守的ではなく、むしろ革新的でさえあったといえる。ワッハーブ派が保守的とされるようになったのは、彼の教えというよりは、彼の教えが時代を経るにつれて変化していったためと見るべきである。

また、彼は、男女を問わず一般の信徒たちにもクルアーンやハディースの学習を勧めた。これは、ときに過去の権威に随従するウラマーの役割を否定することに繋《つな》がりかねなかった。こうした状況を受け、多くのナジュドのウラマーは、真偽の不確かな噂を流すなどして、イブン・アブドゥルワッハーブを批判しはじめた。そして、それに影響されたアラビア半島各地の政治指導者からもイブン・アブドゥルワッハーブの教えを非難する声が聞こえるようになった。

とりわけ、現在のサウジアラビア東部州にあたるアラビア半島東部のアフサー(ハサー)地方を支配していた強力なバニー・ハーリド族の長、スレイマーン・ビン・ムハンマドは、イブン・アブドゥルワッハーブの支持者が拡大し、彼の名声が高まることに強い危機感を覚えていた。一説には、彼自身が姦通を犯していたため、イブン・アブドゥルワッハーブが女性を処刑したことに激怒したからとも、また彼の許可なく、死刑判決を下したからだともいわれている。いずれにせよ、スレイマーンは、彼の影響下にあり、イブン・アブドゥルワッハーブを庇護《ひご》していたウスマーン・ビン・ムアンマルに書簡を送り、イブン・アブドゥルワッハーブを排除するか、殺害するよう指示し、さもなくば、ウスマーンに対する経済支援を停止し、アフサーにウスマーンが所有していたナツメヤシ園で収穫するのを禁止し、さらにウヤイナの商人たちがアフサーに入ることも許さないと脅しをかけた。

彼我の経済力・軍事力の差を考慮すれば、ウスマーンは、スレイマーンの指示にしたがわざるをえず、イブン・アブドゥルワッハーブにその旨を伝えた。イブン・アブドゥルワッハーブも結果的にはそれを受け入れざるをえなかった。ウスマーンはこれまでの交誼《こうぎ》にかんがみ、警護のため配下の部下を同行させた。彼らが向かった先は、ナジュド地方のディルイーヤという町であった。イブン・アブドゥルワッハーブは道中ずっと、クルアーンの章句を唱え、「讃えあれ、アッラー、アッラーのほかに神なし。アッラーはもっとも偉大なり」と繰り返していたという。

ディルイーヤの住民は早い段階からイブン・アブドゥルワッハーブの教えに感化され、ジュベイラの聖廟破壊のときにも、ディルイーヤの支配者の親族が加わっていた。イブン・アブドゥルワッハーブはディルイーヤ到着後、その地の支配者、ムハンマド・ビン・サウード(一六九七―一七六五)の庇護を受け、一七四四年(あるいは四五年とも四六年とも)、彼と盟約を結ぶ。イブン・アブドゥルワッハーブはムハンマドに対し、もし、後者が神の唯一性を広め、多神教や無知蒙昧《むちもうまい》を除去することに専心するならば、アッラーが彼やその子孫にナジュドの地を支配させてくれるだろうと述べた。イブン・アブドゥルワッハーブの言葉どおり、ムハンマド・ビン・サウードは、宗教的権威に裏打ちされた軍事力をもって、アラビア半島の大半を制圧した。現在のサウジアラビアの起源である。

なお、イブン・アブドゥルワッハーブは、一七九〇年あるいは一七九二年にディルイーヤで死に、そこで埋葬された。彼の墓には墓標すら立てられなかったといわれている。それに倣《なら》い、歴代サウジアラビア国王の墓には墓標が立てられていない。

❖註……イスラーム法(シャーリア)は、クルアーンやハディースなどを法源とし、一般にいわれる法律とは異なり、信仰に関わる儀礼的規範と世俗的な規範の二つに分けられ、前者には礼拝や断食などの規定が含まれ、後者にはいわゆる民法や商法、さらに政治や軍事までもが含まれる。

抵抗運動の英雄から
ヒューマニズムの理想へ

アブド・アルカーディル

…'Abd al-Qādir…

私市正年

アブド・アルカーディル（一八〇七―八三）は、フランス植民地支配に対する抵抗運動の指導者、あるいはアルジェリア建国の父として知られるが、彼の後半生からはそれとは異なる人道的精神の模範のような姿が見えてくる。アブド・アルカーディルが歴史に残したものは、この二つの英雄像である。彼を異なる行動へと駆り立てたものはなんなのか。本論では正義と理想のために闘った一人の人間の内に存在した両面性を双方向から、検討してみよう。

抵抗運動の英雄

❶生い立ち

アブド・アルカーディルは、一八〇七年九月二六日、アルジェリアのマスカラ西方二〇キロメートルにあるゲトナという小村に生まれた。彼の祖父ムスタファが一七九一／二年ころ、スーフィー教団の一つ、カーディリー教団の指導者としてゲトナに修道場（ザーウィヤ）を建設し、宣教活動を開始した。彼の後を継いだのは、息子で、アブド・アルカーディルの父親にあたるムフイー・アッディーン(一七五七―一八三三)であった。彼は、ゲトナを単なる宗教的機能だけではなく、学問的、政治的、経済的機能を兼ね備えた土地に発展させた。ここの修道場には八〇〇冊の書籍を持つ図書館があり、各地からやって来る学生たちは無料で法学や神学を学ぶことができた。アブド・アルカーディルが最初に学んだのもここであった。

ムフイー・アッディーンは、教団の指導者として宗教的権威を有しているだけでなく、部族間の争いの調停者として政治的な役割をもはたした。彼には四人の妻がいたが、アブド・アルカーディルの母親は第二夫人ズフラであった。彼女は読み書きのできる知的な女性として知られ、アブド・アルカーディルも母親を敬愛し、しばしば彼女に助言を求めたと言われる。

アブド・アルカーディルはゲトナで基礎的な教育を受けた後、一八二一年頃オランで上級の学問を学んだ。そして一八二六年、父とともにメッカ巡礼に出発し、巡礼の途中カイロ、ダマスカス、バグダードに立ち寄り高名な学者たちと会った後、一八二八年帰郷した(DANZIGER, R., pp.51-58)。

❷抵抗の指導者アブド・アルカーディルの登場

オスマン朝下アルジェリア地方政府のデイ(国家指導者)のフサイン、アルジェのフランス領事ドバル、ユダヤ商人バクリとブスナックの三者間の負債《ふさい》の決済問題から生じた一八二七年のいわゆる「扇の一打」という小事件は、フランスのアルジェリア遠征という大きな政治的事件に発展した。一八三〇年六月十四日、フランス軍はアルジェの西方二〇キロメートルのシディ・ファッルーシュに上陸した。当時のフランスは、すでに七月王政の末期であり、ゆらぎ始めていた王政の威信を外征によって回復しようとした王党派と、アルジェリア貿易の独占を望んだマルセイユの大商人との利害の一致を背景として、シャルル十世がこの事件を契機にアルジェリア遠征に踏み切ったのである。

トルコ系デイ政府の軍隊は抵抗らしい抵抗もできずに敗北した。デイ権力の崩壊の後、フランス軍の侵略に対する抵抗は現地民のアラブ系、ベルベル系の部族民が担ったが、各部族は自らの土地を侵害されるときにのみ戦ったので、抵抗は組織化されず、分散的であった。しかしフランスによる占領が拡大するとともに、一八三二年四月初め、オラン地方の諸部族は戦闘の指揮をムフィー・アッディーンに依頼した。彼は、諸部族にフランス軍に対するジハード（聖戦）を訴えたが、高齢と肉体的衰えを理由に実際の軍事的指揮を息子に任せた。若い指揮官の勇猛《ゆうもう》果敢《かかん》な戦いぶりは、人々を感動させ、彼の政治的、軍事的指揮官としての才能が明らかになった。

一八三二年十一月二二日、マスカラ近くのエグリス平原で大規模な集会が開かれた。宗教指導者、部族長、地域の名士などが集まった。その時、二五歳の青年であったアブド・アルカーディルは、集会所の近くのエルムの巨木の下に一人で座っていた。ムフィー・アッディーンは会議中、突然立ち上がると、エルムの木の方向に歩きだし、彼の息子に忠誠の誓いを行った。そして息子を「宗教

アルジェの広場に立つ
アブド・アルカーディル像　（筆者撮影）

の守護者(Nasir al-Din)」と呼んだ。次に、アブド・アルカーディルの父方の叔父、アリー・アブー＝ターリブが忠誠の誓いをした。続いて、アブド・アルカーディルの兄弟たちや他の親族が同様の忠誠の誓いをした。さらに宗教指導者や部族長や名士たちが位の順番に従って忠誠の誓いを行った。この儀式が終わった後、アブド・アルカーディルは、自らがアミール・アルムーミニーン(信徒たちの長)であることを宣言した。フランスの侵略に対する抵抗の指導者であるとともに、国家の建設者としての彼の生涯が始まった(私市正年『マグレブ』一〇四号)。

❸統一と国家建設への努力

彼は個々に分散し、しばしば反目しあっていたアルジェリア部族民を統合させる方法が、フランスに対するジハード意識の高揚《こうよう》であることに気づいていた。自らも兵を率いてフランス軍と戦い、諸部族にはジハードを説いて支配領地の拡大とアルジェリア統一に向けて努力を行った。一八三四年七月、フランスはアルジェリアの恒久的領有を意図して総督府を設置した。他方でアブド・アルカーディルとフランス軍の戦闘は、一時的な停戦協定をはさみつつ続いていた。一八三五年六月二八日、マクタの戦いではアブド・アルカーディル軍が大勝利を収めた。クローゼル将軍率いるフランスは反撃に出、同年十一月二八日、マスカラを攻撃し、翌年一月八日、トレムセンに進軍、入城した。諸部族はアブド・アルカーディルが不利な状況の時になるとしばしば離反し、彼への忠誠心は不安定であった。

かくてアブド・アルカーディルは安定した権力の確立と組織化のため、首都を、フランス軍の攻撃を受けやすいマスカラから、内陸部のターグダムトに移す一方、一八三七年五月三〇日ビュジョー（一七八四—一八四九）総督とタフナで休戦協定を結んだ。このとき彼の支配権はアルジェリアのほぼ三分の二に達していた。

タフナの停戦協定から一八三九年まで二年程続く小康状態はアブド・アルカーディルにとって非常に重要な意味をもつ。彼の反乱の目標は異教徒のフランス人の放逐《ほうちく》ではなく、アルジェリア全土の統一と国家建設にあった。服属しない部族も強制移住や徴税義務の賦課《ふか》などによって事実上、彼の支配下に入った。アイン・マーディーに拠点を置くスーフィー教団、ティジャーニー教団はフランスに対しジハードを宣して戦っていたが、自らの権威の維持のための戦いであり、アルジェリアの統一をめざすアブド・アルカーディルの権威下に入ることを拒否していた。かくて一八三八年六月、彼は正規軍歩兵二〇〇〇、騎兵三〇〇、砲兵二四の軍を率いてアイン・マーディーを攻囲した。攻囲は三九年一月まで続き、結局ティジャーニー教団の軍勢は降

タフナの協定時の勢力図（1837年5月30日時点）

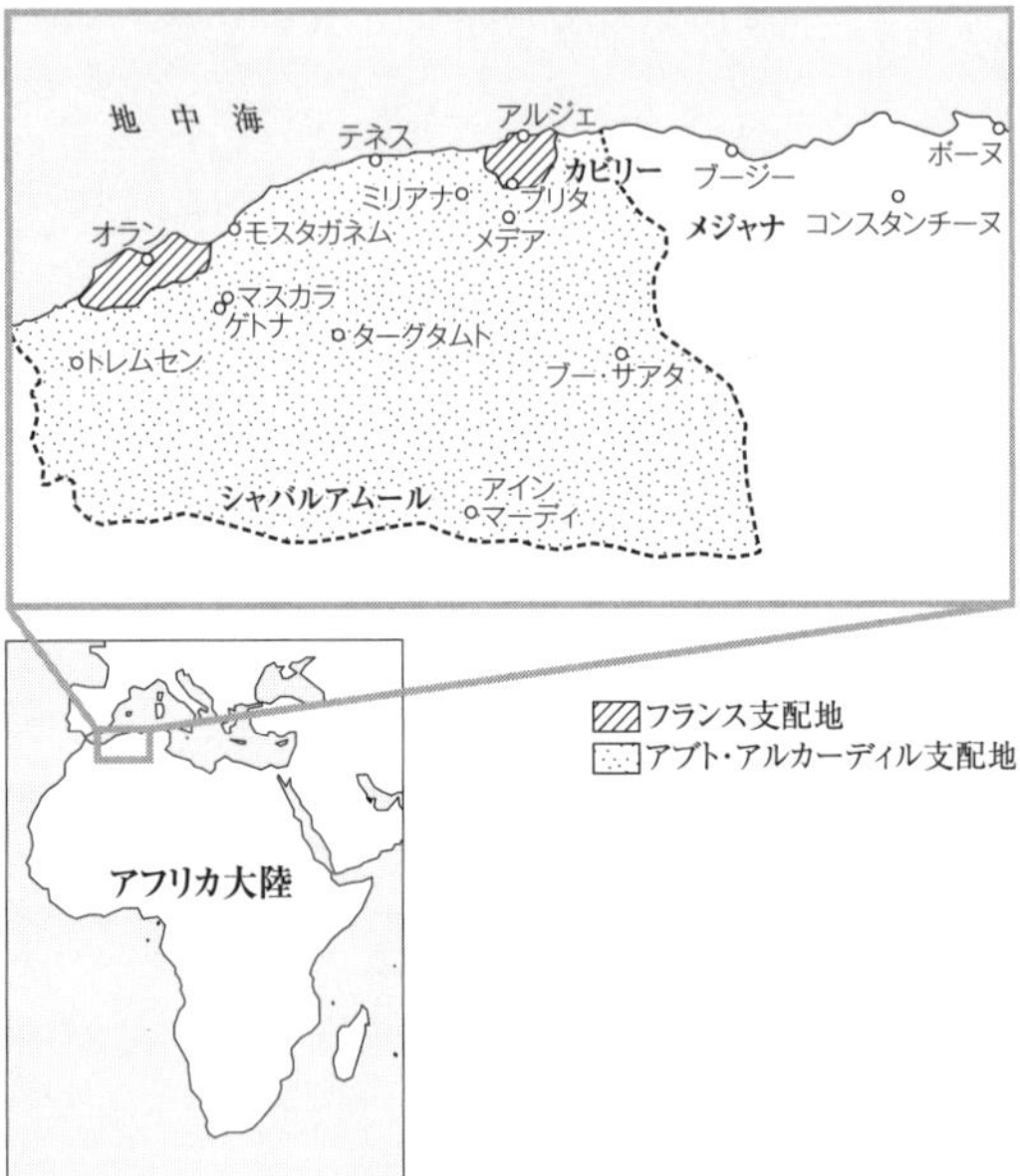

伏し、砂漠へと退却した。東方のコンスタンチーヌ地方では、ベイのアフマドが一八四八年までフランス軍と戦ったが、それはオスマン朝代理者としての権力の維持のためであり、アルジェリア部族の統一を意識したものではなかった。

アブド・アルカーディルの戦いは明らかにこれらの戦いとめざす方向が異なっていた。彼は偏狭《へんきょう》な部族意識を超えたアルジェリアの統合を意識していた。フランスの陸軍大臣スールがアルジェリア総督ラモリシエールに宛てた書簡(一八四五年十月六日付)に、

我々(フランス)がアブド・アルカーディルの諸制度から得られる疑いえない喜びは、彼がアルジェリアとその民衆に一種の民族的統合(une unité nationale)を与えたことであり、諸部族の中に行政的連帯の絆(un lien de solidarité administrative)を創りだしたことである。また、戦争がそうさせたにせよ、社会生活上の諸義務におけるある規範、すなわち中央の直接的権力よりくだされる命令により早く、より賢明に従う習慣を彼らに身につけさせたことであり、税の制度を定めたことであり、さらに裁判と教育の最初の組織化を行ったことである。

(FOURNIER,P., p.1)

と、ある。スールがいう民族的統合とか行政的連帯の絆とは何か。その問いに答えることが彼の抵抗と反乱の性格を明らかにすることになる。

一八四〇年、彼の権力はアルジェリア全土の三分の二以上に達した。部族民の結集と統一への努

力はほぼ終わった。カビリー地方での小規模な反乱をのぞき、彼の領域での抵抗はほとんど起こらなくなった(DANZIGER, R. pp.167-168)。

❹アブド・アルカーディルの国家

彼がカーディリー教団の指導者の家系の子孫であったことは、彼の権威の源泉の一つであった。しかしアルジェリアには多数のスーフィー教団が存在したので特定の教団によるアルジェリア統一は不可能であった。それ故、彼は教団の長に通ずるシャイフという称号を公式には名乗らず、普通はアミール・アルムーミニーン、スルタン、サイイド、ハーッジの称号を用いていた。アミール・アルムーミニーン(イスラーム史の伝統的用法ではカリフの称号)は公文書の署名に用いられた。スルタンの称号は、彼自身の公的書簡で稀《まれ》に用いられたに過ぎないが、支配下の部族民は一般に彼を世俗権力の代表としてスルタンと呼んでいた。サイイドは、預言者ムハンマドの家系に属する者、ハーッジはメッカ巡礼者に対する尊称であり政治権力とは直接には関係なかった。彼はしばしばジハードを宣したが、それは部族や教団の違いを超えた統一と連帯の意識を生み出すための戦略であった。

一八三九年、彼の権力が最高潮に達した時、その領地は八つの行政区、すなわちカリフ管轄地《かんかつち》(khalifalik)に分けられ、それぞれがアミールによって統治されていた。八つのカリフ管轄地は、それぞれ多くのアガ管轄地(aghalik)に区分され、各アガによって統治された。アガ管轄地は複数の部族からなっていた。部族は部族長(カーイド)によって統治され、部族はさらにさまざまな支族(qisma)または、村(duwwar)に分かれ、それぞれの長(シャイフ)によって統治された。

裁判は、国家の官吏として俸給《ほうきゅう》を支給された裁判官(カーディー)によってイスラーム法に基づいて実施されたが、実際にはカリフ、アガ、カーイドなどが大きな法的権限を有していた。

租税は、イスラーム法によるものとそうでないものとがあった。イスラーム法による税は、一つはザカートで、家畜や手工業製品、加工食品、現金収入などに税率三〜四%の割合でかけられた。もう一つはウシュルで、収穫物——主に穀物——に十分の一の割合でかけられた。ただし国家収入となったのは一部で、多くはカリフ、アガ、カーイドの収入となった。イスラーム法によらない税はマウーナとよばれ、正規兵の維持費にあてられた。

軍隊は正規軍(常備軍)と非正規軍に分かれていた。正規軍は一八三九年。歩兵五〇〇〇、騎兵一〇〇〇、砲兵が少数から成り立っていた。正規兵には給与が支給され、軍事訓練も受けていた。非正規兵は諸部族から徴兵され、歩兵と騎兵から構成されていたが、全軍で七万から七万五〇〇〇くらいであった。彼らは給与が支払われず、武器も食糧も自前であった。彼らは戦闘技術や軍団の規律は不十分であり、しばしば指揮官の命令を無視した。

近代的な兵器である鉄砲や大砲は主としてヨーロッパから購入されたが、アブド・アルカーディルは西洋の技術を導入して自ら武器の製造にもとりくんだ。マッソーの報告(FOURNIER,P., p.145)によれば、トレムセンに建設された武器製造工場では、毎週八から十丁のライフル銃が製造されたが、その三分の二は不良品であった。火薬も製造されたが、長い間保存できない低品質のものであった。それらの技術指導者はフランス人の捕虜《ほりょ》であった。

統治原理に関しては、定説では、彼は、法的、経済的特権をもっていたマフザン部族を廃し、諸部族の平等性の確立によって国家を統一しようとした、と言われる。しかし、最近の研究によると、彼はむしろ特権部族をあらたに設け、諸部族の相互牽制《けんせい》による分断統治と、彼の軍事的優越さによる上からの支配であった(DANZIGE, R. pp.201-202)。

では彼の抵抗と国家建設のなかにアルジェリア民族意識を見出だすことはできるだろうか。金曜日の集団礼拝におけるフトバ(説教)は常にモロッコのスルタン、アブド・アッラフマーンの名において行われた。鋳造《ちゅうぞう》された貨幣には、アブド・アルカーディルの名も、アルジェリアの名も刻まれていない。しかし、彼はフランスの侵略に対抗できる強力な国家を建設するために諸部族を統合しようとした。これらのことは、彼が孤立的・自治的な部族意識を越える思想をもっていなければ不可能であった。ただ、現実には、オスマン朝下の伝統的な統治制度と部族意識を介してしか支配を末端にまで及ぼすことができなかったのである。部族民も自己をアルジェリア人と意識することはなかったであろう。彼らに共通の意識が生まれたとすれば、それは異教徒に対するムスリム意識、共通の敵を前にしての連帯感、部族の土地よりも広い領土意識(祖国のような意識ではないだろう)。これらは近代的な意味でのアルジェリア民族意識とは言えない。むしろ、短期間とはいえ、一つの権力下に諸部族を統一したことは、民族国家形成への確実な第一歩であったと言うのが妥当な評価であろう(私市正年『マグレブ』一〇四号)。

ヒューマニズムの理想

一八四一年、再びアルジェリア総督になったビュジョー将軍は、タークダムト、マスカラ、ゲトナ、トレムセンとアブド・アルカーディルの拠点を次々と攻略していった。一八四七年十二月、彼はついにフランス軍に降伏した。投降の際、フランスからアレクサンドリア、もしくはアッコンへの亡命を約束されていたが、フランス側の約束不履行《ふりこう》によってはたされず、捕らわれの身となった。彼は一八四八年から五二年十月までフランスで虜囚《りょしゅう》の身となったが、ルイ・ナポレオンによって釈放され、トルコのブルサで三年間暮した後、ダマスカスに移り住んだ。同地では政治から離れ、学究生活に専念するつもりであったが、ある事件を契機に彼は重大な政治問題にまきこまれた。

❶ダマスカスの歓迎

彼の名声はすでにアラブ世界で知れ渡っていた。一八五六年十一月二四日、家族と随員で一〇〇人を超えるアブド・アルカーディルの一行は、フランスの蒸気船でベイルートに到着、大群衆と豪華に着飾った騎兵隊の歓迎を受け、祝砲の嵐のなかをダマスカスに向かった。途中、彼と会ったイギリスのレバノン駐在武官Ch. A. チャーチルは、ダマスカス到着の様子を次のように伝えている。

(ベイルートに続いて)二度目の熱烈なる歓迎が、アブド・アルカーディルを待っていた。男も女も、子供たちも、全てのムスリムが彼を迎えるために外に出てきた。街の門の外は一〇〇〇人以上の人であふれ、通りには二重の人垣ができていた。あらゆる地位・階層の人々が祭りの服で着飾って、イスラームの輝かしい戦士、英雄を一目見ようとやって来た。トルコ兵分遣隊と軍楽隊に先導されたアブド・アルカーディルは、絶え間ない〝ようこそ〟の声に笑顔で応えながら、人波をかき分けて進んだ。ダマスカスに入城したアラブ人で――どれ程偉大な人であっても――、これほどの歓迎を受けたのは、サラディン以来である。

(CHURCHILL, Ch.-H., p.306)

預言者ムハンマドの子孫であること、ウラマー(学識者)であること、聖戦の指導者であったこと――彼がこの三つを兼ね備えていたことは、シリアのムスリムたちの関心をひかないわけがなかった。彼はムスリムたちの依頼に応え、大モスクで講義を開いた。毎日、ダマスカスの大モスクで七〇人以上の学生たちに、コーランとハディースを基礎とした神学を非常に熱心に講義した。こうしてムスリム社会のなかでアブド・アルカーディルの名声と権威は高まる一方であった。

❷トルコ兵・ドルーズ派教徒とキリスト教徒の対立状況

レバノン・シリア地域に駐屯《ちゅうとん》するオスマン朝トルコ系軍人たちは、キリスト教徒たちの人口増加、繁栄や豊かさをみて彼らに対する「暗澹《あんたん》たる嫉妬心《しっとしん》」や「憎悪や復讐心《ふくしゅうしん》」を抱くようになったと言われる(CHURCHILL, Ch.-H., p.309)。

レバノンのキリスト教徒たちは、ドルーズ派教徒の敵対的態度に気づいていたが、一八五九年ころに彼らとオスマン朝駐屯兵たちとが結託して自分たちに対する攻撃をしかねない状況に警戒するようになった。「一八六〇年五月、ドルーズ派教徒とキリスト教徒たちとの間の対立は、トルコ人たちにけしかけられ、強く煽《あお》り立てられて内戦へと発展した。一か月以上にわたって、レバノンは一面、殺戮《さつりく》と戦火の舞台となった。これほどの災難を経験したにもかかわらず、キリスト教徒たちは、パシャやトルコの大佐たちが〝両者に介入し、和解の仲介をしようとしていた〟という平然たる言い訳にだまされた」(CHURCHILL, Ch.-H., p.311)。

次は、ダマスカスのキリスト教徒が皆殺しの目標とされた。彼のもとに、トルコ兵とドルーズ派の陰謀《いんぼう》の情報が入っていたが、にわかには信じなかった。町中に流れる恐ろしい噂を聞いた彼は、ハマやホムスのウラマーたちに書簡を送り、住民を落ち着かせるよう促した。

しかしドルーズ派のいくつかの集団がダマスカスのキリスト教徒に対しても破壊、略奪をしようとしていることを知ったとき、彼は急いでレバノン山脈のドルーズ派の指導者たちに書簡を送り攻撃をおもいとどまるよう説得した。

❸一八六〇年七月のダマスカス虐殺事件

アブド・アルカーディルは、ダマスカスでもトルコ兵とドルーズ派がキリスト教徒を襲撃する、という噂を耳にしていたので、フランス領事とともにオスマン朝パシャのところに出向いて懸念を伝えた。それに対しパシャは単なる噂に過ぎない、と否定した。それにも拘《かか》わらず、噂は広がっていた。領事は密《ひそ》かにアブド・アルカーディルと彼の取り巻きたちに武装するための資金を与えた。

七月八日、彼はドルーズ派とトルコ兵との陰謀の詳細を知り、事件を未然に防ぐためにレバノン山脈のドルーズ派のシャイフたちのもとに出向いた。しかしこの間にすでにダマスカスで事件が勃《ぼっ》発《ぱっ》したことを知った。

彼は七月十日、ダマスカスに戻った。目の前の惨劇《さんげき》を前にして、トルコ兵たちが民衆に命じたことと、暴徒たちが荒れ狂い、家を焼き、キリスト教徒たちを殺害する様を傍観していたということをすぐに理解した。

その日の午後、彼は二人の息子とともに、ただちに大混乱のキリスト教徒街区に入り、大声で呼びかけた。「キリスト教徒たちよ! 私は、アルジェリア人のアブド・アルカーディルだ。私を信用しなさい。私は、あなた方を守ろう。私とともに私の家に行こう!」(KISER, J. W., p.297)。

数時間にわたって、彼の取り巻きのアルジェリア人たちは、ためらうキリスト教徒たちを彼の邸宅内に避難させた。

夜になるとクルド人、アラブ人、ドルーズ派教徒などが彼の家の前に集まってきた。彼らは「あなたは、たくさんのキリスト教徒を殺害した。次にその仕事を担当するのは我々だ! キリスト教徒たちを引き渡せ!」と言った。彼は「キリスト教徒たちが我々に戦争を宣言し、我われの信仰に対して武器を取ったから、私は彼らを殺したのである」(CHURCHILL, Ch.-H., p.313)と答え、続けて次のように言った。

「兄弟たちよ。あなた方は神の法を犯しています。なぜ、あなた方は、無実な人々を殺す権利をもっている、と考えるのですか? あなた方は、女性や子供たちを殺そうとする程まで、下劣《げれつ》なところに落ち込んでしまったのですか？聖なる『コーラン』(5－32)でアッラーは次のように言っておられます。〝殺人を犯したこともなく、地上で悪を働いたこともない人を殺す者は、全人類を殺したのと同じである〟(KISER, J. W., p.298)。その後も暴徒たちは彼にキリスト教徒たちの引き渡しを執拗《しつよう》に要求したが、ついにあきらめて引きあげた。

一〇〇〇人を超えるキリスト教徒たちがアブド・アルカーディル邸宅内に避難していたので、彼らは座ることも横になることもできなかった。そこで彼は、キリスト教徒たちを一〇〇人一組にし、アルジェリア人たちを護衛につけて、城塞《じょうさい》の中に誘導した。

一八六〇年七月十三日、暴動事件の最悪の状況は過ぎ去った。少なくとも三〇〇〇人のキリスト教徒が殺害された―まだ完全に終わっていなかったが。アブド・アルカーディルは、ヨーロッパ人の外交団を含む一万五〇〇〇人のキリスト教徒たちを救った、と言われる(CHURCHILL, Ch.-H., p.316)。

❹称賛の嵐とレジオン・ドヌール勲章

このニュースはすぐに欧米に伝わった。同年十月二〇日付「ニューヨーク・タイムス」は、

アブド・アルカーディルにとって、これは栄光の、まさしく栄光の一章であった。イスラームの独立のために闘った最も非妥協的な兵士が、自らの政治的敗北と彼の民族の衰退の時に、キリスト教徒の命とキリスト教徒の名誉を守るために、最も勇気ある行動をとることは、決して容易な

ことではない。アルジェリア人たちをフランス人たちに服属させた、(彼の戦いの)敗北は、奇妙にも気高く復讐をとげられたのである。

と報じた。

この人道的な行為は、世界各国から称賛され、フランス、ロシア、スペイン、プロイセン、イギリス、ローマ教皇、ギリシア、トルコなどが彼に栄誉の賞を与えた。とくにフランスは、年金額を十万フランから十五万五〇〇〇フランに増額するとともに、レジオン・ドヌール勲章を与えた。

おわりに

晩年のアブド・アルカーディルは自らをムスリムであると確信してはいたが、それ以上のアイデンティティを求めず、非ムスリムだからといってその人を排除することはなかった、と言われる。彼はムスリムから見ると奇妙にも見えたようである。彼がスイス人銀行家シャルル・エイナールに送った手紙の中で、「私は、人が何教徒であろうと、何を信仰しようと、全ての人を尊敬する程までに寛容になった」(KISER, J. W., p.323)と述べている。一八八三年五月二五日、ダマスカスで没し、本人の希望通りに有名な神秘主義者イブン・アラビー(一一六五—一二四〇)の墓の隣に埋葬された。一九六六年、親族が本人の意志に反するとして猛反対したにもかかわらず、彼の遺体はダマスカスからアルジェのアル・アーリヤ墓地に移送された。国家の論理が優先されたのである。だが、彼は、アルジェリア民族の抵抗の英雄であっただけでなく、普遍的なヒューマニズムの理想の人でもあった。彼の内なる義俠心はこの両面性をもち合わせていたのである。

⦿参考文献

私市正年「フランスのアルジェリア侵入とアブド・アルカーディルの叛乱(一)」(『マグレブ』九九―一〇〇号)

私市正年「フランスのアルジェリア侵入とアブド・アルカーディルの叛乱(二)」(『マグレブ』一〇四号)

JULIEN, Charles-André, *Histoire de l'Algérie contemporaine*, Paris, PUF, 1964.

GALLISSOT, René, "*Abd el-Kader et la nationalité algérienne*" *Revue Historique*, t.23, 1965.

AGERON, Charles-Robert, *Histoire de l'Algérie contemporaine (1830-1970)*, Paris, PUF. 1970.

CHURCHILL, Charles-Henri, *La vie de Abd-el-Kader*, Alger, SNED, 1971.

FOURNIER,Paul, "*L'état d'Abd el-Kader et sa puissance en 1841 d'après le Rapport du Sous-Intendant Militaire Massot*", *Revue d'Histoire Moderne et Contemporaine*, Paris,1974, t.14.

DANZIGER, Raphael, *Abd al-Qadir and the Algerians*, New York and London, Holmes & Meier Piblishers, 1977.

KISER, John W., *Commander of the Faithful*, New York, Monkfish Book Publishing Company, 2008.

「エジプト人のための
エジプト」を
目指した首領《ザイーム》

アハマド・オラービー

…Aḥmad 'Urābī…

長沢栄治

歴史のなかのオラービー革命

今から一三〇年前、エジプトは植民地化の危機に瀕《ひん》し、また専制的支配に人々は苦しんでいた。そのとき民族の危機を救い、圧政を正そうとする運動を率いたのが、軍人アハマド・オラービー（一八四一—一九一一）であった。「エジプト人のためのエジプト」のスローガンを掲げたこの運動は、指導者の名を取ってオラービー革命（一八七九〜八二年）と呼ばれる。

当時のエジプトは、支配者ムハンマド・アリー家（一八〇五〜五三年）の浪費により対外債務《さいむ》の累積《るいせき》が嵩《かさ》み、英仏の財政管理（一八七六年）を受けるまでになっていた。また、この債務支払いのために重税を課せられた民衆からも不満の声が上がっていた。この人々の怨嗟《えんさ》の声に共鳴する形で起きたのが、オラービーたちが軍内部で起こした抗議行動だった。彼ら農村出身の下級将校は、外国出身のトルコ系・チェルケス（コーカサス）系のエリート将校・幹部から受けていた差別待遇の改善を求めて決起したのであった。

この軍人たちの動きは、たちまち社会の各層の不満を吸引し、国の独立と、憲法にもとづく民主的な体制を求める革命の運動へと発展した。しかし、この革命は、列強の剥《む》き出しの暴力によって圧殺される。イギリス軍の侵攻によって、オラービー率いるエジプト軍は惨敗《ざんぱい》し、革命体制は崩壊《ほうかい》した。その後のエジプトは、長期にわたり植民地支配を受けることになる。

今日の視点から見るなら、オラービー革命は、軍人の直接行動が民衆の運動と結びついた点において、その後のエジプトで起きた「革命」の先駆的な事例であったと思えるかもしれない。この革命からほぼ七〇年後の一九五二年七月、ナセル(一九一八―七〇)率いる自由将校団はクーデタを起こして、ムハンマド・アリー家を廃絶し(五三年六月)、さらに大衆運動の高揚を利用・統制することにより、今日まで続く強権的な国家体制を作りあげた。

最近の事例では、二〇一一年一月二五日革命の記憶が新しい。ナセルの体制を引き継いだムバーラク政権の圧政を打倒しようと民衆が蜂起《ほうき》すると、軍部(最高軍事評議会)は、この新しい革命の守護者であると名乗って介入した。結局のところ、老獪《ろうかい》な軍事エリートは、若者や市民の運動を抑え込むのに成功した(「長沢 二〇一二」を参照)。それから二年後、革命後の選挙で民主的に選ばれたムスリム同胞団政権に対し、辞任を要求する署名運動(タマッルド「叛乱《はんらん》」)が起きると、この運動を待ち構えていたかのようにシーシー将軍(現大統領)が軍事クーデタを起こして政権を実質的に奪取した(現体制では「六月三〇日革命」と呼ばれる)。

たしかにオラービー革命は挫折《ざせつ》し、中途で終わった革命である。そのため判断は難しいのだが、後世のこうした「革命」とは性格を大きく異にしていたのではないか、と思う。オラービーが率いた運動は、その後の軍人エリートたちがしたような、民衆の運動を管理・統制し、自らの権力維持のために利用するという類いの「革命」ではなかったのである。

こうした違いを生みだした原因や背景は何であったろう。それを明らかにするには、それぞれの時代の社会状況や政治的な諸条件を、十分に比較検討しなければならない。とはいえ、ここで革命の指導者の人柄や思想という人格的な問題に注目することも重要なのではないか、とも思う。なぜなら、こうした指導者個人の魅力や果断《かだん》な行動には、それぞれの時代の姿そのものが映しだされている、と考えるからである。

アハマド・オラービー

オラービーをめぐる毀《き》誉《よ》褒《ほう》貶《へん》

オラービー革命は、第一次世界大戦後にイギリスからの独立を求めた一九一九年革命、ナセルによる一九五二年革命と並ぶ、「近代エジプト三大革命」の一つと考えられている。しかし、この運動を潰《つぶ》した列強、あるいは帝国主義者の見方は正反対である。この運動は「革命」などではなく、〝東洋人〟の非理性的な激情の爆発による「叛乱」にすぎない。

さて、「オラービー」という名前は、アラビア語エジプト口語の発音によるが（文語に当たる正則アラビア語では「ウラービー」）、英語では一般にアラビー（Arabi）と表記される。それゆえオラービー革命は、欧米では「アラビー・パシャの乱」（「パシャ」は、オスマン帝国における尊称）と呼ばれてきた。たとえば、アレキサンドリアにいたある英人の官吏は、叛乱指導者のオラービーをデマゴーグだと見下して、その演説を聞いたこともないのに、次のような悪口を記録に残している。「耳触《みみざわ》りの良い美辞《びじ》麗句《れいく》ばかりを並べ立てているが、本人もその意味を分かっていないばかりか、実は話を聞いている聴衆たちも話の中身を理解しないまま、ただ歓声を上げているだけなのだ」［Cole 1999: 46-47］。

これに対し、オラービーの友人であり、帝国主義政策に批判的であった英人W・S・ブラント（一八四〇―一九二二）は、オラービーの弁舌を高く評価している。オラービーは「自らの考えを一般の人たちにも分かりやすい言葉で伝えられる雄弁家であった。その弁舌は、おそらく正確な表現でなかったかもしれないが、比喩《ひゆ》や隠喩《いんゆ》を豊富に交えつつ、アズハル（カイロにあるイスラーム学の最高学府）での勉学で習得したコーランの章句も用いたものだった」［Blunt 1980: 1-2］。

たしかに雄弁は、アラブ世界において、カリスマ的指導者の絶対的な条件である。「寡黙《かもく》な指導者」というのは通用しないのだ。さらに容姿や立ち居振る舞いというのも重要な要素であった。オラービーは、背が高くて恰幅《かっぷく》がよく、眼光鋭い偉丈夫であった。後年のカリスマ的指導者、ナセル大統領とも比べられる堂々たる体躯《たいく》であったろう。また、ナセルの熱弁もラジオ「カイロ発アラブの声」放送によって、一九五〇・六〇年代のアラブ世界全体を熱狂の渦に巻き込んだのだった。

オラービーの容姿については、同時代の日本人による描写がある。革命の敗北後、オラービーは、イギリスによってセイロン島〔現在のスリランカ〕に流刑となるが、明治時代の政治作家、東海散士〔柴四郎〕がこの亜刺飛候《あらびーぱしゃ》との面会を果たしている。その面会の記憶にもとづく政治小説『佳人の奇遇』〔巻七〕の描写は、以下のとおりである。

戎装《じゅうそう》の美、衆中に抽《ぬきん》で粲然《さんぜん》目を奪ふ。身、長大にして肉最も豊肥に、眼光爛《らん》として巌下の電《いなづま》の如し。〔詳しくは[杉田1995:116-29]を参照〕

前出のブラントは、次のようにオラービーの容姿や仕草を詳しく描いている。

典型的なフェッラー〔ファッラーフ＝農民〕であり、背は高く、筋骨逞《たくま》しい。その動作は幾分《いくぶん》悠然たるところがあるとはいえ、まさに低地ナイル〔下エジプトのナイル・デルタ〕の勤労な農民の特徴ともいえる圧倒的な肉体的な力を示している。彼は自身、軍人と考えているかもしれないが、そのゆっくりした仕草《しぐさ》は、村のシャイフ〔長老〕たちが見せる威厳《いげん》を彼に与えている。すなわち、くつろいでいるときの姿は鈍重で、眼は夢の中をさまよい気抜けした様子に見えるが、しかし、ひとたび微笑みを見せつつ、口から言葉を放つときには、包容力があり、幅広い知性を持つ人物であることがすぐさま分かる。そうしたとき、彼の相貌《そうぼう》は、それまで朧《おぼろ》げに見えた風景が突如、陽の光に照らされたときのように、鮮やかに変わるのである。

［Blunt 1980: 1-9］

オラービーは「農民」だったのか？

さて、オラービー革命研究において、オラービーたちを農民出身の将校とする見方は、現在、通説になっている。この見方は、おそらくこのようなブラントの描写によるところが大きいと思う。ブラントは、さらに次のように述べる。「トルコ系・チェルケス系のパシャたちとっては、この手の男は無視しても差し支えない輩であった。何世代にもわたり奴隷《どれい》のように無償でこき使うことのできる、垢抜《あかぬ》けしない田舎者《いなかもの》の農民(peasant boor)であったからだ」［ibid.］。オラービーたちを「田舎者の農民」つまりは「土百姓《どびゃくしょう》」と呼んだのは、このように元々はトルコ系・チェルケス系軍事エリートであったのだろう。そして、ブラントを始めとする西洋人もこうした見方を受け入れたのではないかと思う。さらには、オラービーを「農民」とする見方は、その後、エジプト人自身の歴史解釈においても、まったく正反対の積極的な意味を与えられた、とも考えられるのである。それはオラービーを、エジプト国民全体を象徴する「農民」として、理想化する見方である。

こうした見方は、一九五二年革命以降に生まれた新しい政治イデオロギーと結びついて作りだされた。たとえば、エジプトでは九月九日が「農民の日」という祝日とされている。その由来は、七月革命後まもないこの日に、大地主の所領地を小農に分配する農地改革が断行されたからである。そして、この九月九日とは、後述するように、オラービー革命の絶頂期に起きたアブディーン宮殿事件が起きたのと同じ日であった。これはおそらく偶然の一致ではないだろう。ナセルの唱えたアラブ社会主義の理想では、農民(ファッラーフ)には積極的な意味が与えられ、労働者(アーミル)と並び、真のエジプト国民、人民(シャアブ)であると定義された(一九六二年『エジプト国民憲章』)。最近まで、「農民」か「労働者」であることは、国会議員の立候補の資格要件となっていた。

こうした政治的背景もあって、オラービー革命が農民出身の軍人に指導された「農民革命」であったとする考え方は、エジプトの学界で広く受け入れられている。オラービー革命に関する代表的な研究書、ラティーファ・サーレム『オラービー革命における社会的諸勢力』は、多様な社会各層の利害を反映した社会革命であるとする一方で、犠牲《ぎせい》をいとわずに参加した多数の「農民が占めた揺らぎない地位から見るなら『農民革命』と言ってさしつかえない」と述べている[Sālim 2009: 11]。

もっとも、このような通説に乗ったエジプト人研究者のなかには、問題がある見方がないこともない。ある社会学者の研究は、オラービーについて「エジプト農民としての魂(ルーフ)が救国の人物だという神聖性を与えている」とか「カリスマ性に加えて、農村の階級的出自は、指導者的性格を作りだした」などと通説の見方を繰り返す。その一方で彼は「教育や文化に触れる機会が少なかった」とか「力は強いが単純で低い教養しか持っていなかった」などと根拠のない決めつけをしている[Fuʾād 1980: 90-92]。

それにしても問題は、オラービー本人が自身を農民(ファッラーフ)と考えていたかどうかである。

アハマド・オラービーは、デルタ東部の村で一八四一年三月三一日に生を受け、一九一一年九月二〇日にカイロで没している。彼は亡くなる一年前に『自伝（回顧録《かいころく》）』を書き上げた。この自伝全体を通して読んでみたが、彼自身も他の人の形容としても「農民」という言葉は使われていない。唯一、出てくる箇所は、英人の将軍の発言部分の引用だけである［'Urābī 1989: 232］。

エジプトでは、今でもそうであるが、農民（ファッラーフ）という言葉は、ネガティブな意味が強い。その背景には、土埃《つちぼこり》にまみれて働くことを忌避《きひ》する感情がある。さらには無知・無教育の象徴として使われることもある。こういった従来の否定的な意味を逆転したのが、先ほど述べたアラブ社会主義体制による農民の理想化であった。おそらくオラービーは、自身をこのような従来的な意味での「農民」とは見なしていなかったのではないか。また、仮に何らかの階級意識を彼がもっていたとすれば、それは村の名士層（アーヤーン）に属するという感覚であったのではないかと思う。それは彼の自伝の冒頭の部分から推察することができる。

「アラブ」の名士としてのオラービー

オラービーは、『自伝』で自らを語りはじめるに当たり、歴代三七人の先祖の名前を挙げて、預言者のムハンマド家族に遡《さのぼ》る聖なる血統を誇っている［'Urābī 1989:13］（［長沢 2019: 65-67］を参照）。ナイル・デルタの村には、いわば氏素性《うじすじょう》の分からない一般農民（ファッラーヒーン）と区別して、由緒ある「アラブ」の出自《しゅつじ》を誇る名士層がいる。こうした村の名士層が抱くアラブの出自意識は、その後、二〇世紀に入り、とくにオスマン帝国崩壊後の時期に、アラブ民族主義がエジプトに入って来た時、思想的な受け皿の一つとなった。

オラービー自身を含め、こうした地方の名士層の子弟が軍の将校として頭角を現すきっかけを作ったのは、ムハンマド・アリー家の四代目当主のワリー(オスマン帝国エジプト総督)サイード・パシャ(在任一八五四—六三)であった。村のシャイフや村長など名士層の子弟に軍人としての出世の道を開いたサイード・パシャに対し、オラービーは、他の支配者に対してとは違い、例外的に敬慕の情を示している。この開明的な支配者によるエジプト民族主義の演説(「エジプト人のためのエジプト」)に感銘を覚えたこと、また『ボナパルトの生涯』というナポレオンの評伝のアラビア語訳を与えられ、軍事的戦略と議会政治の重要性を教えられたと自伝で述べている['Urābī 1989: 17](ほぼ同時代の日本で幕末の志士たちが『那波列翁傳《なぽれおんでん》』を読んで影響を受けたことを想起させるエピソードである)。

しかし、自伝で「もっとも幸せな日々」と語ったサイード・パシャの治世は長く続かなかった。病没したサイードに代わったイスマイール(在位一八六三—六七)の治世下で、オラービーは鬱屈《うっくつ》の年月を過ごすことになる。イスマイールは、オスマン帝国のヘディーヴ(世襲総督)の地位を巨額の金で買ったことでも知られるが、オラービーは、自伝でその悪政を数えあげて非難している。野心的な近代化のための無謀《むぼう》な借款《しゃっかん》は、財政破綻《はたん》を招き、その結果、列強による干渉により軍隊は縮小され、軍人たちは生活の危機に直面した。さらに、「ナイル河帝国」の建設を狙《ねら》った対エチオピア戦争での敗北は、外国人将軍たちの戦術的失敗によるものだと、エジプト人の軍人は大きな不満を抱いた。これはその後、一九四八年パレスチナ戦争の敗戦が腐敗した王政に原因があるとして、ナセルたちが決起した一九五二年革命の背景を連想させるエピソードである。

革命の発火点は、給料未払いと不当解雇に憤《いきどお》った軍人たちが、ときの首相でアルメニア人のヌーバール・パシャを襲撃した事件であった(一八七九年二月十八日)。オラービー革命後に英総領事としてエジプトの実質的支配者となるクローマー卿(一八四一―一九一七)は、著書『近代エジプト』でこの事件をオラービー運動の引き金を引いた「クーデタ」だと非難している[The Earl of Cromer 1911: 84]。オラービー自身は、この襲撃事件を短慮《たんりょ》の行動として賛成しなかったらしいが[Schölch 1981: 68]、イスマーイールに関与を疑われて左遷される。しかし、この事件は、地方の名士層を主体とする代議会の議員の改革派の共鳴を呼び、立憲運動を本格化させるきっかけとなった。同年四月にヘルワン協会と呼ばれる政治組織が結成され、軍人たちの青年エジプト協会という組織と合流して、エジプト初の政党とも言われる国民党が結党されたのであった[al-Jamī'ī 1982: 10-11]。こうした近代的な政治組織の形成と並んで、革命の展開で重要だったのが、立憲制にもとづく政治改革を要求した「国民憲章」の作成(同年四月七日)であった。この文書への署名活動は、革命が若手将校とその出身母体である地方の名士層だけではなく、都市・農村の諸階層による「階級横断的な連合」によるものだったことを示している[Cole 1999: 105-06]。この運動は、列強によるイスマーイールの退位の強制(同年六月二六日)につながっていった。

このように改革運動が広がりを見せるなか、オラービー自身を一躍《いちやく》、革命政治の舞台の真ん中に押しだしたのが、カスル・ニール事件(一八八一年二月一日)であった。事件のきっかけは、トルコ系・チェルケス系の軍高官の一部が、差別待遇に抗議して嘆願書を出したエジプト人将校たちを謀殺する計画を立てたことにある。陰謀を察知したオラービーたちは、逆に兵を集め、戦争省があったカスル・ニール兵営地(現在のタハリール広場近く)に押しかけ、戦争大臣の解任に成功する。この事件でオラービーは全軍を掌握し、その名前は全国に知れ渡った。地方の名士層、とくにその中の大地主たちは、自分たちの「甥」である軍人の助けを借りて、トルコ系・チェルケス系の特権層に代わって国政の実権を握ることができると考えたという[Schölch 1981: 144]。一方、革命の伝道師ともいえるアブドッラー・ナディームなどの知識人を中心に、全国でオラービーに代表権を委任する(タウキール)署名活動が展開され[栗田一九九九]、カイロのオラービー邸は、地方から訪問する客であふれかえるようになった。

こうして運動が高揚するなか、革命を決定付ける有名なアブディーン宮殿事件(一八八一年九月九日)が起きる。オラービーたちは、内閣の解散を求めて宮殿に押しかけ、退位したイスマイールに代わったヘディーヴのタウフィーク(在位一八七九—九二)と対峙する。このときの二人の対話は有名である。オラービー自伝では、以下のように記述されている。

タウフィーク:「軍隊がやって来た理由は何か?」。

オラービー:「陛下(マウラー)、我々が来たのは貴方に軍と国民(ウンマ)の要求を示すためです。その要求のすべては公正なものです」。

タウフィーク：「その要求とは何か」。
オラービー：「専制的な内閣の解散、ヨーロッパ様式の代議会の設置、軍隊の規模を〔オスマン帝国の〕スルタンの布告に沿った数にすること、貴方が制定した軍法を忠実に守ること、でありま す」。
タウフィーク：「これらの要求はすべて汝等《なんじら》に権利のないことである。朕《ちん》は父、祖父代々よりこの国の王権（ムルク）を引き継いで来た者である。汝等は我らの恩寵《おんちょう》を受ける奴隷にすぎない」。
オラービー：「神は我らを自由人として創られたのである。相続財産や不動産として創られたのではない。神は唯一の神であり、我々は今日以降、相続されることもないし、隷属することもないのです！」。
[ʻUrābī 1989:75]

このオラービーの発言の最後の部分は、二〇一一年の革命に際しても反専制のスローガンの一つとして使われたように、現在でもよく知られている名文句である。また、面白いのは、この二人の応答がブラントの著作では、タウフィークの台詞《せりふ》がエジプト口語で表記されていることである[Blunt 1980: 150]。彼は、母語のトルコ語やフランス語などに堪能《たんのう》であったが、アラビア語は「くだけた」調子の口語しか話せなかったのである。これに対して、軍人になる前に一時期、アズハル学院で学び、「アラブ」の出自を誇るオラービーは、正確な文法による正則アラビア語が話せる教養人であった。

オラービー革命の顚末

このアブディーン宮殿事件を画期として、革命の動きは一気に勢いに乗る。しかし、英仏の圧力、それを受けた革命勢力の分裂、そしてヘディーヴをはじめとする相次ぐ裏切りのなか、革命の夢ははかなく終わっていく。

事件直後、トルコ・チェルケス系のエリートだが改革派であったシャリーフ・パシャが組閣し、改革のための路線が敷かれるかに見えた。翌十月には、各地の農民の署名活動の要求にもとづいて代議員会が開設され、さらに十二月にこの議会が予算の管理権を要求する決議を行なうことになった。この決議は、民衆の意思にもとづく独立国家の当然の要求であったのだが、エジプトの実質的支配の継続をもくろんでいた英仏の「虎の尾を踏む」結果となった。翌一八八二年一月に両国は「共同覚書」を発して恫喝《どうかつ》し、シャリーフ内閣は崩壊する。しかし、革命政治は進行し、翌二月に急進的なサミー・バルーディー内閣が成立し、オラービーが戦争大臣に任命され政府の要職に初めて就任する。ただし、この新内閣は「革命の願いが成就した」という評価がある[al-Jamī'ī 1982: 28] 一方で、革命運動が急進派と穏健派に分裂していく転機となった。

この運動の分裂を見透かしたかのように五月、英仏両国は、軍事介入する。在留ヨーロッパ人の保護を名目にアレキサンドリアに軍艦を派遣し、バルーディー内閣の交替を要求する二回目の「共同覚書」を送ったのであった。それまで日和見《ひよりみ》の態度を取っていたタウフィークは、この時点で英仏の要求に屈し、同内閣はやむなく辞任した。それに続いて起きたのが六月のアレキサンドリアの反外国人「暴動」であった(〔勝沼2002〕を参照)。英仏は、この「暴動」を「オラービー主義者によるキリスト教徒の虐殺《ぎゃくさつ》」と宣伝し、さらなる介入の口実に使おうとした(この時期、富豪ロスチャイルドがオラービーを買収して裏切らせようとした話も、ブラントは伝えている〔Blunt 1980: 334〕)。こうして翌七月に、英艦隊がアレキサンドリア市を砲撃することとなり、オラービー率いるエジプト軍との直接交戦が避けられない情勢となった。

このとき焦眉《しょうび》となったのが、英軍がナイル・デルタを正面突破して侵攻するか、あるいはスエズ運河を利用して東側から侵略するか、という問題だった。同運河を建設した仏人レセップスは(当時はパナマ運河の建設に取りかかっていた)、英軍の運河利用はない、と断言したのであるが、それは虚言《きょげん》となった〔ibid.: 397〕。運河の中核都市イスマイリーヤに上陸した英軍は、東部沙漠のベドイン部族を買収して裏切らせるなど策をめぐらして進軍し、ついに九月十三日、テル・エルケビール(アッタッル・アルカビール)の戦いでエジプト軍を撃破する。オラービーの軍隊には多くの民衆が自発的に塹壕《ざんごう》掘りを行なうなどして参加したのだが、英軍の圧倒的兵力の前に、その努力は報われなかった。カイロに戻ったオラービーたちは裁判にかけられ、すでに述べたようにセイロン島に流刑となった。そして、流刑から十八年後の一九〇一年にオラービーは、帰国を許される。しかし、彼を待っていたのは、残酷にも国民からの冷淡な対応であった。イギリスの占領という屈辱《くつじょく》を招いた短慮を非難する声もあれば、嘲《あざけ》るような詩を書く高名な詩人もいたという〔al-Khafif 1982:624〕。民族の英雄、オラービーの名誉が完全に回復されるには、一九五二年のナセルの革命を待たねばならなかった。

⦿参考文献

（アラビア語）

Fu'ād, 'Āṭif Aḥmad. *āl-zu'āma āl-siyāsiyya fī miṣr, 'arḍ tārīkhī wa taḥlīl sūsīyulūjī*（『エジプトにおける政治的指導性　歴史的表出と社会学的分析』）. Cairo: Dār al-Ma'ārif.1980.

al-Jamī'ī, 'Abd al-Mun'im Ibrāhīm al-Dusūqī. *al-thawra al-'urābiyya, buḥūth wa dirāsāt. wathā'iqiyya*（『オラービー革命　調査と資料的研究』）. Cairo: Dār al-Kitāb al-Jāmi'ī. 1982.

al-Khafīf, Maḥmūd. *aḥmad 'urābī, al-za'īm al-muftara 'alay-hi*（『アハマド・オラービー　中傷された首領』）. Cairo: Dār al-Waḥda.1982［初版1946］.

Sālim, Laṭīfa. *al-qūwā al-ijtimā'iyya fī al-thawra al-'urābiyya*（『オラービー革命における社会的諸勢力』）. Cairo: Dār al-Shurūq. 2009［初版1981］.

'Urābī, Aḥmad. *mudhakkirāt al-za'īm aḥmad 'urābī*（『首領アハマド・オラービー回顧録』）*[Kitāb al-Hilāl*, No.461. May 1989]. Cairo: Dār al-Hilāl. 1989［初版1911］.

（英語）

Blunt, Wilfrid Scawen. *Secret History of the English Occupation of Egypt, Being a Personal Narrative of Events.* Cairo: Arab Center for Research and Publishing. 1980［初版1907］.

Cole, Juan R.I. *Colonialism and Revolution in the Middle East, Social and Cultural Origins of Egypt's 'Urabi Movement.* Cairo: The American University in Cairo Press. 1999.

The Earl of Cromer. *Modern Egypt*. London: Macmillan and Co., Limited. 1911.

Schölch, Alexander. *Egypt for Egyptians! The Socio-Political Crisis in Egypt, 1878-82.* London: Ithaca

Press. 1981.

（日本語）

板垣雄三「オラービー運動（一八七九―一八八二）の性格について」（『東洋文化研究所紀要』三一、一九六三年）
勝沼聡「「アレクサンドリア虐殺」再考」（『アジア・アフリカ言語文化研究』六三、二〇〇二年）
栗田禎子「オラービー革命のソシアビリテ――一九世紀エジプトにおける社会的結合と政治文化」（歴史学研究会編『社会的結合と民衆運動』〔地中海世界史五〕、青木書店、一九九九年）
杉田英明『日本人の中東発見』（東京大学出版会、一九九五年）
長沢栄治『エジプト革命　アラブ世界変動の行方』（「平凡社新書」・二〇一二年）
長沢栄治『近代エジプト家族の社会史』（東京大学出版会、二〇一九年）

「国民将軍」と呼ばれる
孤高の抵抗者

サッタール・ハーン

…Sattār Khān…

八尾師 誠

革命イランに立つ英雄

二〇世紀初めのイランは、後に立憲革命(一九〇五～一一年)と呼ばれることになる政治的激動を経験する。十九世紀の初頭以来、次第に西洋列強への政治的、外交的、経済的、金融的従属を深めてゆくイランのなかで芽生えた反列強の動きと、西洋列強の台頭を許したガージャール王朝(一七九六～一九二五年)体制への批判、そしてその改革への動きが紆余曲折《うよきょくせつ》を経ながらも、大きく一つの方向へと収斂《しゅうれん》し、そして爆発した結果であった。呼び名の通り、議会の開設(一九〇六年)と憲法の制定(第一部:一九〇六年、第二部:一九〇七年)は、その最大の成果として挙げられる。しかし、期待された改革のほとんどは実行に移されず、その一方では、議会体制に反発する国王を中心とする勢力の熾烈《しれつ》な巻き返しを受けて、一九〇八年の後半には立憲派勢力は最大の窮地《きゅうち》に立たされることとなる。そうしたなか、立憲派勢力のほぼ唯一の抵抗拠点として浮かび上がってきたのが、イラン北西部に位置するアゼルバイジャン地方の中心都市タブリーズであった。ここを拠点に、執拗《しつよう》な抵抗を続けた立憲派勢力は、タブリーズの街を包囲した三万五〇〇〇～四万人ともいわれる王党派部隊を向こうに回して、十一ヶ月に亘り果敢《かかん》な抵抗を続けた。これが後にタブリーズ蜂起《ほうき》と呼ばれることになる住民蜂起である。結局、ロシア軍の進攻により、包囲戦自体は終わりを告げるが、立憲派の闘いが敗北を喫した訳ではなく、一九〇九年の国民議会（第二議会）の再開へと繫がってゆくのである。

このタブリーズ蜂起の最中、イギリスの「ザ・タイムズ」紙や「デイリー・テレグラフ」紙、「マンチェスター・ガーディアン」紙のイラン特派員たちが送る記事を通じて、欧米では、〝ペルシアのガリバルディ〟（ペルシアとは当時の西洋世界におけるイランの通称）、ロシアでは〝アゼルバイジャンのプガチョフ〟の異名を取り、理想的な革命指導者と称揚《しょうよう》されて、大変な関心を集めたひとりのイラン人がいた。この人物は後に、イラン本国では、最大の敬意と畏敬《いけい》の念を込めて「国民将軍」の称号が冠せられ、現在に至るまで、その目覚ましい活躍が語り継がれ、イラン国民の尊敬と憧《あこが》れの的《まと》となっている。その証拠に、現在もテヘランをはじめとするイラン国内の各都市には、彼の名前を冠した通りや広場が数多くみられる。この人物の本名はサッタール・ハーン（一八六七？―一九一四）という。サッタールは、彼自身に付けられた名前、つまりファーストネームである。ハーンとは、元々はテュルク系、モンゴル系の部族民集団の族長が帯びた称号であり（例えば、チンギス・ハーン）、テイムール朝期（一三七〇～一五〇七年）には、「ハーン」は「ソルターン」（為政者の称号）よりも上位の称号とみなされていた。しかし時代が下るにつれて一般化し、サファヴィー朝期（一五〇一～一七三六年）には通常、地方の総督や知事に与えられる称号となった。更に、ガージャール朝期も後半に入るとハーンの称号はさらに一般化し、最早《もはや》それなりの価値をもつ称号ですらなくなっていった。そうした事情を、当時のガージャール朝下のイラン社会を痛烈に批判して一躍注目を浴びた小説『エブラヒーム・ベグの旅行記』の著者は、登場人物にこう語らせている。

ハーンの呼称は普通の名前と同じになってしまい、特別な称号とはみなされていないのだ。雑貨屋なんかでもこの称号を持っているし、ジプシーや大道芸人でさえそうである。……もはや、ハーンの肩書に対する敬意やその特権など微塵《みじん》も残ってはいない。

当時のイラン人がそうであったように、彼にも現在の我々のような苗字（ファミリー・ネーム）はなかったので、出身地方の名をもって、ガラダーグ（アゼルバイジャン地方の中の一地域名でトルコ語、ペルシア語ではアラスバーラーン）のサッタールと呼ばれていた彼が、いつからサッタール・ハーンと呼ばれるようになったかは定かではない。しかし、その重みがいかに低下したとはいえ、ハーンと呼ばれるようになるには、それなりの理由があり、またそう呼ばれていたということは、周囲の者たちからそれなりの尊敬を集め、畏敬の念をもって見られていたことは十分に想像できる。

彼を世界的に有名にした「活躍」とはどのような活躍であったのか、そして、そのことと「国民将軍」などという厳《いか》めしい称号はどのように結びつくのか。その背景を理解するにあたっては、彼ならではの「俠」の精神を抜きには容易に説明がつかない。彼が自らの活躍の現場でいかんなく発揮《はっき》した義侠心、つまり、民衆や国民のために権力と闘うとか、自らの信ずる正義や理想、主義主張のために自らを賭《と》すとか、貧しき者や弱き者の救済などといった心性こそが、彼を英雄たらしめた最大の要因であったのだ。そこでまず、彼の前半生を概観しながら、名を成すに至るまでの経緯を辿《たど》ってみよう。

反逆児サッタール

彼の具体的な出生地は今もって判然としていないが、ガラダーグ地方であることはほぼ間違いない。というのも、彼の父親ハージー・ハサンはタブリーズやアハル（ガラ・ダーグ地方の中心都市）で布地を仕入れては周辺・近在の村々で売り歩く行商人（チェルチー）であった。要するに彼の父親の生活・活動圏がほぼ当該地方に限られていたからである。もっとも、この地域を縄張りとする移動部族民集団モハンマド・ハーンルゥの生まれとする説もある。生まれた年は一八六七年か一八六八年と思われる。ハージー・ハサンは先妻との間に一男二女、後妻との間に三男二女をもうけているが、サッタールは後妻との間に生まれた二番目の子で、全体の中では三男にあたる。

「タブリーズ蜂起」のなかでサッタール・ハーンの補佐役兼顧問《こもん》をつとめ、彼に最も近い存在であったアミールヒーズィーは後に『アゼルバイジャン蜂起とサッタール・ハーン』を著し、サッタール・ハーンの事績《じせき》を顕彰《けんしょう》している。彼によれば、サッタール・ハーンの生き方に決定的な影響を与え、その後の彼の人生行路を方向づけたのは、長兄エスマーイールを巡る事件であったという。ちょうどこの頃、カフカース地方では、ロシア帝国による全域の制圧が完了しようとしていた。ところが、異教徒であるロシア帝国への服属を潔《いさぎよ》しとしない一部イスラーム教徒住民はそれぞれに徒党を組んで、ロシア帝国の官憲と渡り合う事態が随所で出来《しゅったい》していた。こうした者たちの行動様式は「義《ぎ》賊《ぞく》(カチャク)」と呼ばれた。つまり、公権力に公然と歯向かい、形勢不利と見るや、山岳地帯や森林地帯に逃げ込み、姿をくらます逃亡者という意味である。そうした義賊のひとりにエスマーイールとも旧知の間柄のファルハードという若者がいた。ある時、ロシア官憲に追われた彼が国境であるアラス河を渡りイラン領に逃げ込んできて、エスマーイールの家に匿《かくま》われることとなった。たまたまこれをかぎつけたカラダーグ地方の知事は、エスマーイールの家を包囲し、ファルハードを殺害した。この時拘束《こうそく》されタブリーズに送られたエスマーイールは、時のアゼルバイジャン総督(後のガージャール朝第五代シャーとなるモザッファロッディーン〔在位一八九六―一九〇七〕)の命により斬首の刑に処せられた。一八八五年か、一八八六年のことである。この一件はハージー・ハサンをことのほか落胆させ、自らが死を迎えるその時まで、エスマーイールの喪《も》に服し、必ずや、ガージャール一族に対して血の復讐《ふくしゅう》を遂げるよう、サッタール・ハーンに言い含めていたという。サッタール・ハーン自身も、「タブリーズ蜂起」の間中《あいだじゅう》、「たとえ余命が一日しかなかったとしても、エスマーイールの仇《あだ》は取る」と、周りの者たちに常々語っていたらしい。こうした同害報復的心性は、少なくとも当時にあっては、周囲の者たちの深い共感を呼び起こしたであろうし、また、蜂起という形での、王朝(つまりガージャール一族)政権に対する彼の執拗《しつよう》な抵抗を正当付ける確かな動機を提供したであろうことは十分に推測できる。

さて、ハージー・ハサン一家がどのような理由でガラダーグ地方を後にしてタブリーズに移り住んだかは、知る由もないが、時期は恐らく、エスマーイールの事件の直後、サッタールが十七歳か十八歳の頃と思われる。ともあれ、サッタール・ハーンは生まれながらのタブリーズ人ではないので、彼ら一家が移り住んだアミールヒーズ地区の住民ですら、誰一人彼を知るものはいなかったが、ある事件を切っ掛けに一躍その名を世間に轟《とどろ》かせることになる。その事件とは、これまたアミールヒーズィーの証言によればこうである。当時、ガラダーグ地方に勢力を張っていた移動部族民集団の者たちと王位継承者の廷吏《ていり》たちの間でいざこざが発生し、その過程で族長の息子サマド・ハーンが相手側の一人を殺害してしまった。族長は事を穏便《おんびん》に収めるべく、仲介者を介して申し開きを行おうと、その息子をもう一人の息子とともにタブリーズに差し向け、旧知の間柄であったサッタール・ハーンの父親ハージー・ハサンに逗留《とうりゅう》場所の世話を依頼した。ハージー・ハサンは自分の息子サッタール・ハーンを世話係としてつけて、街外れのバーグ(果園)に匿うこととした。これを聞きつけた廷吏たちは彼らを取り囲み、激しい撃合いの末に三名を捕縛《ほばく》して、王位継承者の宮廷、つまり総督府に連行した。サマド・ハーンとその兄弟は切り刻まれて殺害され、サッタール・ハーンは投獄された。

ルーティーへの道

この事件を機に、お上《かみ》の手の者たちを向こうに回して、怯《ひる》むことなく立ち向かった反骨精神の持ち主としてサッタール・ハーンは、タブリーズでも一躍その名を知られるようになる。同時に、この出来事も、サッタール・ハーンがガージャール朝の役人への復讐の念を一段と深める切っ掛けともなった。いずれにせよ、サッタール・ハーンの足跡はこの事件を境にして急転回を示す事となる。当時、反乱を指嗾《しそう》した政治犯などの最重要犯罪人を収監《しゅうかん》する、過酷な環境で知られたアルダビールのナーリーン・ガルエ監獄に投獄された彼は、二年ほどで首尾良く脱獄を果たし、移動部族民集団の中に身を投じ、乗馬と射撃の腕を磨くとともに、仲間を集めては、歴史上の有名な任侠の徒ヤアクーブ・レイス(サッファール朝〔八六一～一〇〇三年〕を興こす)を気取ってガージャール朝御《ご》用達《ようたし》の馬車を街道で襲ったりしていたようである。暫《しばら》くしてタブリーズの父親の許に舞い戻り、父親の有力な知人の伝手を介して、ホイ、サルマース、マランドを結ぶ街道警備の仕事に就く。ここでも彼は持ち前の胆力と豪胆さを余すところなく示し、広く声望を手にする。それを買われてか、今度は遠くホラーサーン地方の総督直属の騎馬隊の一員としてマシュハドに赴く。ほどなくして総督との齟齬《そご》が原因か、そこも辞してアタバート(イラク地方にある十二イマーム派シーア派の聖地)に巡礼に出かける。ところが、そこでもオスマン朝(一二九九～一九二二年)の取り締まり役人とのいざこざに巻

銃を持つサッタール・ハーン　(41～42歳ころ)

き込まれ、結局タブリーズに戻ってくる。そこで今度は、数名の地主から土地の差配《さはい》（モバーシェル）役を依頼されサルマースに出かける。この時も彼は一層の存在感を示す。タブリーズに戻った時には、彼の男気と勇気を知らぬ者とてない存在となっていた（ほぼこの頃から、誰言うともなく、ハーンと呼ばれるようになっていたらしい）。

タブリーズに落ち着いた彼は、それまでに身につけた馬に関する知識と経験を活かして馬喰《ばくろう》、つまり馬の仲買人を始める。一方で、その男気と胆力を見込まれて、地域の治安維持に一役買うこともしばしばであった。例えば、ある時、タブリーズの商人頭の息子がヨーロッパからの帰途、タブリーズの近くで追《お》い剥《は》ぎに襲われ、身ぐるみ剥がされる事件が発生した。当局に一件を訴え出ると、知事は警察当局になんとしても犯人を捕まえ、取られたものを取り返すよう厳命を下す。ところが自らの配下の者たちが頼りないことを知っていた警察の責任者は、サッタール・ハーンに助けを求める。サッタール・ハーンはわずか二日で盗まれたものを取り返し、犯人を警察の責任者に引き渡したのであった。かくして彼は自らが生活の場とするアミールヒーズ地区（彼はアミールヒーズ地区の街区長も務めていた）はもとより、タブリーズ全体の治安維持にとって欠かせない存在として、知られるようになっていた。そうした彼を人々は敬意をもってルーティーと呼んだのである。

ルーティーとは何か。ここでは、十九世紀の終わりにテヘランで生まれ、テヘランをこよなく愛した生粋《きっすい》のテヘランっ子で、ガージャール王朝政府の官僚として人生を全うし、『我が生涯』と題する自伝を著わしたアブドッラー・モストウフィーに語ってもらおう。彼によれば、ルーティーは社会のなかで排他的な集団を形成する特殊な存在ではなかった。彼らの仲間に入るには、何らかの掟《おきて》の遵守《じゅんしゅ》を誓う必要もなければ、格式張った入会儀礼があるわけでもなかった。「ルーティーギャリー」を示しさえすれば、誰でも周囲からルーティーとして認められたのである。ここで言う「ルーティーギャリー」とは、「ルーティーらしさ」とか「ルーティーとしての行いといったほどの含意で、古くからイランでは理想的行動規範として尊重されてきた「ジャヴァーンマルディー」と同義である。つまり、ペルシア語で「若い」を意味する「ジャヴァーン」、「男」を意味する「マルド」、そして「らしさ」を示す接尾辞「イー」からなるこの語は、広く一般に「男気」や「義侠精神」を表わす。「男気」や「義侠精神」とは具体的にどのようなことかについて、件《くだん》のモストウフィーが挙げているのは、自ら汗水垂らして糧《かて》を得ること、年長者に対する敬意を態度で示すこと、年少者に対する愛情と思いやりをもつこと、弱者の庇護《ひご》、困窮者《こんきゅうしゃ》・清貧者《せいひんしゃ》への支援、仲間や自らが生活の場とする小路や街区、さらには街全体、地域、そして国家への愛着を備えていること、献身的精神をもち、一本気で胆力を備えていること、モノに執着しないこと、不正・理不尽《りふじん》なことに背を向けないこと、である。

以上に挙げられている項目は時代と地域を越えた普遍的な内容である。つまり、弱きを助け強きを挫《くじ》く「任侠」、「義侠」の精神の実践への一般民衆の拍手喝采《はくしゅかっさい》は、弱い者が結局は虐《しいた》げられるという理不尽な社会へのアンチテーゼであり、寄《よ》る辺《べ》なき庶民の願望としてどの社会においてもみられたことであろう。

蜂起のなかで

一九〇八年六月二三日、首都テヘランでは、ガージャール朝第六代モハンマドアリー・シャー(在位一九〇七—〇九)が、ロシア人司令官リャホフ大佐麾下《きか》の直属の部隊であるコサック旅団に国民議会への砲撃を決行させてクーデタに成功すると、イラン全土で立憲派に対する大々的な弾圧が開始された。その結果、イラン各地の立憲派勢力は一時的に総崩れとなったが、タブリーズの立憲派も例外ではなかった。

十九世紀前半のタブリーズは、南進を続けるロシアとの緊張関係からガージャール朝にとって極めて重要な地政学的位置を占め、王位継承者の居所として、いわば副都的性格を帯びていた。また、経済的にはイランの対ヨーロッパおよびロシアとの交易の要に位置していたため、首都テヘランを凌《しの》ぐ人口を擁し、「ヨーロッパ商品の一大貯蔵庫」と呼ばれるほどの繁栄を謳歌《おうか》していた。そうした交易ルートを通じてもたらされたものは商品だけではなかった。西洋の新しい文物や情報をイランの他の地に先駆けて手にしたのはタブリーズであった。そうして育まれたタブリーズの先進的な政治的・経済的・文化的環境が、立憲革命においてもいかんなく発揮《はっき》されたのである。

一九〇六年八月五日に立憲制の詔勅《しょうちょく》が発せられ、選挙法が公布されると、全国に先駆けて選挙管理委員会が設置されたのはタブリーズであった。この選挙管理委員会(アンジョマン)が立憲派の拠点組織となり、後にタブリーズの統治行政を掌握《しょうあく》するまでに成長する。同年末にはアゼルバイジャン総督府(総督は王位継承者)の所管にあった街の行政部門や警察部門をも掌握し、さらには裁判業務さえも管轄下《かんかつか》に置いた。因《ちな》みに、イランで最初の警察機構が整えられたのはタブリーズであったし、初めて控訴院《こうそいん》が置かれたのもタブリーズであった。かくして、一九〇八年六月のクーデタ前のタブリーズは総督権力とアンジョマン権力との、いわば二重権力状態が現出していたのである。このアンジョマンには商人層を中心としてさまざまな社会層が結集していたが、その多くは、新来の西洋思想の影響、特に、隣接するカフカース地域の石油産業地帯で盛んに展開された労働運動や社会運動の思想的影響を強く受けていた。

さて、首都テヘランでのクーデタが成功すると、タブリーズのアンジョマンの崩壊も決定的となった。有力メンバーたちは、いち早く雲隠れをしたり、外国公館に逃げ込んだり、外国への亡命を選んだ者たちもいた。シャー(国王)の支援を受けた反立憲派の団体もタブリーズ市内に組織され、シャーが差し向けた部族民集団を中心とする包囲軍による重包囲の下、タブリーズの街自体が立憲派勢力と反立憲派(王党派)勢力に分かれ、相争う状況となった。その結果、タブリーズの街は立憲派勢力が拠点とする諸街区と、王党派(反立憲派)勢力が占拠した諸街区に大きく二分されることとなった。一九〇八年七月はじめには、王党派の攻勢が最終段階に達した。立憲派が拠点とする諸地区の住民に対して、降伏を促《うなが》し、白旗を掲げていない者は国家への反逆者と見なされて斬首の刑に処せられ、その者の家も略奪の対象となるとの通告が出されると、立憲派に属する諸街区でも白旗が散見させるようになる。こうして、タブリーズの立憲派支持勢力は最大の危機的状況を迎えた時、サッタール・ハーンの許を訪れたタブリーズ駐在のロシア領事が、ロシア政府の庇護《ひご》下に入り(つまり降伏して)、白旗を掲げるよう説得を試みた。「私はアボルファズル・アッバース(キャルバラーでイマーム・ホセインが殉教《じゅんきょう》した際に、彼を守って同じく殉教した将軍)とイランの旗のもとに身を置いている。従って、貴殿からの旗は必要ない。私は決して、圧政と専制に屈しない。私はイスラームとアボルファズル・アッバースの旗を手に、圧政者たちがタブリーズの街に立てた白旗を悉《ことごと》く取り除くつもりである。イランの国王陛下が私を処罰されるというのなら、甘んじて受けよう。しかし、国民はイスラームの法に則った自らの権利を手放すようなことは金輪際《こんりんざい》ない」というのが、サッタール・ハーンの返答であった。

こう答えるや、彼は二〇名ばかりの同志を引き連れて、街中に立てられていた白旗の撤去作業に向かったという。この彼の行動が失意のどん底にあった立憲派を支持するタブリーズの住民を奮い立たせ、包囲軍に奇襲をかけて、包囲戦始まって以来の輝かしい勝利を手にしたのであった。こうした彼の果敢な行動が後に顕彰され、「国民将軍」の称号が与えられることになるのである。タブリーズの立憲派勢力が正に風前の灯火《ともしび》に追い込まれていた当時の極限状況を、自らの目で目撃したタブリーズ生まれのアフマド・キャスラヴィーは、三〇年近く経ってから著した『イラン立憲制史』の中で、サッタール・ハーンの行動の歴史的意義を次のように記している。

イランにはアゼルバイジャンだけが残った。アゼルバイジャンにはタブリーズだけが、そしてタブリーズには唯一アミールヒーズ地区だけが残った。アミールヒーズ地区の小路の中では、たったひとつの小路だけが、サッタール・ハーンだけが抵抗を続けていた。そしてその後、正にその小路が、アミールヒーズ地区へと、そしてタブリーズの街へと、この街がアゼルバイジャン地方へと、そしてこの地方がイランへと広がっていったのである。

サッタール・ハーンのこうした不屈の抵抗精神は何処《どこ》から湧《わ》き出てくるのであろうか。長年にわたって彼の中に鬱積《うっせき》してきた権力者(具体的にはガージャール朝政権)への復讐心があったことも否定はできない。しかし、それだけでは、彼の持続的抵抗の必要条件とはなっても十分条件ではないだろう。やはり彼自身のなかにある積極的な価値観なり世界観が認められてこそ、説得性をもつであろう。彼自身が述懐しているように、当時のほとんどの庶民がそうであったように、彼も学校に通う環境にはなく、従って目に一丁字もなかったと思われる。言うまでもなく、新来の西洋思想に文字を通じて直接接するなどということはほとんど想像もつかない。とはいえ、蜂起の意義や、立憲制とは何かについて彼に有益な助言を行う存在は、先に名前を挙げたアミールヒーズィーだけでなく、他にも幾人もいたようである。とはいえ、決定的な影響を与えた人物はいなかったようであり、当時、タブリーズに駐在していたあるイギリス外交官も、「サッタール・ハーンは自律しており、自らの意思で行動している」と書き送っている。仮に、事実そうであったとすればそれはまさに独立不羈《ふき》の精神をモットーとするルーティーとしてのサッタール・ハーンの真骨頂を示していよう。一方、彼が生まれ落ちたムスリム社会にあって、日常的に自らを取り巻くイスラームの教えや慣習には自ずと慣れ親しんでいたであろう。そうした背景があったればこそ、当時、イラクのナジャフ（十二イマーム派・シーア派の聖地のひとつ）から立憲派支持のメッセージを送り続けた、当時の十二イマーム派・シーア派の最高権威アーホンド・ホラーサーニーや、タブリーズにあって、緩まず立憲派支持の立場を貫いたモジュタヘド（イスラームの権威）セッガトルエスラームへの彼の深い傾倒も理解される。先に挙げたロシア領事への彼の返答はそのことを如実《にょじつ》に示すものであろう。

抵抗の原点

以上の諸点に十分配慮したうえで、最後に一点、やはりルーティーとしての彼の行動パターンを規定する重要な要因を指摘しておきたい。それは、イランの伝統的な都市社会の在り方と深く関わっている。ガージャール朝期にあってもイランの諸都市は例外なく複数の街区より構成され、それぞれは王朝支配の末端機構を構成していた。一方で、各街区は一定程度の「自治」を与えられて、街区内の問題は街区で処理することが慣例とされた。そうした街区体制を物理的に支えたのが、ルーティーの存在ということになる。たびたび発生する街区相互のいざこざや抗争で、目覚ましい活躍をするのは決まってルーティーたちであった。また、これがある都市とその外部との問題に発展した場合は、諸街区のルーティーたちが結束して外部の敵と相対峙するといった構図もしばしば見られたのである。

もちろんのこと、そうした自らの立場や影響力を傘に着て、住民に無理難題を押し付け、よからぬ行為に走るルーティーも当然のこととして存在した。しかし、そうした者たちは、住民から、ラート（ならず者、ごろつき）と呼ばれ（ガージャール朝期にはペンティー）、本来のルーティーとは一線を画され、卑下《ひげ》の対象とされたのである。

いずれにせよ、サッタール・ハーンのアミールヒーズ地区を守り、タブリーズを守り、アゼルバイジャンを守り、そしてイランを守るという行動様態は、自らが生きる場（それは同心円的に拡大していゆくのだが）との緊密なルーティー的紐帯《ちゅうたい》意識を抜きにしては語れず、それを実際に行動へと駆り立てたのは、彼の中に育まれた「俠」の精神そのものであったというわけである。

サッタール・ハーンは一九一四年にテヘランで寂しくこの世を去っている。復活した立憲制の下で、サッタール・ハーンは顕彰の名目でテヘランに呼び寄せられるが、これは彼を危険視し、タブリーズから切り離そうとした、新たに成立した立憲体制（第二議会）の指導者たちの陰謀《いんぼう》ともとれる。事実、第二議会を彩った政争の渦に巻き込まれたサッタール・ハーンは、小競り合いの最中に足に銃弾を受け、それが原因で死亡したのである。

しかし、それ以上に大事なのは、結果として、彼が身を挺《てい》して戦った立憲革命それ自体を契機として、イラン社会が大きく変化し始めたことであった。つまり、街区に象徴されるように、それまでは分断され、いわばモザイク状を呈していたイラン社会のさまざまな次元で、統合に向けての大きなうねりが具体的な形を取るようになっていったのである。その好例を挙げれば、サッタール・ハーンのようなルーティーたちが活躍の場とした、都市街区（マハッレ、クーイ）は根こそぎ一掃され、新たな街づくりが始まったのである。かくして、地域住民との紐帯《ちゅうたい》を断ち切られ、いわば浮き草化した彼らは、否応なく、その社会的存在理由をも失っていったのであった。

中東最大のイスラーム主義運動を侠気で動かした男

ハサン・バンナー

…Ḥsan Bannā…

横田貴之

はじめに――イスラーム主義とムスリム同胞団

よく知られているように、中東地域に暮らす人々の大多数は、イスラーム教徒(ムスリム)である。個人的な濃淡や地域的な差異は見られるものの、イスラームの教えは多かれ少なかれムスリムたちの思考や生活様式に影響を与えている。ムスリムの中には、自分の身の回りの状況を批判的にとらえて、社会や政治をイスラームの教えに基づいて改革すべきだと考える者も存在する。一般的に、こうした考え方や思想はイスラーム主義と呼ばれ、それを標榜《ひょうぼう》する運動はイスラーム主義運動と呼ばれている。

本項で取り上げるハサン・バンナー(一九〇六―四九)は二〇世紀前半のエジプトで活躍した人物で、現代中東最大のイスラーム主義運動とされるムスリム同胞団(以降、「同胞団」と略する)を創設した。同胞団は、数あるイスラーム主義運動のなかでも長い歴史をもち、現在に至るまで世界各地のイスラーム主義運動に多大な影響を与えた組織である。二〇一一年に世界中の耳目を集めた「アラブの春」において、同胞団がしばしば報道等で取り上げられていたことをご記憶の読者もいらっしゃるかもしれない。

バンナーは、自身が信仰するイスラームと自らの祖国（エジプト）が直面する危機に対して、それを克服するという強い意志をもって同胞団を創設した。そして、暗殺で命を失うまで、優れたリーダーシップによって同胞団を導いた。彼はイスラームの教えに基づく諸改革を唱え、同胞団の活動を通じてそれを実現することに人生を賭《と》した。この点において、バンナーは自らの信じる理念のために生きた「侠気の男」と呼ぶことができるだろう。また、バンナーは自ら率先して、理念のために自己犠牲《ぎせい》をいとわない侠の精神を団員へ示し、その模範となった。同胞団は彼が体現する侠気に共感した人々が集う場でもあった。

ムスリム同胞団の創設——イスラームと祖国の危機に直面して

一九〇六年、バンナーはナイル川デルタ地帯に位置するブハイラ県のマフムーディーヤという町で生まれた。小中学校では学業に励みつつ、地元のスーフィー（イスラーム神秘主義）教団に所属するなど、幼少期からイスラームへの関心が強かった。バンナーの自伝記『教宣と教宣者の回想録』によると、彼は教団で出会った同志とともに、イスラーム的な勧善懲悪《かんぜんちょうあく》の活動や、キリスト教伝道活動への抗議活動などを行ったようだ。

ハサン・バンナー　Alamy提供

バンナーが育った当時、西洋列強はイスラーム諸国を植民地化・従属化し、イスラームの教えとは異なる西洋的社会秩序でイスラーム諸国を統治していた。そのため、ムスリムたちはイスラームの教えで社会や政治が運営されないという未曾有の事態に直面していた。バンナーの祖国であるエジプトでは、ムハンマド・アリー家の統治（一八〇五～一九五三年）が続いていたが、一八八二年以降はイギリスの軍事占領下に置かれ、実質的にはその従属国となっていた。バンナーが思春期の頃、エジプトでは英国からの独立を求める一九一九年革命が勃発《ぼっぱつ》した。独立を求めて民族主義が高揚するなか、バンナーも街頭デモに参加し、祖国愛をテーマとする詩を創作した。彼にとって、イスラームと祖国の危機は極めて身近な問題であった。

一九二三年、バンナーはダール・アル＝ウルームへ入学するためにカイロへ移った。この学校は最新の西洋式教育を行う高等師範学校で、ムハンマド・アリー家支配下の近代化政策の一環として設立された。この頃のバンナーは学業のかたわら、イスラームの教えに基づく改革の必要性を広く民衆へ訴えかけるために、カイロ市内のカフェを一日に二〇軒も回り、イスラームの危機や愛国心を聴衆に説いた。一回の説法は五～十分ほどで、聴衆からの質問にも応じた。バンナーの友人たちはカフェにたむろするような人々への説法は無意味だと反対したが、彼は民衆こそが改革の原動力であるとして、この「カフェ説法」を続けた。こうした民衆へ直接訴えかける「教宣（ダアワ）」は、後に同胞団活動の根幹となる。なお、彼が行った教宣は異教徒への布教ではなく、ムスリムに対してムスリムとしての自覚やイスラームの教えへの回帰を説くことが主眼だった。

一九二七年にダール・アル＝ウルームを卒業したバンナーは、スエズ運河に面したイスマーイーリーヤに小学校のアラビア語教師として赴任《ふにん》した。当時のイスマーイーリーヤにはスエズ運河株式会社の本社が置かれ、運河防衛の名目でイギリス軍が駐留していた。バンナーはイギリスによるエジプト支配の脅威《きょうい》を改めて痛感した。彼は赴任後間もなく、カフェ説法を開始した。彼の訴えかけは、イギリスの直接支配下に暮らす人々の共感を得るところとなった。一九二八年、バンナーの説法に感銘を受けた六人が彼の自宅を訪れ、「自分達の指導者になって欲しい」と依頼したという。喜んだバンナーは彼らとともにイスラームに奉仕する同胞として励むことを誓い合い、ムスリム同胞団という組織を結成した。

二〇世紀前半のエジプトにおけるムスリム同胞団

バンナーを中心に創設された同胞団は、イスマーイーリーヤに本部を置き、スエズ運河地帯を中心に活動する地域密着型の運動であった。同胞団が発展する契機となったのは、一九三二年のバンナーのカイロへの転勤であった。この転勤にともなって本部をカイロへ移した同胞団は急速な拡大路線をとり、エジプト各地に支部を次々に設立した。バンナー自身も地方訪問を頻繁《ひんぱん》に行うなど、同胞団の全国展開に尽力した。同胞団の支部数は、一九二九年四、一九三〇年五、一九三一年一〇、一九三二年一五、一九三八年三〇〇、一九四〇年五〇〇、一九四九年二〇〇〇と、一九三〇年代後半以降に急増した。地方支部の増加とともに、同胞団は多くのメンバーの獲得に成功した。

一九四〇年代末には、当時の人口二〇〇〇万のエジプトにおいて、五〇万人のメンバーと五〇万人の支持者を獲得したといわれている。

同胞団の活動範囲はエジプト国外にも及んだ。一九三六年にパレスチナで勃発した反英・反シオニズム運動の「アラブ大反乱」を契機に、同胞団は機関誌やパンフレット上で反シオニズム・反英のキャンペーンを展開し、集会・街頭デモ、義援金の送金など、さまざまな支援活動が行われた。一九三〇〜四〇年代には、パレスチナ、シリア、レバノン、ヨルダン、スーダンなど周辺諸国でも同胞団の支部や関連組織が設立された。

二〇世紀前半のエジプトにおいて、同胞団はイスラーム的改革を進めることを目的に社会でさまざまな活動を行った。他のイスラーム主義運動も行っていたモスク運営や教育・出版活動をはじめ、貧困家庭支援や相互扶助組織の設立、無料診療所運営、共同墓地建設、青年層の身体強化を目的とするスポーツクラブ運営やボーイスカウト活動、社会問題への取り組みの一環として学生運動や労働組合の組織化、村落部での農業技術支援や保健衛生活動、住宅建設、民族資本発展や組織財政強化を目的とする企業経営など、多種多様な活動が展開された。こうした活動は、いずれもバンナーの指導下で行われた。彼は民衆への教宣を精力的に続けると同時に、最高指導者として組織運営にいそしんだ。

バンナーの「行動の思想」——民衆主体のイスラーム主義

バンナー指導下の同胞団は当時のエジプト社会でさまざまな活動を行った。その理由は、民衆こそがイスラームの教えに基づく改革を進める原動力であり、彼ら、彼女らの行動があってこそイスラームの復興や祖国の再興が可能になるとバンナーが考えたからであった。彼は教宣によって民衆を同胞団へ誘い、そしてイスラームや祖国のために行動するように訴えた。バンナーの思想を端的《たんてき》に表すならば、「行動の思想」という言葉が最も適切であろう。それはイスラームの教えに基づく改革活動であり、同胞団を運営するための実践的な思想であり、団員が同胞団という組織を起点に行動するための指針であった。

バンナーはイスラームや祖国の危機を克服する唯一の方策として、現実的な諸問題へ対処可能なイスラーム的改革を目指した。ウラマー(イスラーム法学者)やスーフィー教団などの伝統墨守《ぼくしゅ》派のように内輪《うちわ》の議論だけでは、現実に起きている問題に十分に対処できない。バンナーはイスラームの教えに基づく正しい改革を実際の行動によって実現することが大切だと考えた。そして、その行動を実践する場として創設されたのが同胞団であり、教宣に応じた人々の行動実践の場として多種多様な活動が提供された。当時のエジプトでは、近代化政策にともなう伝統的イスラーム制度の解体によって、人々はかつてのようにギルド(同業・同職組合)や農村・都市における社会紐帯《ちゅうたい》に依拠《いきょ》しながら、イスラームの教えに従って生活することが困難になっていた。そこで、バンナーは教宣に応じて信仰心を確立した団員がイスラームの教えを実践する場として、同胞団という組織を創設したのだ。

なお、バンナーは西洋文明の所産を導入することを完全に否定していたわけではなかった。西洋近代的教育の先駆けであるダール・アル＝ウルームを卒業した彼は、スーツとネクタイをしばしば着用し、雑誌や新聞など西洋由来のメディアを教宣活動に活用するなど、西洋文明の所産を受け入れることは否定しなかった。バンナーが否定したのは、イスラームの教えを放棄して西洋を模倣する欧化主義の潮流であり、彼は西洋からもたらされた政教分離の考えに強く反対したのであった。これは「イスラーム魂洋才」とでも呼ぶべき考え方である。

バンナーが民衆を重視した理由として、彼が段階的な改革を目指したということも指摘できる。バンナーは、民衆の個人としてのムスリムとしての自覚やイスラームへの覚醒《かくせい》が出発点となり、それが家庭、社会、政府、国家、イスラーム世界と段階的に発展してゆくという考えを示した。イスラーム的改革を達成するためには、革命やクーデタのような実力行使による「上から」の奪権ではなく、個人の信仰心を出発点に「下から」段階的に改革を志向するという非急進的な方法論である。これによって、一般的民衆が多くを占める団員の信仰心をイスラーム復興や祖国再興という大きな目標に関連付けることが可能になった。

同胞団を動かす侠気

個人の信仰心を活動の出発点とする同胞団では、団員に対する教育の規律が重視され、団員としての理想像が彼ら、彼女らに示された。理想の団員像が示されているバンナーの著作のひとつに「教導」という論考がある。「教導」において、バンナーは「我々のバイア（誓い）の柱は十である。それらを覚えよ。すなわち、理解・忠誠・行動・ジハード・自己犠牲・服従・忍耐・独立性・同胞性・信頼である」と述べている。

この十の柱には、同胞団における侠気の一端を見出すことができる。まず、自己犠牲では、精神・金銭・時間・生命などの全てを犠牲としてジハードに臨むことで要求される。ここで言うジハードとは武器を取る戦闘行為だけでなく教宣のための努力全般を意味し、同胞団活動への献身が団員に要求される。そして、団員は他の団員と信仰に基づく絆《きずな》によって団結し、他の団員を自己よりも優先して考えなければならないとされた（同胞性）。実際に、団員は五〜十人からなる「ウスラ」という活動ユニットに組織化された。ウスラとはアラビア語で「家族」を意味し、まさに血の繋《つな》がった家族同様の団結が目指された。さらに、最高指導者であるバンナーへ深い信頼を抱くことも必要であった。この信頼の強さを確認するために、バンナーと知り合いであるか否か、彼に忠実であるか否かなど計五つのチェックリストが挙げられている。また、同胞団では現在に至るまで、最高指導者への忠誠のバイアが入団時の儀式として定められている。

指導者への忠誠・信頼や自己犠牲の精神などは侠気に通じるものであり、それを体現する者は組織内で高く評価された。例えば、イスマーイーリーヤ時代、貧しさゆえにモスク建設資金を寄付できなかった団員は、通勤の足である乗り物を売却して寄付金を工面した。その後の彼は職場までの片道六キロメートルを毎日歩いて通うこととなったが、バンナーはこの団員の行為を高く賞賛した。バンナー自身も質素な生活を送りつつ同胞団の活動に励み、自ら団員の模範となった。例えば、学校が休みとなる週末の二泊三日でカイロ～ミンヤー～アシュート～ソハーグと一〇〇〇キロメートル以上を移動して各地で講演を行ったこともある。バンナーは、イスラームと祖国の危機を克服するという理念のために自己犠牲をいとわない侠気を団員へ示した。団員はバンナーの示す侠気を自らの模範にしたのであった。

バンナーは「アッラーが我らの目的、預言者〔ムハンマド〕が我らの指導者、クルアーンが我らの憲法、ジハードが我らの道、アッラーのための死が我らの最高の望み」を同胞団のスローガンとして掲げ、団員には改革実現のために宗教的義務の履行《りこう》、学習の奨励、慎ましい生活、社会奉仕活動、組織活動への献身などを課した。自己犠牲的な活動によって組織への貢献が認められた者は同胞団内で昇進することができた。初期の同胞団では、団員はその実績に応じて、「補助者」、「加入者」、「活動者」、「戦士」の順に昇進が認められた（一九四五年に「活動候補者」と「活動者」の二等級制に変更）。

おわりに――侠気がもたらしたバンナーの死

二〇世紀前半、バンナーは自己犠牲をともなう侠気をもって自らが模範となり、同胞団における団員の行動を促した。しかし、この侠の精神に基づく団員の行動は、必ずしも同胞団にとって良い結果をもたらすものばかりではなかった。

一九三〇年代後半以降、同胞団では政治活動の比重が徐々に高まった。バンナーの政治への言及は明確なものとなり、イスラーム法に基づく統治に向けて行動することも主張された。一九四〇年代後半のエジプト社会は政情混乱や社会不安から革命前夜と言える状況にあり、同胞団における政治活動の優越は次第に既存体制との緊張を高め、最終的には体制による同胞団の弾圧を招いた。こうしたなか、「秘密機関」と呼ばれる組織が過激な行動をとるようになった。この機関は同胞団員としての位階を登りつめたエリート団員の組織であり、植民地宗主国《そうしゅこく》をはじめとするイスラームの「外敵」と戦うことを設立の目的としていた。しかし、体制との対立の深刻化を受けて、組織防衛を名目に政府要人の暗殺など非合法的な行動を取り始めた。同胞団は最高指導者のバンナーを中心とする執行部が組織運営にあたっていたが、この執行部の指導に属さなかった秘密機関はやがて暴走するようになった。秘密機関に所属する団員としては、組織のための自己犠牲という侠気に従って行動したと考えられるが、体制と同胞団の間で暴力の連鎖を招く結果となった。一九四八年には秘密機関員がヌクラーシー首相を暗殺し、翌年には秘密警察の報復によってバンナーが暗殺される事態となった。

バンナーは死の直前までイスラームと祖国の危機を克服すべく奮闘していた。その理念達成のためにまさに命を賭していたバンナーは、侠気の男といえるだろう。その一方で皮肉なことに、彼は自らが示した侠気によって結果的に命を失うことになってしまったともいえる。その後、バンナーという卓越した指導者を失った同胞団は、後継者争いをめぐって生じた内部対立を収拾できず、組織としての一体性を欠いた分裂状態のまま、一九五二年の共和革命を迎えた。そして、革命政権を掌握《しょうあく》したナセルとの権力闘争に敗北し、ナセル政権による苛烈《かれつ》な弾圧という長い「冬の時代」を過ごすこととなった。

⦿参考文献

末近浩太『イスラーム主義──もう一つの近代を模索する』（岩波書店、二〇一八年）

ハサン・バンナー（北澤義之・髙岡豊・横田貴之・福永浩一〔下巻のみ〕編訳）『ムスリム同胞団の思想──ハサン・バンナー論考集』（上・下巻）（岩波書店、二〇一五年／二〇一六年）

横田貴之『原理主義の潮流──ムスリム同胞団』（山川出版社、二〇〇九年）

生涯をかけて
新生の祖国に
良心を問い続けた「俠」

ナーズム・ヒクメット

…Nâzim Hikmet…

石井啓一郎

一九二三年、第一次世界大戦に敗北したオスマン帝国を分割占領下に置いた諸外国に対して救国のための抵抗運動（「解放戦争」）を指揮した陸軍将校ムスタファ・ケマル（後に国父「アタテュルク」の尊号を贈られる）が、トルコ共和国を宣言してその初代大統領に就任した。トルコ共和国の建国は、従来多元的な民族、宗教の緩やかな結合のうえに君臨《くんりん》する「イスラーム国家」であったオスマン帝国から、宗教から距離を置き西欧的な価値基準で社会文化を規律し、「トルコ」という民族概念の下の「国民国家」への革命的転換であった。ナーズム・ヒクメット（Nazim Hikmet 一九〇二―六三）は、この激動の時代に生まれ、今なおトルコで敬愛される国民的詩人である。

ヒクメット略伝

オスマン帝国時代の名門の家に生まれたヒクメットは、西欧の侵略を前に祖国の存続そのものが危殆《きたい》に瀕《ひん》した時代に自ら解放戦争に合流しようと、一九二一年初、イスタンブルのオスマン朝スルタンに対抗する革命政権を樹立したムスタファ・ケマル（一八八一―一九三八）の拠点アンカラを目指した。当時オスマン帝国領の鉄道網は占領国の管理下に置かれていたので、アンカラを隠密に目指す旅は、冬の悪路を縫って徒歩でアナトリア（小アジア）の大地を往く行程であった。この旅の道程で、イスタンブル育ち、いわば都会育ちのエリートであったヒクメットは、はじめてアナトリアの農村の人々の極貧の厳しい生活を見て知ることとなった。また当時ドイツで挫折《ざせつ》に終わったローザ・ルクセンブルク、リープクネヒトらのスパルタクス団の革命運動に参画して、国外へ放逐されたトルコ人学生らとこの時期に知り合ったことが、マルキシズムやプロレタリア革命の思想に共鳴するきっかけとなった。

解放戦争への参画を志願したヒクメットであるが、革命政権はこの若き詩人を戦闘の前線へ送るより、来るべき国民国家化への布石としてアナトリアの農村教化を目的に教師として派遣することを選んだ。一九二一年五月にヒクメットはボルへ赴く。ボルで直面したのは、オスマン帝国時代に培《つちか》われた長い歴史伝統としてのイスラーム社会の根強さを前にして、ムスタファ・ケマルらが志向した「トルコ」という国民意識が未だに危うく曖昧《あいまい》なものに留まっているという現実であった。

同年九月、ヒクメットはアナトリアを後にしてモスクワを目指し、翌年から東方勤労者共産大学に学ぶ。ヒクメットのモスクワ行きは、ボルでの教職体験の後、さらに広く世界を見たいという欲求に突き動かされたものであった。ロシア革命直後の高揚感のなかで新たな政治的メッセージとともに開花したロシア・アヴァンギャルドの芸術的実験の数々にモスクワで接したことは、ヒクメットの詩人としての生涯に決定的な影響を及ぼした。特にロシア未来派を代表する詩人として鮮烈で精彩を放ったウラディーミル・マヤコフスキーから、ヒクメットはトルコ語の新詩体を創造するうえで決定的な影響を受けている。

ヒクメットは詩人でもあった祖父ナーズム・パシャの影響で幼年期からオスマン帝国時代の宮廷詩に馴染《なじ》み、加えてアナトリア民衆のなかに生まれた吟唱《ぎんしょう》詩人の詩、そしてモスクワで影響を受けたロシア・アヴァンギャルドの美意識を融合させたところに、斬新で変化に富んだ新しいトルコ語詩体を創出した。

一九二四年にヒクメットは新生の共和制を樹立したばかりの祖国へ帰る。前年のローザンヌ条約でトルコは解放戦争で死守した国土を保全し、共和制を宣言して大きな危機を脱してはいた。しかし新生の共和国の船出は、オスマン帝国末期から解放戦争完遂までほぼ間断のない戦争による人的損失と、ほぼ壊滅《かいめつ》状態に近い経済の疲弊《ひへい》のなかで多難を極めた。この状況下で、ムスタファ・ケマルは国民国家化、世俗化の諸改革を独断的に断行するため、二三年には独立裁判所を設置、また二五年に起きたクルド人の叛乱《はんらん》を機に治安維持法を制定して、これらを駆使《くし》して反対勢力を容赦《ようしゃ》なく抑える強権的な体制を敷いていった。これが、マルキシズムに共鳴し、ソヴィエトに学んで帰国したヒクメットを待っていた祖国であった。

二五年に欠席裁判でアンカラの独立裁判所に禁固十五年を宣告されると、ヒクメットは再度ソヴィエトへ出国する。そしてソヴィエト連邦構成国のなかでトルコと国境を接し、同じトルコ系の同族語圏であるアゼルバイジャンの首都バクーで、処女詩集『太陽を呑んだものたちの歌』を刊行する。

一九二八年にふたたびトルコに帰国した際、国境のホパで拘束され、はじめて実際の収監《しゅうかん》を体験する。釈放されると、モスクワの留学中から書き溜めてきた作品を含め、『865行』、『三番!』、『1+1=1』や『声を失った街』といった初期の傑作詩集を矢継《やつ》ぎ早に発表し、その変化に富んだリズムと音韻《おんいん》に特徴づけられる斬新な詩体で多くの読者を魅了した。同時にこの時期のヒクメットは、歴時の記録を正確に辿《たど》るのも難しいほど逮捕、拘束と釈放を繰り返す。しかし三八年に家宅捜索とともに逮捕されて始まった軍事法廷での裁判は、参謀総長フェヴズィ・チャクマク元帥自らが、軍の内部から共産主義に共鳴したとされる勢力を一掃しようという強い意思をもって実行したものであった。軍内部で破壊的な国家転覆《てんぷく》活動を企てたとされる勢力がヒクメットの詩集を所持していた、というだけの理由をもって、上官への反抗と叛乱《はんらん》を教唆《きょうさ》したという罪で彼は告発された。民間人への軍刑法の適用に司法省でも疑義があったなか、後日成立した法の遡及《そきゅう》効で追認するなど、強引な運営を経て、陸軍、海軍で重畳的《ちょうじょうてき》に三五年の禁固刑が確定する。

海軍法廷の審理結審で窮地《きゅうち》に陥ったヒクメットは、一九二一年に一度会ったムスタファ・ケマル、今や大統領アタテュルク(在職一九二三―三八)に直接書簡を送り介入を求めようと試みた。誰あろうアタテュルクに、親しいものに用いる二人称代名詞senで呼びかけるこの書簡で「トルコ革命とあなたの名に掛けて、わたしは無実です。……未来へ向けて前に進んだあなたの偉業を理解し、国を愛する心をわたしは持っています。軍の謀叛《むほん》を教唆したことはありません。……わたしは、あなたの功績と、あなたと、尊いトルコ語とを信じる詩人です」と訴えているが、既に死を前に著しく健康を損ねていたアタテュルクにこの手紙が届くことはなかった。

一九四九年に共和制移行以来実質的に続いた一党独裁体制から多党選挙実施を前に、新勢力であった民主党への評価を高める材料を求め、「ヴァタン」紙で親民主党ジャーナリストであったヤルマンが、ヒクメットへの不当判決に関する記事を執筆した。これを機にピカソ、サルトル、シモーヌ・ドゥ・ボーヴォワールなどを含めた世界的な規模で著名知識人も巻き込んだヒクメット解放の大規模なキャンペーンが実り、五〇年に特赦《とくしゃ》と釈放が実現した。

しかし時代は第二次大戦後にもち上がった東西冷戦の到来で、米国との同盟関係を国際関係の主軸に置いたトルコにあって、折しも朝鮮戦争へのトルコ軍派兵に批判的な論陣を張ったヒクメットは、早晩当局から監視される対象に再びなってしまう。一九五一年に兵役義務を果たしていないという理由で召集を受け、東アナトリアのスィワス県ザラ管区配属を通告されたヒクメットは、それが実質的に自らを葬り去るために仕組まれたことだと差し迫った身の危険を感じ取った。

小さな高速艇でボスポラス海峡から黒海へ抜ける決死の逃避行を敢行《かんこう》し、ルーマニアのコンスタンツァへ漂着する。そしてソヴィエトへの亡命が認められ、モスクワへ渡った。

いわば敵国へ逃亡したヒクメットに対して、トルコでは市民権剥奪が決定され(二〇〇九年回復)、またこの後、
ぼくの書いたものは　三十、四十の言葉で刊行されている

でもぼくの国トルコで　トルコ語の発刊は許されない

（『自叙伝』*Otobiyografi*, 1961、より）

と詩に詠んだように、死後の一九六五年まで祖国における作品の刊行は禁止される。一九六三年にモスクワで逝去《せいきょ》するまで、望郷の想いを常に抱きながら愛する祖国の土を踏むことは叶わなかった。今も遺体はモスクワのノヴォデヴィチ墓地に眠っている。

「目的のある詩」

一九二一年にヒクメットがアンカラでムスタファ・ケマルとまみえたとき、この指導者がヒクメットに「若い詩人には『モダン』を気取って主題の欠けた詩へ逸れる者もいるが、貴方がたは目的のある詩(gayeli şiirler)を書きなさい」という言葉をかけたことは有名である。

同時にこれは暗示的でもある。新しい国の創出に賭《か》けた人々にとって、死守すべき祖国は明らかにひとつであった。だがどのような祖国を理想として想い描き、どのようにそれを守るか、という具体的「目的」は必ずしも万人に一様ではない。概観したとおり、ムスタファ・ケマル・アタテュルクと、そして祖国トルコ共和国とヒクメットの間には終生深刻な葛藤《かっとう》と緊張が続いた。それは相互の「目的」に微妙な同一性と非同一性があったからに他ならない。

ナーズム・ヒクメットの詩作には、具体的にアタテュルクを讃えるものはない。しかしナーズム・ヒクメットほどにアタテュルクの意志と目的において近しい詩人はいないと私は思う。トルコを近代化して世界に開き、また世界をトルコに対して開き、中世的迷妄《めいもう》や無知蒙昧《もうまい》を打破し、それに代わる新たなものを創りだすという、歴史においてアタテュルクが社会に成し遂げた偉業を、詩作と芸術においてナーズム・ヒクメットは実現した。

とは、ソヴィエト時代からポスト・ソヴィエトの独立後を通じてアゼルバイジャン共和国の重鎮作家であるアナール(ペンネーム。本名はラスルオグル・ルザイェフ)の言葉である。

危機にのぞんで祖国を新たに創成するという理念において、ヒクメットとアタテュルクに「目的」の相反はない。詩体や詩的言語において、斬新で変化に富んだ新機軸を生み出し続けた文学的創造こそ、国語浄化や文字改革(アラビア文字廃止とラテンアルファベット採択)というアタテュルクの断行した改革を経たトルコ語を、豊かで美しいものにするヒクメットの偉業であった。軍事法廷への告発で窮地に立ったヒクメットが自らをもって「尊いトルコ語を信じる詩人」とアタテュルクに吐露《とろ》した言葉の裡《うら》には、詩作を通じてトルコ語の刷新に寄与したことへの自負と自信がある。

他方ヒクメットは、生涯を通して貧困、戦災、差別、政治的抑圧などで虐げられた人々に心を寄せ続けた詩人であった。特に祖国に周縁化されたまま貧困にとどまるアナトリアの農村について、また軍事的覇権《はけん》と資本によって搾取《さくしゅ》する「米帝」に自ら与する祖国について、真摯《しんし》に祖国の良心と倫理性を問い続ける批判者であった。その批判者としての立ち位置と、あるべき祖国の理想を思い描くうえの拠り所は、終生信じた社会主義イデオロギーにあった。「ブルジョワジー」「帝国主義」等敵を同定して闘いを挑む攻撃的、破壊的な修辞も含め、総じて簡潔ながらも力強い、革命的な情熱に溢れた詩の言葉はすべて、十二年に及ぶ獄中生活を体験し、遂には祖国を後に帰還が叶わぬままに亡命者として異郷に没することになろうと、最後までヒクメットが曲げなかった信念の形であり、「侠」としての真骨頂がそこにあった。

一九五三年の詩「遺言」(*Vasiyet*)は次のように始まる。一九五一年以後に「敵陣」からの批判者となったヒクメットは、愛してやまぬ祖国への望郷とともに、祖国の「解放」(*kurtuluş*)に希《のぞみ》を託す。

同志よ、来たるその日を見ることが叶わなければ
つまり解放のときを待たずにわたしが死ぬなら
わたしを連れていってくれ
アナドル(アナトリア)の村の墓地に埋めてくれ

しかし、この「革命」の時代に生まれたこの詩人が、生前死後を通じて国民的詩人としてトルコで絶大な敬愛を集めてきたのは、信じた政治原理を超える局面で、彼の詩にトルコ人の心の琴線《きんせん》に触

れるものが多くあるからであろう。
本稿は、限られた紙幅であるが、なるべくヒクメット自身の具体的な言葉のなかに、その「信念」の一端を直接求めてみたい。なお本稿に引用するヒクメットの詩句は、断りのない限り筆者の訳である。

体験的な知としての「侵略」

若い日の危機を通じて目にした、祖国を蝕《むしば》み呑み込もうと圧倒的な力をもって迫る外国勢力の恐ろしい存在が、「帝国主義」の何たるかを教えるリアルな原体験であった。列強諸国がアジア・アフリカ諸国に略奪と殺戮《さつりく》を繰り返す理不尽な構図は、生涯にわたるヒクメットの作品に幾度も形を変えて再現されるモティーフとなった。たとえばバクーで作った次の詩句は、第一次大戦から解放戦争の時代に、トルコにとって最も顕在的な侵略者であったイギリスの直截《ちょくせつ》なメタファーである。

もし
敵の銃剣が国境の地平で研ぎ澄まされたら
帆柱のある船団の油じみた影が
水中に金の魚が泳ぐ碧《あお》い海へと進入するなら
翼の黒い、英国旗をつけた、残忍な鋼の鳥たちが

街々のうえで唸《うな》る声が聞こえるなら
陽のあたる畑に
濃い白色の
　　ひとつの闇が
雲の群から
　　毒ガスが
染み込んでゆくなら
中世の狂気のPapaのようにブリタニアのLordが
十字架の民を軍旗のもとに呼び集めるなら
もし血が流れるなら

（『石油の答え』*Neftin Cevabı*, 1927より）

ヒクメットは、トルコに対する侵略者への怒りのみならず、当時国外に起きた出来事に創作の題材として目を向けて行く。例えば一九三五年に起きたムッソリーニのエチオピア侵攻を題材に、反ファシズムという視点から書いた連作詩『タランタ・バブへの手紙』(*Taranta-Babu'ya Mektuplar*, 1935)は、警察に逮捕されたきり消えた在伊エチオピア人が、故郷の妻に書き溜めて残した一連の手紙のトルコ語訳をヒクメットが手に入れた、という虚構の設定に基づく作品である。その十二番目の手紙は、いよいよイタリア軍の手が祖国に迫った状態で、このように始まる。

やって来る、タランタ・バブ
君を殺しにやって来る
君の腹を裂き
はらわたを
砂の上で餓えた蛇の群のように貪る姿を
　　　　見せに来る

先に進むとヴァティカンや大銀行の資金に支えられた「イル・ドゥーチェ（統領）」の命令で、死地へ送られる兵士らの悲惨をも描くかに思われるが、結尾は帝国主義的侵略の残酷さをさらに浮かび上がらせる。戦争の悲惨に傷ついた兵士に報いるという国家的な「義」のために、侵略者は死人の皮を剝《は》ぐように、被征服者をさらに仮借《かしゃく》なく収奪し、搾取するという構図といえよう。

兵団を組んで
　　隊列を組んで
　　　戦隊を組んで
ひとりひとり
まるで婚礼の宴に導くように

三つの海から輸送船団が
死へと連れてきた

やって来る、タランタ・バブ
火災の焔のなかからやって来る
君の土の家の
　　藁屋根《わらやね》に旗を立てた
　　　　襲来者たちは
帰ることができたとしても
血まみれの右腕を切断してソマリアに捨ててきた
　　トリノの旋盤工《せんばんこう》は
もう絹のように鋼管を縫うことはない
盲《めし》いたシチリアの漁師は
もう海の光を見ることはない

やって来る、タランタ・バブ
死ぬため、殺すために送り込まれる者たちが

血の染みた繃帯《ほうたい》にひとりひとり
　ブリキの十字架を結《ゆ》わえて帰還するその日
偉大にして公正なローマでは
　貸し金も株ももとども高騰《こうとう》する
往く者たちの背後から
ぼくらの新たなご主人さまたちは
ぼくらの死者の皮膚を剥ぎにかかるだろう

親愛なる人々へ

ヒクメットの作品は、この外国勢力の侵略を撥《は》ね返すうえで、祖国を救うために闘った名もないアナトリアの農村の人々を記憶にとどめている。たとえば彼の傑作戯曲『フェルハドとシリン』(*Ferhad ile Şirin*, 1948)第三幕一場のこのような会話を引いてみたい。

(シリン)ひとりの人自らの幸せ、はてはその人生までも犠牲にして別の誰かを救うなんて、その誰かに、その人にそんな権利が与えられるものなのかしら?(略)隣の子供を火事から助けるために火の中に飛び込んでしまうなんて貴方はどうかしていない?……
(フェルハド)大切なつとめのために死ぬ人々のことを思っています。例えば王国を外敵から救うために死ぬ人々のことを。彼らは何の権利も主張しません……
(シリン)でもその人たちが生きていたら?敵と戦ってもなお死なない人々は?
(フェルハド)もちろん言葉を発しますし、誰の言葉よりも先に顧みられるでしょう。……それに勝ち得た勝利も、酷《ひど》い仕打ちのために使われるなら、おそらく正義から逸れてしまう

ヒクメットの生涯の最高傑作として知られるきわめて長大な叙事詩、というより、詩の形をとって創られた長編小説、である『我が国からの人のパノラマ』(*Memleketimden İnsan Manzaraları*, 1966-67刊)の第二巻で語られるアナトリアの農民の群像は、黙々と自己犠牲的に闘いの時代を生きた人々の記憶を永遠にとどめるものである。一九二二年八月に解放戦争を最後に成就させたイズミル奪還戦に備えた命令が下り、広大な月夜の大地を、軍事物資を搬送するために、牛が曳《ひ》く木製の荷車で往く農村の逞《たくま》しい女たちを詠んだ次の部分は有名である。これは物語の一場面で、登場人物のひとりが戦時の回想を詠む詩篇であるとの設定で挿入された部分である。

夜は明るくそして暑い
荷車の板の荷台には
濃い青色の薬莢《やくきょう》が剥き出しで
女たちは

互いに目を逸《そ》らしながら
月下に見遣っている
過ぎ去った隊列の遺した、牛と車輪の亡骸《なきがら》を
女たち
俺らの女たちは
恐ろしくも神々しい手
　　細い顎《あご》、おっきい眼をした
　　　　俺らのおっ母さん、俺らの嫁さん、俺らの恋人
まるで生きたこともなかったように死んでゆき
俺たちの食卓に来るのは
　　牛にも後れて
山へと攫《さら》っていったから、俺らは牢に囚《とら》われて
畑の収穫、煙草を切り、薪《たきぎ》を割り、市場へ行き
鋤《すき》を牡牛に曳かせ
薄日のなかで、柄の長い鎌を土に捕られ
牛小屋で
どっしり、ゆさゆさする尻と

鐘鈴とともに、俺らのものになる
　　　　女たち
　　　　　　俺らの女たち

今、月明かりの下で
荷車と薬莢《やっきょう》の先を往き
琥珀《こはく》の穂が実る麦を叩き棒で打とうと広げるように
満ち足りた心は、でも同時に
いつも慣れっこの疲れを裡《うち》に抱く
鋼《はがね》の十五口径の榴散弾《りゅうさんだん》のうえに
　　　か細い頸の子供が眠る
月明かりの下で荷車が
アクシェヒルを脇目にアフヨンへ歩む

ヒクメットに堪《た》え難かったのは、国難に立ち向かう団結と力を生み出した名もない人々を、貧富の差が広がるまま、なお多くの旧弊と搾取のなかに取り残す状況であった。

晩年のヒクメットは『祖国に背く者』(*Vatan Haini*, 1962)の詩篇で次のような言葉を発している。

そうだ。わたしは祖国に背くもの。貴方がたが愛国者なら、国の忠義者と謂《い》うなら
　わたしは祖国に背くもの、国に背くもの
祖国が貴方がたの農場なら
祖国は貴方がたの金庫と小切手帳のなかにあるものなら
祖国よ、舗装された道沿いに餓えで人々が野垂れ死に
祖国よ、犬のように寒さに震え、夏はマラリアにのたうち
貴方がたの工場がわたしたちの赤い血潮を呑むなら
祖国が地主の旦那の爪なら
祖国が槍を構える神智者、警察の棍棒《こんぼう》なら
貴方がたの補助金、給料なら
祖国がアメリカの基地、アメリカの爆弾、アメリカ海軍の
　砲塔なら
祖国が腐臭漂う闇から解放されないなら
　わたしは祖国に背くものなのだ

皮相に読むなら、冷戦下「東側」に組み入れられた亡命者が、その政治的マウスピースから発信するありきたりなアジ演説と映るかもしれない。

しかし勝田茂氏の言葉を借りれば、一九五〇年代は「アナトリア農村の生活者としての悲惨な叫びが文学において対象化され、トルコ農村文学が興隆した時期」である。トルコの国民的大作家として知られるヤシャル・ケマルが農村小説の金字塔ともいうべき傑作『痩せたメメド』を上梓《じょうし》したのが一九五五年である。第二次世界大戦後の米国からの巨額の援助と、折からの朝鮮戦争での綿花特需を背景に急速に進んだ農村の機械化、合理化は、大地主や富農層ばかりを利するものとなった。その結果、この時代を通じて、小作人の地位さえも奪われてあてもなく都市へ流入する人々が、都市周辺にゲジェコンドゥ(一夜建て)といわれるバラック集落で生活を始めている。この詩は、五〇年代から文学がアナトリア農村に注いだ眼差しとの同時代性と共起性をも視野に入れて読むべきであろう。

宗教批判の向こうに

ヒクメットの試作の多くにおいて祖国への真摯な批判者であったことは、概観したとおりだが、一方で新たな価値や世界観を発揚《はつよう》する作品において所謂《いわゆる》「ケマリズム(ムスタファ・ケマルあるいはアタチュルク支持者の主義主張)」に親和的と映る言葉も残している。宗教への批判的言説にその傾向を見て取ることもできるが、必ずしもそれはアタテュルクと共鳴する言説とばかりはいえない。

例えば初期の詩で、イスラームの聖典「クルアーン」(所謂「コーラン」)に揶揄《やゆ》的な表現を用いて痛烈な批判を繰り出した『革張りの本』(*Meşin Kaplı Kitap*, 1921)では次のように断言する。

天から救いは来ない　ひとかけらの慈悲もない
イエス、モーセ、ムハンマドは、働く捕らわれ人に
一行の祈禱文《きとうぶん》と、まじないものと、抹香を与えただけ
天国の御伽噺《おとぎばなし》の道を示しただけ
時を定めた五回のアザーンも、アンジェルスの鐘も
貧しい労働者たちを鎖から解放しなかった

ここには、西欧に倣《なら》った政教分離を政策として実現したアタテュルクに親和する要素を見て取ることができると同時に、労働者搾取を幇助《ほうじょ》する構造的欺瞞《ぎまん》として宗教を批判するという階級闘争的な視点が顕著である。

他方『四行詩集』(*Rubailer*, 1945)は、トルコにメヴレヴィー教団を興し西暦十三世紀のイスラーム神秘主義文学者マウラーナー・ジャラールディーン・ルーミーに帰せられる「形相は影なり」という宗教的テーゼを否定し、世界はいかなる創造的な力が働いてできたものでもなく、それ自身が確たる実在を備えているという世界観を提示する。作品はそれを原点に、投獄されて会うことのできない妻と詩人の関係や、社会の不合理など多様な省察を短い言葉に凝集する洗練されたものとなっている。

その第一部、第七歌は、悠久の実在に対する有限の存在としての個を対置するものとなっている。

この庭園　この湿った土　このジャスミンの香り　この月夜
ぼくが消え失せようと、煌《きら》めき続けるだろう
なぜなら　ぼくが来ぬうちから　来てから後も　ぼくに関わりなく存在したのだ
そしてこの確かな実在が　ぼくにもその姿を顕現したに過ぎないのだから

この作品も含め、死後への希望、幻想や感傷をもたず、死すべき自分が「現実に実在」するこの瞬間こそがすべてという意識が、彼の作品からは思想的傾向として強く読み取れる。ヒクメットは、虚無主義的な諦観《ていかん》や厭世観《えんせいかん》に向かうより、その有限の時間に自らの使命や希《のぞみ》を存分に実現しようと懸命に駆け抜けた人物であった。

次に引くのは、既に触れた『フェルハドとシリン』の第三幕で、美貌《びぼう》の姫シリンに恋して彼女を娶《めと》るため、独りで山を穿《うが》って水路を掘るという終わりの見えぬ試練を課せられた絵師フェルハドの科白《せりふ》である。終わりの見えぬ試練に対して、老いと死を脅すように仄《ほの》めかす擬人化された「時」の声に対して彼はこう応える。

生きることに恐れをいだく者たちに語ってやるが良い。より速く、尚も速く風と吹け。来るべき日々は、過ぎゆく日々より美しい

先に本稿で触れた『遺言』には、次のように冷厳な個の終末そして無としての死と、なお　生きて在った時間を事実として対置する構図がみられる。

歌は地面からトラクターとともに墓地に響き
朝日のなかには新たに人、灼《や》けるガソリンの匂い
共有の畑、水路の水
旱魃《かんばつ》もなく、憲兵を恐れることもない

その歌を、もちろんわたしたちが聞くことはない
大地の下に長い年月横たわって
　　朽ちた黒い枝のような死者たちは
大地の下で聞くことも、見ることも、話すこともない

けれどその歌が生まれるずっと前、
わたしは歌を歌っている
トラクターの図面を引く前に、
わたしは灼けるガソリンの匂いを嗅いでいる

ある局面には信念のためにその命を賭することも厭《いと》わず、別の局面では飽くまで生き抜こうと祖国を後にする決断に舵を切る。生涯の局面ごとに、生きるも死ぬも一回切りという人生の際どい重みを前に、いつも懸命の決断を重ねて彼は生きた。そんな彼を動かしたのは、月並みな言葉になるが祖国トルコへの愛に収斂《しゅうれん》するといえよう。

本稿は、自主独立を死守し祖国を再生させるという歴史のダイナミズムへの関りから、ヒクメットのトルコへの愛を描こうとした。しかし、彼の愛したトルコは、その豊穣なフォークロア、宗教を含めた精神文化の伝統、歴史、あるいは個人としての恋多い生涯に幾度かの結婚、離婚を経験した彼が愛した女性や子供たちなど、語れば止まらないぐらい、異なった形象を包摂《ほうせつ》している。

そんな「彼が愛したトルコ」の幅広い詩的表象のなかに、多くのトルコ人が時代を超え、政治的信条を超えて共感し、共有するものをみつけるところが、生前から現在に至るまで変わらずに「トルコの国民的詩人」であり続ける由縁《ゆえん》なのであろう。

【執筆者略歴】（掲載順）

高畠純夫（たかばたけ すみお）
一九五四年、福岡県生まれ。一九八五年、東京大学大学院博士課程単位取得退学。現在、東洋大学名誉教授。主要著作：『アンティポン／アンドキデス弁論集』（京都大学学術出版会、二〇〇二年）、『アンティフォンとその時代』（東海大学出版会、二〇一一年）、『古代ギリシアの思想家たち――知の伝統と闘争――』（山川出版社、二〇一四年）、『ペロポネソス戦争』（東洋大学出版会、二〇一五年）、『図説古代ギリシアの暮らし』（共著）（河出書房新社、二〇一八年）

伊藤雅之（いとう まさゆき）
一九八三年生まれ。二〇一六年、エディンバラ大学人文社会科学部歴史・古典・考古学科博士課程（古典学）修了。PhD (Classics)。現在、日本大学文理学部史学科准教授。主要著作・論文：『第一次マケドニア戦争とローマ・ヘレニズム諸国の外交』（山川出版社、二〇一九年）、「共和政中期ローマにおける外国使節への贈物」（『史学雑誌』一二七―二、二〇一八年）

砂田　徹（すなだ とおる）
一九五九年、石川県生まれ。一九八八年、名古屋大学大学院文学研究科博士後期課程中退。現在、北海道大学大学院文学研究院教授。博士（文学）。主要著作：『共和政ローマとトリブス制――拡大する市民団の編成――』（北海道大学出版会、二〇〇六年）、『共和政ローマの内乱とイタリア統合――退役兵植民への地方都市の対応――』（北海道大学出版会、二〇一八年）

山本興一郎（やまもと こういちろう）
一九八二年、兵庫県生まれ。二〇一五年、日本大学大学院文学研究科博士後期課程外国史専攻修了。博士（文学）。現在、日本大学文理学部史学科助手。主要論文：「Μεγας / Magnusとポンペイウス親子」（『生活文化史』第六七号、二〇一五年）、「三人委員終焉期の表象と政治――表象利用と二人のカエサル」（『桜文論叢』九六巻、二〇一八年）、「第二回三頭政治中期における表象と相互作用――偉大な父の息子達の確執と模倣――」（『史叢』九九号、二〇一八年）

新保良明（しんぼ よしあき）
一九五八年、長野県生まれ。一九八三年、東北大学大学院文学研究科西洋史学専攻博士前期課程修了。現在、東京都市大学共通教育部長・教授。博士（文学）。主要著作：『古代ローマの帝国官僚と行政――小さな政府と都市――』（ミネルヴァ書房、二〇一六年）、『ローマ帝国愚帝物語』（KADOKAWA、二〇二一年）、『悪の歴史　西洋編（上）・中東編』（共著）（清水書院、二〇一七年）、『アッティラ大王とフン族――神の鞭〉と呼ばれた男』（翻訳）（講談社、二〇一一年）

加納　修（かのう おさむ）
一九七〇年、愛知県生まれ。一九九九年、名古屋大学大学院満期退学。博士（歴史学）。現在、名古屋大学大学院人文学研究科教授。主要著作：『大学で学ぶ西洋史〔古代／中世〕』（共著）（ミネルヴァ書房、二〇〇六年）、"*Entre texte et histoire. Études d'histoire médiévale offertes au professeur Shoichi Sato*"（編著）(Éditions de Boccard, 2015)、『三七八年　失われた古代帝国の秩序』（共著）（山川出版社、二〇一八年）

林　亮（はやし りょう）
一九七八年、神奈川県生まれ。二〇一三年、日本大学大学院文学研究科博士後期課程外国史専攻修了。博士（文学）。現在、日本大学非常勤講師。主要論文：「中世盛期フランス王領地における騎士身分の形成」（『史叢』七八号、二〇〇八年三月）、「中世キリスト教指導者層による騎士理念の構築と称揚」（『日本大学文理学部人文科学研究所　研究紀要』八一号、二〇一一年三月）、「中世フランス貴族による騎士理念形成の一形態――宮廷と騎士道文学の検討を中心に――」（『桜文論叢』九六号、二〇一八年二月）、「中世ヨーロッパにおける古代ローマ軍の記憶の継承と受容について――

ウェゲティウス『軍事覚書』の検討を中心に――」(『史叢』九九号、二〇一八年九月)

井上みどり(いのうえ みどり)
東京都生まれ。学習院大学文学部史学科卒業、東京大学大学院総合文化研究科博士課程単位取得退学。主要著作・論文:「中世盛期ドイツ領主社会における人的結合関係」(『学習院史学』四二、二〇〇四年)、「ハインリヒ四世」(堀越孝一編『悪の歴史 西洋編(下)』清水書院、二〇一八年)。アンドレアス・ベルナルト『金持ちは、なぜ高いところに住むのか――近代都市はエレベーターが作った』(共訳)(柏書房、二〇一六年)、アルバン・ゴティエ「シャルルマーニュの食卓にて――カロリング期ヨーロッパにおける飲食」(翻訳)(『史苑』七九〔二〕、二〇一九年)

苑田亜矢(そのだ あや)
一九七一年、長崎県生まれ。二〇〇〇年、九州大学大学院法学研究科博士後期課程修了。博士(法学)。現在、熊本大学大学院人文社会科学研究部(法学部)教授。主要論文:「ノルマン征服から一三世紀初めまでのアングロ・サクソン諸法集――手書本の伝来状況に着目して――」(『法政研究』第八三巻第三号、二〇一六年)、「一二世紀イングランドにおけるヨーク大司教毒殺事件に関する一考察」(『熊本法学』一三三号、二〇一五年)、「一二世紀イングランドにおける教会裁判手続と起訴陪審制の成立」(『熊本法学』一三〇号、二〇一四年)、「一二世紀後半イングランドにおける両剣論」(『熊本法学』一二七号、二〇一三年)、「ベケット論争と二重処罰禁止原則」(『法制史研究』六一号、二〇一二年)など

櫻井康人(さくらい やすと)
一九七一年、和歌山県生まれ。二〇〇〇年、京都大学大学院文学研究科博士課程研究指導認定退学。博士(文学)。現在、東北学院大学文学部教授。主要著作:『図説 十字軍』(ふくろうの本/「ヨーロッパの歴史」)(河出書房新社、二〇一九年)、R・スターク『十字軍とイスラーム世界――神の名のもとに戦った人々――』(翻訳)(新教出版社、二〇一六年)、服部良久編『コミュニケーションから読む中近世ヨーロッパ史――紛争と秩序のタペストリー』(共著)(ミネルヴァ書房、二〇一五年)、長谷部史彦編『地中海世界の旅人――移動と記述の中近世史』(共著)(慶応義塾大学出版会、二〇一四年)

梶原洋一(かじわら よういち)
一九八三年、神奈川県生まれ。二〇一八年、リヨン=リュミエール第二大学(フランス)博士課程修了。博士(歴史学)。現在、京都産業大学文化学部助教。主要著作・論文:ジャック・ルゴフ著『アッシジの聖フランチェスコ』(池上俊一氏と共訳)(岩波書店、二〇一〇年)、「中世後期南フランスにおける大学神学部と托鉢修道会――トゥルーズとモンペリエの事例から」(『地中海学研究』三三号、二〇一〇年)、「中世末期におけるドミニコ会教育と大学――アヴィニョン『嘆きの聖母』学寮の事例から」(『西洋中世研究』五号、二〇一三年)、"Université et éducation dans l'ordre dominicain à la fin du Moyen Âge. Le collège de Notre-Dame de la Pitié d'Avignon" (*Annales du Midi*, t. 128, 2016.「中世末期におけるドミニコ会士の学位取得:アヴィニョン大学神学部を中心に」(『史学雑誌』一二八編、二〇一九年)

杉山隆一(すぎやま りゅういち)
二〇一一年、慶応義塾大学大学院文学研究科・後期博士課程修了。博士(史学)。現在、東京大学東洋文化研究所・特任研究員。主要論文:「アフシャール朝期のイマーム・レザー廟――『アリー・シャーの巻物』から見る一八世紀イランにおけるイマーム廟の組織と運営(I)――」(『東洋文化研究所紀要』第一七七冊、二〇二〇年三月)、"The Mausoleum of Imam Reza under the Islamic Republic of Iran: The Administration and Activities of the Twelver Shiite Imamate Mausoleum in Iran," (*Journal of Islamic Area Studies*, 11, 2019)

菊地達也(きくち たつや)
一九六九年、山形県生まれ。一九九八年、東京大学大学院人文社会

系研究科博士課程修了。博士（文学）。現在、東京大学大学院人文社会系研究科准教授。主要著作：『イスマーイール派の神話と哲学』（岩波書店、二〇〇五年）、『イスラーム教：「異端」と「正統」の思想史』（講談社、二〇〇九年）

家島彦一（やじま ひこいち）
一九三九年、東京都生まれ。一九六六年、慶応義塾大学大学院文学研究科博士課程二年修了後中退。東京外国語大学アジア・アフリカ言語文化研究所教授を経て、二〇〇二年、名誉教授。主要著作：『イスラム世界の成立と国際商業―国際商業ネットワークの変動を中心に』（岩波書店、一九九一年）、『海が創る文明―インド洋海域世界の歴史』（朝日新聞社、一九九三年）、『イブン・バットゥータ口述、イブン・ジュザイイ編「大旅行記」（全八巻）』（訳注）（平凡社、一九九六―二〇〇二年）、『イブン・バットゥータの世界大旅行――一四世紀イスラームの時空を生きる』（「平凡社新書」二〇〇三年）、『イブン・ジュバイルとイブン・バットゥータ』（「世界史リブレット」）（山川出版社、二〇一三年）

保坂修司（ほさか しゅうじ）
東京都生まれ。慶応義塾大学大学院文学研究科修士課程修了。現在、日本エネルギー経済研究所・中東研究センター長。主要著作：『乞食とイスラーム』（筑摩書房、一九九四年）、『サウジアラビア』（岩波書店、二〇〇五年）、『新版オサマ・ビンラディンの生涯と聖戦』（朝日新聞出版、二〇一一年）、『イラク戦争と変貌する中東世界』（山川出版社、二〇一二年）、『サイバー・イスラーム』（山川出版社、二〇一四年）、『ジハード主義』（岩波書店、二〇一七年）

私市正年（きさいち まさとし）
一九四八年、東京都生まれ。一九八二年、中央大学大学院東洋史学専攻（博士後期課程）修了。博士（史学）。現在、上智大学名誉教授、順天堂大学講師。主要著作：『イスラム聖者――奇跡・予言・癒しの世界』（講談社、一九九六年）、『サハラが結ぶ南北交流』（山川出版社、二〇〇四年）、『北アフリカ・イスラーム主義運動の歴史』（白水社、二〇〇四年）、『マグリブ中世社会とイスラーム聖者崇拝』（山川出版社、二〇〇九年）、『アルジェリアを知るための六二章』（明石書店、二〇〇九年）、『原理主義の終焉か――ポスト・イスラーム主義論』（山川出版社、二〇一二年）

長沢栄治（ながさわ えいじ）
一九五三年、山梨県生まれ、東京大学経済学部卒業。アジア経済研究所勤務を経て、東京大学東洋文化研究所教授。現在、東京大学名誉教授。主要著作：『エジプト革命――アラブ世界変動の行方』（「平凡社新書」、二〇一二年）、『アラブ革命の遺産――エジプトのユダヤ系マルクス主義者とシオニズム』（平凡社、二〇一二年）、『エジプトの自画像――ナイルの思想と地域研究』（平凡社、二〇一三年）、『近代エジプト家族の社会史』（東京大学出版会、二〇一九年）

八尾師誠（はちおし まこと）
一九五〇年、北海道生まれ。一九七七年、北海道大学大学院博士課程単位取得退学。人文学博士（イラン・イスラーム共和国）、現在、東京外国語大学名誉教授。主要著作：『一九〇五年　革命のうねりと連帯の夢――歴史の転換点一〇』（共著）（山川出版社、二〇一九年）、『イランの歴史――イラン・イスラーム共和国高校歴史教科書』（翻訳）（「世界の歴史教科書シリーズ」四五、明石書店、二〇一八年）、『全訳　イラン・エジプト・トルコ議会内規』（編訳）（東洋文庫、二〇一四年）、『新版世界各国史九――西アジアII――イラン・トルコ』（共著）（山川出版社、二〇〇二年）、『イラン近代の原像――英雄サッタール・ハーンの革命』（東京大学出版会、一九九八年）、『イスラム世界のヤクザ――歴史を生きる仁侠と無頼』（共著）（第三書館、一九九四年）、『銭湯に行こう・イスラム編――お風呂のルーツを求めて』（編著）（TOTO出版、一九九三年）

横田貴之（よこた たかゆき）
一九七一年、京都府生まれ。二〇〇五年、京都大学大学院アジア・アフリカ地域研究研究科修了。博士。現在、明治大学情報コミュニケーション学部准教授。主要著書：『現代エジプトにおけるイスラームと大衆運動』（ナカニシヤ出版、二〇〇六年）、『原理主義の潮流——ムスリム同胞団』（山川出版社、二〇〇九年）

石井啓一郎（いしい けいいちろう）
一九六三年、東京都生まれ。上智大学外国語学部イスパニア語学科卒業。翻訳家・独立研究者。中東現代文学（イラン、トルコ、アゼルバイジャン）。主要著作・論文："On Japanese Socio-Cultural Locutions in Literary Creations: On *Ferhad ile Şirin of Nazim Hikmet*" (Esin Esen/ Ryō Miyashita (eds.) *Shaping the Field of Translation, In Japanese Turkish Contexts vol.1*, Peter Lang, 2019)、「南コーカサスからのスケッチ——アゼルバイジャン文学への誘い」（中東現代文学研究会編『中東現代文学リブレットI　シンポジウム「トルコ文学越境」』、二〇一七年）、「アラス河の北と南で——ふたりのアゼルバイジャン語詩人とそれぞれのヴァタン（vətən）」（原隆一、中村菜穂編著『イラン研究万華鏡』大東文化大学東洋研究所、二〇一六年）、サーデグ・ヘダーヤト『生埋め』（翻訳）（国書刊行会、二〇〇一年）、同『サーデグ・ヘダーヤト短篇集』（翻訳）（慧文社、二〇〇七年）、ナーズム・ヒクメット『フェルハドとシリン』（翻訳）（慧文社、二〇〇二年）

2020年7月30日　第1刷発行

「侠《きょう》の歴史《れきし》」西洋編《せいようへん》（上《じょう》）・中東編《ちゅうとうへん》

編者

鈴木《すずき》 董《ただし》

発行者

野村久一郎

印刷所

法規書籍印刷株式会社

発行所

株式会社 清水書院

〒102-0072

東京都千代田区飯田橋3-11-6

［電話］ 03-5213-7151㈹

［FAX］ 03-5213-7160

http://www.shimizushoin.co.jp

デザイン

鈴木一誌・吉見友希・仲村祐香

ISBN978-4-389-50124-2